国家出版基金项目
NATIONAL PUBLICATION FOUNDATION

中华吉祥文化丛书

动物卷

刘德龙 主编
马知遥 刘智英 著

泰山出版社 · 济南 ·

图书在版编目（CIP）数据

中华吉祥文化丛书．动物卷 / 刘德龙主编；马知遥，刘智英著．-- 济南：泰山出版社，2020. 3
ISBN 978-7-5519-0549-7

Ⅰ．①中… Ⅱ．①刘… ②马… ③刘… Ⅲ．①中华文化－通俗读物 ②动物－传统文化－中国－通俗读物 Ⅳ．① K203-49 ② Q95-49

中国版本图书馆 CIP 数据核字 (2020) 第 013368 号

ZHONGHUA JIXIANG WENHUA CONGSHU DONGWU JUAN
中华吉祥文化丛书 动物卷

策 划 葛玉莹
主 编 刘德龙
著 者 马知遥 刘智英
责任编辑 池 骋
装帧设计 路渊源

出版发行 泰山出版社
社 址 济南市泺源大街2号 邮编 250014
电 话 综 合 部（0531）82023579 82022566
市场营销部（0531）82025510 82020455
网 址 www.tscbs.com
电子信箱 tscbs@sohu.com
印 刷 东港股份有限公司
开 本 170 毫米 × 240 毫米 16开
印 张 13.25
字 数 230 千字
版 次 2020 年 3 月第 1 版
印 次 2020 年 3 月第 1 次印刷
标准书号 ISBN 978-7-5519-0549-7
定 价 50.00 元

总　序

吉祥，《说文解字》释曰："吉，善也。从士，从口"；"祥，福也。从示，羊声"。此外，吉祥又为梵语，音译作"室利""师利""尸利"，又称为"吉羊"，如吉祥果、吉祥草、吉祥物等，多用于释家。后来，它与中华民族向善向好的美好生活追求相融合，形成了别具特色的中华民族吉祥文化。

吉祥文化在我国影响很大，它深深融入民众生活，不但形成了多姿多彩的吉祥民俗事象，深刻影响着民众的生活、思维、心理、精神，还形成了大量的吉祥语言，丰富了我国各民族的传统文化。

一、吉祥文化的产生

在我国各民族丰富多彩的生产生活实践活动中，在我国历代文化典籍中，都留下了大量的吉祥语言和吉祥事象，成为我国众多民族文化遗产中别具民族特色的一朵奇葩。

吉祥文化是在民众丰富多彩的生产生活中产生、传播和使用的，表达了民众对美好幸福的追求和探索，也体现了民众趋利避害的心理。例如，在农业习俗中，农家以立春作为一年农作的开始，在立春这天，过去有鞭春牛的习俗，现在的习俗则是集体"出行"，放鞭炮，并象征性地刨一刨土，说一套吉利话："一刨金、二刨银、三刨刨了个聚宝盆。"在商业习俗中，开业时往往张贴"金日开业""开门大吉"等吉利语。

我国春秋时期已经有"万寿无疆""天子万寿""南山之寿"等吉祥语的记载。那时的典籍《易经》更被认为是中华吉祥文化集大成者，也是中华吉祥文化的重要源头。它通过测算、预测，再配合某些方法避害趋利。例如关于数字,《易经》中就将其分为吉祥运暗示数、次吉祥运暗示数、凶数运暗示数、首领运暗示数、财富运暗示数、艺能运暗示数、女德运暗示数、女性孤寡运暗示数、孤独运暗示数、刚情运暗示数、温和运暗示数等多种。《易经》认为,“一”最大最吉祥,是“太极”;“三”最佳,象征天地人融洽相处;“八”象征八卦;“五”“九”为九五之尊。“见龙在田”就是吉象,象征有可能遇见贵人,得到重用,走出徒有其志的困境。吉、利、永、贞、元、亨等字,也成为我国吉祥文化中最有典型吉祥意义的表述。

吉祥文化体现的心理和意识,来源于原始信仰。吉祥文化产生于古人对生活的不安全感。先民对大自然带来的一切灾难,对自身疾病、瘟疫和死亡充满迷惑和畏惧,为了寻找精神庇佑,就产生了万物有灵的观念,并且创造了图腾,用以凝聚力量,表达人们避邪求吉的心理,这就是原始信仰。原始信仰后来演化为复杂的民间信仰,形成对观音、财神、土地城隍及家神、自然神等这些臆想的神,以及神话中的人物,或者所谓的精灵等的信仰。古人把这些信仰的对象当成自己贿赂的对象,通过向它们烧香、磕头、许愿,让它们给自己带来利益,完全把崇拜对象看成是自己的保护神。民间信仰与禁忌十分庞杂,包括自然崇拜、动植物崇拜、神灵崇拜、巫术等,也包括民间原始宗教、道教、佛教,以及民间俗信等内容。

人们还赋予动植物以吉祥的象征。如以麒麟为仁兽,认为龙是中华民族的象征,凤为百鸟之王,龟象征尊贵、安闲、长寿。仙鹤、喜鹊、鸳鸯、鸽子、麋鹿、雄狮、猛虎、牛、马、大象、鲤鱼、蝴蝶、蜘蛛等,都被赋予吉祥美好的含义。而花草树木有花有果实,也能够表示吉祥意义,如梅、竹、松、南瓜、长春花、杞菊、槐、红豆、石榴、橘、佛手、芙蓉等。在生肖中,十二生肖都可以构成大量的吉祥用语,表达丰富美好的情感。又如,在端午节,人们把插艾和菖蒲作为节俗的重要内容之一。家家都洒扫庭除,以菖蒲、艾条插于门楣,悬于堂中。还用菖蒲、艾叶、榴花、蒜头、龙船花,制成人形或虎形,称为“艾人”“艾虎”；制成花环、佩饰，妇人争相佩戴，用以驱瘴。

早在几千年前的《诗经》等文学作品中就已经有了许多美好的词语，丰富了我国吉祥文化的审美宝库。它们通过名言警句、优美的篇章、美好的故事，成为吉祥文化重要的载体和重要的创新平台、传播渠道。

明清时期，我国吉祥文化发展到了高峰，突出表现在剪纸、年画、对联、建筑、陶瓷、玉器、菜名以及刺绣、印花、请安祝颂等事象中和社会交际生活的方方面面。

二、吉祥文化的展现

经过几千年中国传统文化的传承与发展，吉祥文化已经非常繁盛。吉祥文化广泛深刻地融入了大众生活，在节庆活动、衣食住行日常生活中，在语言交际、非语言交际过程中，在生产劳动、商贸往来中，在婚丧嫁娶、庆典仪式中，在宗教信仰、精神世界中，都蕴含着大量的吉祥文化因素。徐华龙先生在其《中国吉祥文化》一文中，将吉祥文化分为物体吉祥、行为吉祥、语言吉祥、文字吉祥和数字吉祥等五类。宁业高先生则在其《中国吉祥文化漫谈》一书中将吉祥文化分为语言文字吉祥、祝词贺语吉祥、人名称号吉祥、地舆政域吉祥、天文生物吉祥、时令人事吉祥、衣食住行吉祥等七类。

大量的吉祥语言、吉祥词语，构成了吉祥文化的主要内容。它包括文明礼貌语言、吉利话、誓语、寿福禄语、诫勉语、祈语、问候语、祝贺语、颂词、口彩语、谐音语、委婉语等，是中华民族吉祥文化的主要载体。例如，道光十七年（1837 年）《临清县志》载，旧时下催妆时男家向女家赠一雄鸡，迎亲时，女家将雄鸡配以雌鸡一同送还，俗称“长命鸡”。在给新人铺床时，要撒栗子、枣、花生于床的四周，并且配上一些口彩乞巧话，如“今年吃了栗子枣，明年生个大胖小儿”；娘家在女儿妆盒内也放些麸子、盐，寓贤惠、有福，也寓“福缘”；在送亲途中，队伍前有撒“大吉”帖的，“大吉”帖用四方红纸书一“吉”字，寓吉日良辰。

祭祀是民众生活中的重大活动。在祭品上，讲究三碗菜、三碗水饺，每碗三个水饺，顺“神三鬼四”之说以表示所敬者为“神”；把用榆树枝扎成的挂满纸钱的树状物叫“摇钱树”；烧祭用的纸叫“黄表”“元宝”“金锞子”；香折了忌说“断”，而说“存”。并且在祭奠时每每都有一套讨口彩的顺口溜，如祭灶时，就说“灶君上天，有啥说啥，多加美言，少说闲话”，或说“上天去，您多言好事；下界来，您广降吉祥”。

交际场合，也有很多吉祥事象。例如，宴席必上鱼。以“鱼”谐“余”，表示虽然宴席要结束了，但幸福、快乐没有完结，仍然有余。新人结婚时，亲戚、邻居多赠送红枣、栗子等吉祥之果。在这里用“枣”谐音“早”，用“栗子”谐音“立子”，借此祝福新郎、新娘早生贵子。新娘下轿后，扬烟、栗子、枣、花生于其全身及院落，寓早生子、多子多孙、烟火绵绵；新娘入洞房前要在一个红杌子上坐坐，叫“坐坐性”，寓让其驯服；新娘迈过门槛时，脚要踏糕和筷子，谐音“高”“快”，讨“步步高、快发财、快生子”的口彩。有的新娘进房后，登床走一圈，象征着踩倒婆婆全家，不受夫权管束；新娘坐定床沿，就要吃“宽心面”，也叫“长汤”，谓不想娘家，面条顺滑，寓顺利；然后吃糕，并且故意煮不熟，主持人问新娘“生不生”，新娘一定要回答“生”；新婚之夜要灯烛长明，叫燃“长命灯”，寓意夫妻白头到老。

几乎所有的民间节庆，均有吉祥事象。如山东大部分地区春节必做年糕、枣山、豆腐。鲁中地区还做“团圆饼”，祈求年年高、全家福。鲁东南地区做“合菜”，用粉丝、胡萝卜丝等凉拌而成，红绿相间鲜美可口，象征和睦。元宵节多以灯卜丰歉，灯节时间为正月十四至十六，十四主麦，十五主谷，十六主豆，“正月十五雪打灯，当年有个好收成”。

“中国古典民居是中国古人生活与社会活动及精神世界的展现，是人居和环境和谐统一思想的体现，也是中国古代吉祥文化和各种吉祥物的体现。”[①] 民居通过脊兽、影壁、门枕、墙、门等装饰，巧妙展示了吉祥文化。

房院建设过程中，也有很多吉利话。在选用建房木材时，往往以木材种类名称的谐音讨口彩，如用杏木做门，以求幸福；榆木做梁，以求余粮；松木做叉手，以求长寿。鲁西南地区喜欢用楝木做床，谐音“连子”。在安门窗时，要贴“昨日太公从此过，说是今日好安门”“安门大吉”“安窗大吉”“太公在此”的条幅或横幅。在上梁时要贴“上梁大吉”，以求吉利。梁上拴一红绸，吊一串铜钱，谐“十全”；门两边底石、影壁上刻、画蝙蝠、鹿，或书写“福”“禄”；院内多栽牡丹花、石榴树、槐树，把牡丹花称为“富贵花”，以为“榴开百子”“留子孙”。胶县（今山东省胶州市）有谚“门前一棵槐，不是进宝，就是招财”；滕县（今山东省滕州市）还有吃槐籽的祈子习俗，以求“怀子”。

此外，还有禳解时所用的一套吉利语，有的叫“巧话”，如吃了脏东西，便说“不干不净，吃了没病”；砸碎了器物，便说“旧的不去，新的不来”；钱物受了损失，便说“拿钱买寿，去钱消灾”。有的叫“顺口溜儿”，如杀鸡时，就说“鸡呀鸡，你别怪，你是我的一碗菜；有心不杀你，又怕那客来怪；罢呀罢，还是杀了罢”。有的很长，叫“佛儿”，如老太太抽烟时所唱：“我这个老嬷嬷儿八十八，耳不聋来眼不花，伸手摸起火镰匣儿，吃袋香烟解解乏。大儿做高官，二儿是探花；一对姑娘是灵芝草，一对媳妇是牡丹花。前院里一棵梧桐树，后院里一棵芙蓉花。梧桐树上落凤凰，一辈子一个状元郎，富贵荣华咱是头一家，我念弥陀佛。”

民众还喜欢吉利的数字，如衣扣的数量以单数为吉利，与扣眼合成双；送嫁妆、送粥米的人数喜双，取“成双成对”之意；以三、六、

---

① 陈燕：《浅析中国古典民居中的吉祥文化对旅游的影响》，《乐山师范学院学报》，2011 年第 26 卷第 5 期，第 78 页。

九为吉祥数字，特别崇拜“六”，取“六六大顺”之意；又崇拜“八”，对“五一八”“八八八”等数字趋之若鹜；因为“七上八下”的成语，又崇拜“七”，寓意蒸蒸日上。

三、吉祥文化的表达

吉祥文化来自劳动，是在民众的生产劳动、社会生活、与自然和他人交往的过程中被发明创造、不断丰富、传承使用的。

首先，吉祥文化多用象征表意，即借助于一些常见的事物，表示吉祥的含义。例如春节时贴的对联，两句吉语，一方红纸，表示辞旧迎新，祈福增寿，内容多以耕读世家、万象更新、新春欢乐、福寿康宁、春山绿水、五谷丰登、繁荣昌盛为主。还要在床头贴“身体健康”，灯火处贴“小心烛火”，主屋正墙贴“招财进宝”，橱柜上贴“黄金万两”“鱼肉满橱”“衣服满柜”，院墙上贴“吉星高照”，牲畜栏门上贴“六畜兴旺”，车上贴“日行千里”或“牛行虎步，车动雷声”，门口对面墙、树上贴“出门见喜”，其他小件家具上，一律贴“酉”，谐“有”音，寓富有。除夕夜守岁，济宁曲阜一带要在中庭竖一竹竿，上悬灯笼，谓之“天灯”；济南平阴等地，使灯终夜常明，叫“长明灯”；而德州一带则将一捆谷草竖在天井之中点燃，用东西南北中五个方向代表五谷，谷草侧向何方，代表何处谷物来年丰收，叫“照天庭”“照田蚕”；济南长清则在大门外、村外烧蒿草“照天庭”；潍坊昌乐以“掌庭灯”代之；聊城东阿一带则布灯，陈设灯笼或拉出电灯来“照请”，旧时还烧“避瘟月”。这些活动，都具有一定象征意义。全家除夕吃的过年饭，也具有强烈的象征意义：一般主食是用大米和小米一块蒸的“干饭”或者水饺。菜肴讲究必须有鸡，寓“年年大吉”，有鱼，寓“连年有余”，全家人围坐在一桌，喝团圆酒。新年的第一顿水饺也很有讲究，鲁中一带常常包入花生、枣、栗子、钱币、糖块、麸皮等，祈求早得子、多子多福、人丁兴旺、生活甜蜜、发大财。煮水饺破时，不说“碎”“烂”“破”，而说“挣了”“挣了不少”，有时还故意弄碎几个，以讨口彩。

其次，谐音成趣。甲乙两个词语，甲词语的语音形式与乙词语的语音形式相同或相近，而乙词语又具有吉祥、文雅的意义内容，人们便以两词语语音相同为条件故意造成谐音双关,使两词的意义相沟通，以此喻彼,以求吉利。在此基础上形成某种风俗习惯,有的叫“意头”，有的叫“口彩”。民间春节贴福字，“福”以倒贴为好，讨“福到了”的口彩。为了强调谐音含义，民间还附会了许多故事。例如，贴福字据说是为了躲避姜子牙的老婆“穷神”，倒贴“福”字据说是马皇后为了避免朱元璋乱杀人。传说朱元璋让家家门上都贴“福”字，其中有户人家不识字，竟把“福”字贴倒了。第二天，皇帝上街查看，发现这家把“福”字贴倒了，大怒，命令御林军将这家人抓起来，满门抄斩。马皇后忙对朱元璋说：“这家人知道您今日来访，故意把福字贴倒的，这不是‘福到’的意思吗？”皇帝一听有道理，便下令放人。从此人们便将福字倒贴，一求吉利，二为纪念马皇后。在生育习俗方面，曲阜旧时习俗，女子婚后三年不生者，元宵夜到街上偷灯吃，一般偷刘姓（“刘”谐音“留”,寓意留住孩子）和戴姓（“戴”谐音“带”，寓意怀上孩子）的，民谣曰：“偷刘家的灯，当年吃了当年生；有了女孩叫灯哥，有了男孩叫灯成。”牟平、乳山、文登等地“剩”谐音“圣”，当地群众过春节蒸大饽饽临结束时，总要用剩下的几块小面团（有时干脆就是提前预备下的）捏几条头似龙或蛇、身上有刺的所谓“剩虫”。民间认为，有一种能使衣食剩余的神虫，老百姓用节日剩下的面团蒸“剩虫”，将它放在粮仓、囤子及衣橱里，祈求它会带来五谷丰登、衣食有余的好生活。此以“剩”寓“圣”,跟以“鱼”寓“余”有异曲同工之妙。“剩（圣）虫”是一个较常用的方言词。民间比喻某种东西长时间吃不完、用不完或者取不完，便会说“出来剩虫”了。这一带准备过门或过门不久的新媳妇，最希望穿上婆婆给她做的新棉裤，认为穿上婆家的棉裤，以后的新生活将会粮米成仓成库，吃穿不愁，家业兴旺。而婆婆常乐于满足儿媳这一不高的要求。其实，棉裤事小，讨个吉利事大。以“裤”谐“库”，取其寄托之义。

同样的，甲乙两词语音相同，而乙词语的内容与死亡、灾难等不吉利的意思有关，民间便采取某种方式加以避讳。避讳也是为了吉祥。古时候的渔民在渔业生产中缺乏安全保障，遇风浪造成翻船、死人的事情常有发生。久而久之，渔民们便形成一些求平安、保康宁、图吉利的迷信习俗。为了避开“翻船”的“翻”，甚至也避开与“翻”字相同的音，就称翻身为“划身儿”“划个儿”，称“帆”为“篷”，称“帆船”为“篷船”。为避开“完了”“了了”的说法，打完一船鱼叫“满了”，把酒喝完叫“把酒满出来”，如此等等。每到过年之时，胶东一带就要蒸一种很大的馒头，叫作“大饽饽”。蒸的时候，由于火势很猛，常常使大饽饽裂开口子，当地人叫“笑了”，从不说“裂口子”。笑是人的动作，当地人赋予饽饽“笑”的动作，更增加了喜庆色彩。

再次，还用冠以喜庆吉祥的字、词去称代、比喻事物。如用“喜”冠以生育词语，求子叫“拴喜”，怀孕叫“有喜”“害喜”，生孩子叫“添喜”，并到娘家“报喜”，备“喜蛋”。小孩出生后直到成年之前，又以红色庇佑其无病无灾，健康生长，如戴红肚巾、扎红腰带、钉红衣领子；每年端午节，用红布缝小鸡在帽子或衣袖上，再串上辣椒种，取名“鸡餐豆”，以祈不生水痘。传统的风筝多用人物、走兽、花鸟、器物等形象，或者民间喜闻乐见的神话故事，寓意福寿双全、连年有余、四季平安。

此外，还直接使用唱词，用表演性质的语言，表达吉祥的含义，有的叫“佛歌”，有的叫“巧话”。例如，大年初一敬天地，就有相关的吉祥歌词，供人们念叨：“大年初一天气寒，多拜老天一整年。金香炉，银供桌，两把烧香往上搓。五个供，五个馍，五碗干菜随和着，满堂儿女把头磕。”泰安则有上供歌：“大年五更地里寒，灶王老天整一年，金香炉，玉石桌，五碗供，三盘馍，五碗扁食往上托。先烧元宝后烧纸，大男小女把头磕，南无阿弥陀佛。”

最后，使用禁忌进行禁限，也是吉祥文化的一种表现方式。对于出行，从“父母在，不远游”，到“老不上北，少不上南”“老不入川，少不游广”，就是一种禁忌。旧时人出行忌“黑道日”，即每月的初五、十五、二十五不利出行；而“杨公忌”之日更是禁忌出门，即正月十三、二月十一、三月初九、四月初七、五月初五、六月初三、七月初一、七月二十九、八月二十七、九月二十五、十月二十三、十一月二十一、十二月十九，这些日子忌出行。时至今日，“三六九，向外走；二五八，赶回家”仍是大众的普遍习惯。

四、吉祥文化的传承

几千年来，中华传统吉祥文化随着中华民族优秀传统文化的传承创新，一直展现着鲜活的生命力，展现着我们民族的文化心理、文化渊源、情感方式，展现着伟大中华民族追求幸福、平安的美好愿望。

吉祥文化的传承是全面的。生产生活中节庆、交际、商贸、婚嫁以及姓名等各类吉祥文化都在继承中发展，在传承中创新。

姓名。不只是一个符号，在很大程度上，姓名代表的是父辈对后代的希冀。以前有的人家都会花钱请算命先生测孩子的生辰八字，通过五行（即金、木、水、火、土）的旺衰，预测未来喜忌，再用与五行相应的字命名。

年画。年画、剪纸等民间艺术，传承着吉祥文化。年画是喜庆、吉祥之物，能给新年带来好兆头；剪纸、红灯笼、鞭炮、窗花、福字，现在仍然是过春节的标志，烘托着喜气洋洋的节庆氛围。

中国结。一根线绳缠来绕去，环环相扣呈“八”字形，就叫“八结”，又叫“八吉”，原本是佛教法物的“八吉祥”之一，后成为民众喜欢的挂饰。

纪念币。通过经艺术设计的寿桃、蝙蝠、南瓜、藤蔓、莲花、鲤鱼、鸳鸯、并蒂莲等纹饰、图案、符号，再用借喻、比拟、双关、谐音、象征等手法，以此表现中国人的生命意识、审美情趣和民族性格。中国人民银行发行的2015年吉祥文化金银纪念币一套8枚，其中金币4枚，银币4枚。该套吉祥文化金银纪念币分别表现“五福拱寿”“瓜瓞绵绵”“年年有余”“并蒂同心”四大中华传统吉祥文化，为纪念币增添了一抹浓浓的吉祥色彩。

商标。商标是生产者在其商品或者经营标记上，由文字、图形或两者组合构成的，用于区别商品或者服务来源，具有显著特征的标志。借鉴传统吉祥文化，充分体现民族文化价值和意义的设计理念，用吉祥图案的“形”“意”“色”在商标中的创新再现，实现了形式美、形象美、意味美。①

吉祥物。南京举办的中国第十届全运会的吉祥物“金麟”，既是古都“金陵”的谐音，同时也是传统吉祥物麒麟。2008年北京奥运会的会徽采用的是中国印，使用了吉祥色中国红。而2008年奥运会的吉祥物福娃系列更是传统吉祥符号的生动体现。

为了系统展现和传播中华吉祥文化，我们民俗学会的几位同仁从十年前便召开了一系列的吉祥文化研讨会，例如枣庄石榴与吉祥文化研讨会、聊城葫芦与吉祥文化研讨会，开始酝酿研究各类吉祥文化事象，提出了大约十几个选题，准备出版一套有关吉祥文化研究与普及的小丛书，并开始撰写各个选题的初稿。由于同仁工作变动等原因，原定的十几个选题，至今只陆续完成了九部，分别为语言卷、文字卷、服饰卷、饮食卷、商贸卷、民间艺术卷、民间信仰卷、动物卷、人生礼仪卷。

由于吉祥文化研究的融合度大，学术的边际范畴划分模糊，广义

① 参见陈苹：《论中国吉祥文化在商标设计中的运用与创新》，硕士学位论文，苏州大学，2007。

概念很大，狭义概念难以明确，所以，在写作过程中，我们确定了一些原则，首先，必须是吉祥事象、吉祥含义、吉祥语言，不论是哪一卷，所描述、叙写、论述的内容，必须具有吉祥的意义，以示与其他文化的区别。其次，对于相同的吉祥文化载体，按照各卷角度的不同，进行叙述和描写，各卷之间相互独立，单独成书。

还有一点需要说明：在语言风格、叙述描写、论述评价等方面，我们没有强求一致，体例上只划分了一级、二级标题，制订了一些写作规范要求，以便于各位作者能够呈现出各自的风采。

习近平总书记提出了“文化自信”这个宏大而坚定的命题，这给中华优秀传统文化研究和普及带来了又一个春天。泰山出版社高度重视这个选题，积极组织、多次协调，保证了这套书的出版。各位作者对原稿又加大了修改力度，最终使书稿定型为现在的这个样子。张廷兴、王加华两位教授统筹书稿，反复审阅，付出了心血。在此，我作为主编，对他们表示真诚的感谢。盼望本丛书能给读者带来对中华吉祥文化较为系统和感性的认知，一起弘扬中华民族的优秀传统文化。

是为序。

刘德龙

2018 年 5 月 30 日

目　录

前　言

动物是人不可缺少的、必要的东西；人之所以为人要依靠动物；而人的生命和存在所依靠的东西，对于人来说就是神。

——费尔巴哈①

这本书选取了民间生活中常见的十几种动物形象，其实从严格的意义上说，这些动物形象中龙、凤、貔貅、麒麟等是传说中的形象，也是人们对图腾的集美化认识的产物，其他如鸡、蝙蝠、鹤、龟、虎、蟾蜍、羊、猴等则和人类的日常生活密切相连。人们根据它们各自的习性和特点，找到了和“吉祥”的内在同构性。比如鸡和“吉祥”的内在关联，一方面是谐音“吉”；一方面是根据公鸡报晓、崇拜太阳的民间信俗赋予鸡以吉祥瑞物的身份。狗和“吉祥”的关联是因为狗和人类深厚的友情，从而给予狗以吉祥的寓意。老鼠几乎没有人喜欢，但当人们将其吉祥化以后，鼠的形象就成了百姓文艺中的正面形象，因为它丑，而且祸害粮食，百姓就在无奈之余将其美化为“仓神”，并祷祝年年五谷丰登，希望它在一个特定的日子里红红火火嫁女儿。人们在嫌弃老鼠的同时又看到了它身上奇特的能力，那就是极强的繁殖能力，所以，希望借老鼠这方面的吉瑞带给家族人丁兴旺。和老鼠有同样特点的还有蟾蜍，它也属于丑类。百姓从这些动物那里看到了希望也看到了神奇的能力，所以化丑为美，把对它们的惧怕转化为一种崇拜。这是民间常见的一种思维，也是民间的智慧。

① 费尔巴哈，德国古典哲学最后一个代表，唯物主义哲学家。

鹤、龟、虎、羊、猴这些动物的共同特点是和百姓的生活比较贴近。在日常生活中它们的形象被转化为吉祥物，几乎出现在各种民间工艺品中，这样就更加深入人心。人们可以通过有关这些动物的刺绣、石雕、木雕、泥塑、面塑等工艺品的制作和观赏，获得更多的感性认识。

本书在编写过程中，选用了一些民间的传说和故事，尽可能用通俗易懂的语言，完成从学术认识到文学认识的转变。吉祥文化不是天生就存在的，是我们的祖先通过世世代代的文化传承、文化积淀和文化创造获得的认识；是人们通过对生活的认识、大自然的接触获得的关于精神世界的对未知世界的认识；是人们在积极的想象中获得的对美好生活、伟大梦想的认识。

“吉者，福善之事；祥者，嘉庆之征。”（唐成玄英注疏《庄子·人间世》）吉祥是一种对未来时段的预见性思维，更多的是一种求吉避祸的祝愿和期许，是一种对未来美好的想象。因为，“吉祥文化从来都不只是反映，它力图了解主体的存在，通过客体表现出主体的情思，那可以代表着一个民族的集体潜意识，也就是一个民族的精神镜像。”[①]吉祥文化不管外在表征如何千变万化，最终都指向“福、禄、寿、喜、财”恒定的内在精神。本书仅以动物为主，展开有关动物的吉祥之旅。

在开篇前，笔者先在这里说明为何这样谋篇布局。因笔者在进行吉祥文化的整体观照后发现，比如，鸡既属于栖居身边的六畜，又是禽类，有双重属性，把它放置到身边家畜的章节并不是说鸡不属于祥禽。在深入了解动物吉祥文化之后，大家会发现，相当一部分吉祥动物并不是单一身份，这也是它们能有源远流长的吉祥意蕴的原动力所在，民间思维不放过任何可以附会吉祥的动物特质，所以，完全地隔离是不可能的。就拿“吉祥四灵”来说龙，是虚拟神物，种类繁多，天上飞，地上行，水中游，很难把它进行归类；麒麟也是吉祥不可貌

① 马知遥：《论吉祥文化的精神镜像和艺术表现》，《艺苑》，2007（4）。

相的动物；凤凰也可以归到祥禽里面；甚至说龟的祥瑞离人们生活较远也成立，说它属于丑类的吉祥物不少人也认同。然而“吉祥四灵”作为第二章，首先它涵盖了许多吉祥动物在其中，具有整体引领和代表的作用；其次，古人形成了对四灵的认可，笔者借用这种归类，虽然后面一些类别稍有嵌套，但这丝毫不影响书中对吉祥文化的阐释；最后，这也在无形中传达出来真正的吉祥文化的内在规律，你中有我，我中有你，这也是吉祥文化“和而不同”地在中国传统文化中的呈现。

生活中和我们相关的动物还有很多，我们选择其中一些民间影响力较强的吉祥动物形象和大家分享，目的是让读者借此感受中国传统文化的魅力，获得更多对吉祥文化的深刻认识。如果能达到这样的目的，我将感到非常荣幸。

马知遥

2018 年 2 月于天津大学听雨斋

第一章　动物吉祥的特点

动物构成了生态系统的重要一环，成为促成生物多样性的股肱之臣，成为环境质量的调节剂、生态系统的稳定源、生物链的连接环。它们作为我们人类的挚友或融入我们生活中衣食住行，或成为可远观而勿亵玩的生活调味品，或成为明智抒怀的现实依托物，或成为科学技术创造的灵感源，或以具体的实体发挥着功能。要想知晓具体动物的吉祥寓意，首先要明晰吉祥文化的内蕴。本章以民俗学视野入手探析动物吉祥文化，通过现实动物吉祥文化的外在表征和内在精神，发现吉祥文化的特点，以期明晰民众选取动物的民间心理，在实践应用时明白哪些动物既适合民众心理，又适应生态环境，同时，期望对设计学、建筑学、景观学的理论和实践有一定的借鉴意义。

一、吉祥文化的多元化

“吉者，福善之事；祥者，嘉庆之征。”吉祥作为一个对未来时段的预见性词汇，更多的是一种能够达到求吉避祸的祝愿和期许，是一种对未来美好的想象。因为不确定性和毫无经验的预见判断，吉祥文化表现最为明显的特点之一是“无所不包、博采众长”，这一特点体现在表现对象和应用范围上。

1. 表现对象的多元化

表现对象的多元化，主要分为两个层面。

第一，以单一动物作为吉祥文化的形象。这类吉祥动物又分为瑞兽类、祥禽类，瑞兽类以龙、龟、麒麟为佼佼者，祥禽类以凤凰、鹤为领头羊。除此之外，瑞兽类还有狮、象、虎、豹、鱼、鼠、牛、兔、蛇、羊、鹿、驴、蛙、猪、狗、狐狸、刺猬、猴、马、松鼠、獾、骆驼、猫、蟾蜍、虾、蟹、蜘蛛、蚱蜢等；祥禽类还有鸡、鹊、鸳鸯、鸿雁、孔雀、燕子、绶带鸟、白头翁、鹌鹑、鹭鸶、鸭、鹰、鹦鹉、锦鸡、鸽子、蝴蝶、蜜蜂等。毫不夸张地说，但凡有生命的、民众能想到的动物，人们都“牵强附会”地给动物赋予了吉祥意义，以一种海纳百川的心态把吉祥文化映射到我们周围，进一步表达了中国民众渴望吉祥的心理诉求。除了表现对象数量的多元化，同一种表现对象也体现出吉祥文化内涵的多元化。龟，是四灵中唯一现实可见的动物。早在殷商时期，龟就被当作吉祥的象征。中华民族对龟的崇拜已经远远超过它本身的生物特性，几乎达到至高至诚、万能万应的地步。古代四神兽青龙、白虎、朱雀、玄武。玄武，即为龟的美称。因为，龟是民众认可的吉祥文化外在表征，龟与祖国的名山大川多有联系。湖北、安徽、山东、四川等省均有以龟命名的地域，如“龟山”“龟川”“龟谷”。我国佛教四大名山之一浙江普陀山上，有一处“二龟听法石”是著名“普陀山三石”之一。在神话传说、文献记载、现实报道中龟都是十分长寿的，因而龟成为长寿的象征。龟兆长寿成为中华民族传统文化中重要的吉祥习俗。我国民间习惯把年龄六十岁叫“花甲”，用“龟龄”比喻长寿；给小孩取乳名为“小龟”；给满月的孩子剃一个“乌龟头”，前额留一大片长头发，形状像龟盖，后脑留一绺长发，形状像龟尾巴；把童衣童帽做成龟形。人们从上到下，从内到外把龟的长寿吉祥寓意附着在孩子身上。社会上常用“龟鹤延年”来祝人长寿。因为龟的长寿寓意，各地习惯在老人寿诞时，用龟做文章。这一习俗在福建漳州最为流行。在五十一岁、六十一岁、七十一岁、八十岁、九十岁和百岁时，家人都要为老人设宴庆寿，称为“做龟寿”或“做龟”。凡是庆寿的人都需要带用糯米制成的粿，粿上印有“龟印”，再点上一点红色，叫作“红龟粿”，用来祝福老人“龟龄龟寿，福禄荣贵”。饭毕，主人将其分给前来庆寿的亲朋好友，祝愿参加庆寿之人也会和龟一样长命百岁[1]。可见龟这一个吉祥动物的求吉避祸的寓意已然渗透到生活的方方面面了。

第二，以多种动物、人、植物等组合形成吉祥寓意的多元化。人们在利用一些动物表现吉祥文化的时候，往往采用“拉帮结派”的形式，这或许与动物本身不够“强势”的特性有关，民众认为单一动物对吉祥需求的表达不够充分。因此，常会看到动物和人物、动物和植物等组合形式，来表达求吉避祸的诉求，如龙凤呈祥（龙与凤）、福寿双全（蝙蝠和铜钱）、富贵有余（鱼和牡丹）、一路富贵（鹭鸶和牡丹）、婚姻美满（凤凰与牡丹）、前程似锦（鸡和牡丹）,华封三祝（天竹、牡丹和水仙）、牡丹耄耋（猫、蝴蝶和牡丹）、平步青云（孔雀、牡丹和云霞）等。

2. 应用范围的多元化

应用范围的多元化。吉祥文化在本质上是一种民俗，一种“心意信仰的民俗”[2]。因此，脱离不开民众的人生礼俗、岁时节令。空间层面，因为动物具有的吉祥寓意，人们会基于不同的需求，或以实体，或以代表动植物意象的虚拟物借助不同艺术手段应用到各个场域中，例如建筑物、画稿、节日装饰、雕刻、家具和瓷器等，大到园林、民居、寺观等建筑物，小至神龛、墓室、高塔和民宅的斗拱、柱石、影壁、走廊、门楣、阶石、牌坊、门框、檐角、门墩、栏杆、窗棂、石桩、座礅等，上面都能看到动物的身影，床榻、条几、桌椅、镜框、衣架，甚至小小的梳妆匣和牲口食槽都会留有动物形象。素有“万福园”美称的北京恭王府中的“萃锦园”堪称风水“蝠”（福）地的典范[3]。蝙蝠是福文化的重要载体，于是其意象被大量运用到萃锦园，形成了一种有中国特色的建筑美学。园中假山、水池乃至建筑局部都有蝙蝠的

① 刘锡诚主编：《吉祥中国》，上海文艺出版社，2012，第 234-243 页。
② 乌丙安著：《中国民俗学》，辽宁大学出版社，1999，第 239-240 页。
③ 李湘涛：《蝙蝠与“福”文化》，《科技智囊》，2018（5）。

具象或抽象的形象，园中的山、池、厅分别叫作蝠山、蝠池和蝠厅，设计巧妙，耐人寻味。有人说，萃锦园在彩画、窗棂、椽头穿枋、雀替等处的形态迥异的蝙蝠图案一共有 9999 幅，再把康熙的“福字碑”算上，真的称得上是“万福”园了。“蝠池”是一座东西横向的狭长形池塘，形状本身就如同一只张开双翼的蝙蝠，这是进入恭王府花园首先映入眼帘的第一个福瑞意象。池周遍植榆树，榆树结榆钱，故蝠池象征聚宝盆。每到春末夏初，许多榆钱纷纷飘落到蝠池里，这象征滚滚财源。府内游廊栏杆的装饰上也不缺蝙蝠的身影，花园的空廊、这象征步步高升的爬山廊与房舍外的半廊中，蝙蝠形象无孔不入，大有“上看是‘蝠’（福），下看仍是‘蝠’（福）”的特色景观。即使在廊角上柱子两旁的这些并不起眼的镂空雀替中，仍然设计了两只角度不同但互相对称的蝙蝠，其翅膀一下一上，呈曲折的形状，并配有青绿云纹，形成“福运（蝠云）纹”，有“福从天降”之祥意。在恭王府花园的一些房檐下有上下椽头部分，这些部分装饰着蝙蝠、寿桃和卍字所组成的纹样，巧妙地利用了中国木作建筑的装饰特点，用二方连续的视觉排列，象征着“万世延福、福寿万代”的吉祥寓意。外部额仿与檐梁上的彩绘图形也是多彩多姿，比如，五只飞翔的蝙蝠环绕成一个圆圈，圈内绘制了多种多样的彩云，借彩云比喻天空，象征天降洪福。在萃锦园建筑的梁枋彩绘两箍儿之间的枋心里彩绘了漫天飞舞的蝙蝠，表达出“福盖满天、纳福迎祥”的寓意。此外还有大戏楼上的以大红色为底的舞台布缦，上面绣着紫色的蝙蝠，中央为我们所常见的“五福抱寿”的图案，还出现了如意、宝瓶等图案加以点缀，寓意“如意平安、多寿多福”，更显得喜气洋洋。萃锦园的中心点是用太湖石做成的假山，名为滴翠岩。这座假山本身就是一只蝙蝠的样子，洞中存藏着康熙御笔的福字碑，这里称为“洞天福地”，乃镇府之宝，有福照全园的美意。福字碑直接运用文字符码来表现、衬托恭王府的“真福之地”。最后是象征吉祥的厅堂蝠厅。该厅面阔五开间，左右各有三间耳房相连，中央与两侧又凸出三间抱厦，形状也契合上蝙蝠的样态，故名蝠厅。这就形成了状似一只大蝙蝠向南环抱全景区的格局，起着保护、收束功能与祈愿祥瑞的作用。由此可见，“蝙蝠”形象是恭王府中的“主导因素”。在游园时，人们可由外而内、由低而高、由近而远，一路由园中聚宝盆蝠池，到中央具有镇园作用的蝠山，再到园中制高点蝠厅，找寻与欣赏随处可见的明蝠、暗蝠，细察廊角、坐凳栏杆上变化万千的蝙蝠样态。恭王府中运用无处不在的蝙蝠形象，将蝙蝠“福”的意象透过园林空间发挥到极致。

吉祥文化是非物质性的，看不见，摸不到，不能直观性表现出来，它往往通过人们约定俗成的事物，如动物类，在特定的域境内表达求吉避祸的诉求。这些表达求吉避祸诉求的动物或是现实可见的，或是超现实的，它们构成了吉祥文化外在表征，成为吉祥文化的表现对象，让吉祥文化成为我们生活中可观、可触的文化，把对未来美好期许落到实处。多元化表现对象在表达吉祥寓意时各司其职，以便民众各取所需，更好地满足民众求吉远祸的需要。多元化的应用范围为因对未来不确定而有犹疑的民众打上了一针强心剂，哪怕吉祥文化并不会使环境真的做出怎样的改变，被吉祥文化载体包围的民众也仿佛吃了一颗定心丸，他们心灵感到慰藉，心情得到舒展，心境充满祥庆。

二、吉祥文化的灵巧化

从人类诞生以来，就一直与风霜雨雪、毒虫猛兽做着斗争，相对于自然来说，人类的力量是渺小的。正因为如此，求吉避祸的心理一直相伴人类左右。从奴隶社会刚刚解脱出来的民众又步入了几千年的封建社会，他们处于社会的下层，没有优质的社会资源作为自己的保护伞，但是，渴求吉祥美满的诉求一直存在，在面对诸多劫难时，“有病乱投医”式的心理促使民众为身边最容易获得与接触的动物赋予吉祥寓意。因为地域、时间、等级、财富、受教育程度与范围等的不同，民众对于吉祥的心理诉求也不同，动物吉祥文化通过民间智慧体现出了灵巧化，民众根据动物的不同特性巧妙地赋予其多重吉祥寓意。灵巧化满足民众心理诉求成为吉祥文化的特点之一。

首先，转嫁与克制。民众通过点石成金的方式，灵巧化地把现实中平凡的、甚至有害的动物转变成祥瑞之物。例如老鼠，本是有害动物之一，在民间却作为瑞物。古时劳苦大众众多，而老鼠如果肯光顾自己的家，那指定“家有余粮”，民众附会出“鼠能带给民众好运”，这一“鼠带好运”的思维体现出我国人民苦中作乐的民间智慧，把本来作恶多端、让家里雪上加霜的老鼠巧妙地嫁接上吉祥寓意，让它成为吉祥物象，这体现出民众企盼逢凶化吉的愿望。这一思想延续至今。因此，老鼠在有些地方被认为是保家仙，俗称“灰八爷”，可以庇佑自己家族世世代代平平安安。广为流传的《老鼠嫁女》这一民间故事通常表现在剪纸、年画、舞蹈等民间艺术形式中，成为传播最为广远的老鼠求吉避祸的吉祥表征。《老鼠嫁女》放置在新婚夫妻的婚房中，除了带来欢乐喜庆的寓意外，还有借助老鼠繁殖力强，获得添子添丁的幸福含义。[①] 另一方面，民众借用毒虫猛兽的某些特性通过克制的方式来引导，以实现求吉避祸的吉祥诉求。民间认为五月是毒虫出没的季节，端午在古人心目中是毒日、恶日，民谣中有“端午节，天气热，五毒醒，不安宁”的说法。五毒为蝎子、蛇、蜈蚣、蟾蜍、壁虎[②]（有的地方为蜘蛛），五种动物都是有毒的，民众就巧妙地用以“毒”攻“毒”的方式祈望求吉避祸的吉祥诉求。端午节那天专门缝制五毒衣、五毒背心、五毒兜、五毒鞋，让小孩子穿上护身，并佩戴香包，寓意以毒攻毒，健康平安；也有人在孩子脖颈、手腕、脚腕子上缠绕五色丝线，以求长命百岁；在屋中贴五毒图，画五毒门符，驱五毒，防瘟疫；吃五毒饼，炒五毒菜，有对五毒“咬牙切齿”的意思，也有以毒

① 刘锡诚：《吉祥中国》，上海文艺出版社，2012，第 288-292 页。

② 壁虎，为民众误读，通过壁虎昼伏夜出、遇急断尾等特性认为壁虎为剧毒。

攻毒，无灾无病的吉祥寓意。此外，为了对付五毒，在端午节还要进行赐扇、捕蛤蟆、沐浴兰汤、贴永安符、举行钟馗赛会等活动。

其二，接触与组合。接触层面，民众根据动物的依附性在传统接触巫术[①]的引导下，把与吉祥物事相关的动物巧妙地附会成为瑞物。在多样的动物吉祥文化仍无法满足民众对吉祥诉求的情况下，民众通过引导把诸多动物的属性组合起来，塑造出极具中国传统文化特色的吉祥瑞物。尤为明显的是龙、凤。龙，鳞中之王，作为华夏民族的图腾而演变出来的灵物，实则是多种动物组合的产物。民众把鹿角、驼头、兔眼、龟项、蛇身、蜃腹、鱼鳞、鹰爪、虎掌、牛耳和鱼尾组合成为识别度极高、最有灵性的中国吉祥物之一。无独有偶，凤，百鸟之王，雄为凤，雌为凰，从原来图腾崇拜的单一含义逐渐作为象征社会福祉、尊贵的吉祥物。凤与龙一样也是民众强烈的吉祥诉求下的虚拟组合物，它是由雁头、鹤顶、燕颔、鸳鸯腮、鸡喙、蛇颈、龟躯、鳖腹、鹭鸶足和孔雀尾组合而成为应用广泛的吉祥物。

最后，专用与兼用。专用层面，面对不同吉祥文化内在精神的需求，在对某一方面吉祥如意的原始渴望和祈求的传统思维引导下，民众通过引导使某动物成为专用吉祥物，赋予其特有而明晰的吉祥寓意，有的放矢地运用到特定需求上，以带来更稳妥的求吉避祸的心理慰藉。鸳鸯，自古以来就寓意“夫妻和谐、幸福美满”的专用动物沿用至今。鸳鸯在民间出现在许多吉祥图案中，如鸳鸯戏荷、鸳鸯贵子、鸳鸯长乐等。鸳鸯本身双宿双飞的特性被民众放大，赋予了恩爱无比、幸福美满的祝福之意。成双成对的物品都被民众拿来以鸳鸯命名，如鸳鸯剑、鸳鸯鞋、鸳鸯被、鸳鸯花等。在古今恭贺婚庆的对联中，鸳鸯这

---

① 英国人类学家弗雷泽在《金枝》中的术语。接触巫术，以“接触率”为基础，属于“巫术”中“交感巫术”的一个分支，是一种利用事物的一部分，或事物相关联的物品求吉嫁祸的巫术手段。为目前全世界“巫术文化”中，最为常见的一种表现形式，常见于我国黄河流域、长江流域、西南地区的“巫傩文化”、我国东北部地区的“萨满文化”、东南亚的“降头文化”，以及起源于非洲西部的“伏都文化”。

组吉祥物出现频率极高，诸如：鸳鸯比翼，夫妻同心；绣阁烛映鸳鸯立，花坛影偕蝴蝶飞。有关鸳鸯的吉祥横批有：鸳鸯对舞、鸳鸯情深、鸳鸯比翼等。民间传统风俗，将要结婚的女子会绣一个纹有鸳鸯的荷包，希望自己的婚姻和和美美。出嫁时的床上用品，几乎件件能看到鸳鸯的形象，如鸳鸯被、鸳鸯帐、鸳鸯枕，不一而足。至今，我国的结婚证书上，都会印有鸳鸯的纹饰，象征夫妻二人互敬互爱，白头偕老。除了婚房中能看到鸳鸯的形象，在陶瓷、雕刻、纺织、编织、印染、刺绣、剪纸、彩灯等物品上，经常有这对吉祥鸟的出现。正月十五，浙江海宁的“硖石灯会”，少不了鸳鸯灯，人们提着民间彩灯艺人手工扎成的五彩灯笼，成双成对，宛如鸳鸯戏水。中国北方婚礼喜宴会食用鸳鸯饺，象征吃了鸳鸯饺后，夫妻二人幸福永远，永不分离。南方杭州西湖、武汉东湖、南京玄武湖等处，风行一种鸳鸯船，因为其美好寓意，吸引了大批年轻的情侣和夫妻前去乘坐。兼用层面，民众灵巧地兼用动植物的吉祥寓意，形成吉祥文化“你中有我、我中有你”的画面。这种借助动物多样属性赋予其多种吉祥寓意的灵巧化方式，表达了民众不想失去任何动物带来的吉祥庇佑的心愿，不“得罪”任何动物，希望通过不偏不倚的对待，实现多方位的美好愿望。同时，迥异的生态环境孕育了不同的动物，这种被民众引导出来的多样的吉祥文化满足了不同地区对于吉祥文化不同诉求的需要。

动物种类丰富而多样，成为民众赋予吉祥文化灵巧化的重要支撑，民众根据动物的生理特性、名称属性、栖息环境、生长周期等具体属性，通过转嫁与克制、接触与组合、专用与兼用的灵巧化方式，引导它们向着符合自己吉祥精神需求的方向发展。总而言之，转嫁与克制、接触与组合、专用与兼用是民众因势利导下吉祥文化在当下表现出的灵巧化特征之一。

三、吉祥文化的精炼化

人们对动物如此亲近，最终目的是为了获取其功能性，是人们对其亲近最根本的动力源。而这个功能性主要是满足五方面的诉求，即福、禄、寿、喜、财，它们属于吉祥文化的内在精神。虽然，动物类的吉祥文化外在表征如此丰富和复杂，但是总结起来我们会发现无外乎这五个方面。

传达“福”的动物有：龙、凤、麒麟、狻猊、龟、狮、象、虎、鱼、牛、鼠、蝙蝠、羊、马、驴、狗、猪、狐狸、刺猬、黄鼬（黄鼠狼）、蛇、蜈蚣、蝎子、壁虎、鸡、鸭、鹭鸶、青鸟、燕子、锦鸡等。

传达“禄”的动物有：麒麟、狮、豹、鲤鱼、鹿、兔、猴、马、猪、鳌、蟹、虾、蚱蜢（蝈蝈儿）、孔雀、鹭鸶、燕子、鸿雁、鹏、鹰、山鸡等。

传达“寿”的动物有：龟、鱼、兔、猫、鹤、绶带鸟、鸽子、白头翁、蝴蝶等。

传达“喜”的动物有：龙、凤、麒麟、龟、狮、豹、鱼、鼠、兔、松鼠、獾、蛙、蜘蛛、鹊、鸳鸯、鸭、燕子、鸿雁、鹌鹑、鹦鹉、蝴蝶、蜜蜂等。

传达“财”的动物有：龙、麒麟、貔貅、象、猪、狗、金鱼、鼠、骆驼、蛇、蟾蜍、八爪鱼、蝉、苍蝇、甲壳虫、海螺、珍珠鸟、金丝鸟、金翅雀、七彩鸟等。

这里面有现实存在的动物，也有民众根据自己的需求虚拟组合出的动物，如龙、凤、貔貅等。这里面有身兼数职的兼用型动物，如龙、鱼等，又有专用型动物，如鸳鸯、绶带鸟等。吉祥文化不管外在表征如何千变万化，错综复杂，最终都指向“福、禄、寿、喜、财”的内在寓意。吉祥文化的外在表征和内在精神缺一不可，二者互为表里，相辅相成。

外在表征特点为多元化，内在精神特点为精炼化，民众通过因势利导的灵巧化思维实现外在表征与内在精神的统一，最终实现当下吉祥文化的异彩纷呈。动物的吉祥文化多元化的表现对象和应用范围，通过因势利导的灵巧化方式实现了与内在精神的精炼化的殊途同归。一言以蔽之，吉祥文化的特质为多、巧、精。结合自己学科知识了解动物的吉祥文化，了解吉祥文化的特质，对整体性认识和宏观性把握吉祥文化具有重要的意义。

第二章　吉祥四灵

龙、凤、麒麟与龟很早就进入古人的视野，成为吉祥的灵物，《礼记·礼运》曰："何谓四灵？麟、凤、龟、龙谓之四灵。故龙以为畜，故鱼鲔不淰；凤以为畜，故鸟不獝；麟以为畜，故兽不狘；龟以为畜，故人情不失。"方悫对其给出自己的理解："麟体信厚，凤知治乱，龟兆吉凶，龙解变化，故谓之四灵。"人们认为这四种动物都很了不起，不同于一般动物，很有灵性，本书以这"吉祥四灵"为首章展开对吉祥动物的探讨。

一、腾龙呈祥

炎黄子孙对龙的崇拜自古有之，源远流长，根深蒂固。龙是许多动物图腾的综合体，可以说是我国最大的吉祥动物。

1. 中国的祥瑞：龙

龙经常被人提起谈论，要谈龙的祥瑞，首先我们要知道什么是龙。龙，既是中华民族的象征，也是中国文化的象征。龙并不是古生物恐龙，这种龙是我国独有的人文意义上的龙。它是由华夏民族崇拜而演变成的虚拟动物。徐华铛在《中国的龙》一书中指出："在具有强大生命力的民间文化中，龙这个题材占有极其重要的地位。人们抹去了笼罩在龙身上的皇权神威的灵光，在民间成了喜庆吉祥的瑞兽，成了人们美好理想和愿望的化身"。龙从诞生的那一天起就体现出一种意义、信念、力量，一种兼容、团结、和谐、造福人类的精神，体现了中华民族追求天、地、人统一和沟通，即追求人与自然沟通和统一的精神。搞清楚了龙为何物，再看龙的家族，龙的家族十分庞大而复杂，可以从不同角度和层面进行归类与划分。三国时期魏人张揖《广雅》将龙分四种，云：“有鳞曰蛟龙，有翼曰应龙，有角曰虬龙，无角曰螭龙。”《渊鉴类函》卷四百三十八载，《内典》用龙的出生方式来划分，将龙分为胎生龙、湿生龙、卵生龙、化生龙。《须弥藏经》载：龙有五种，象龙、马龙、鱼龙、蛤蟆龙，此四种旁类，蛇龙，五龙之长，是正类。《周易》把龙分为六种形态，飞龙、见龙、潜龙、亢龙、群龙、跃龙。

民间龙图案

上述以外，龙凤文化研究学家庞进对龙进行细分：

以龙的创造、演进阶段分，有萌龙、原龙、夔龙、飞龙、黄龙、祥龙、行龙。

以五行分，有金龙、木龙、水龙、土龙、火龙。

以地域、水域、方向分，有东龙、南龙、北龙、西龙、中龙；山龙、原龙、洞龙、井龙、泉龙、溪龙、湖龙、瀑龙、潭龙、河龙、江龙、海龙；上龙、下龙、左龙、右龙。

以形态、状态特征分，有烛龙、蛟龙、螭龙、虬龙、夔龙、毛龙、角龙、骊龙、掘尾龙、象鼻龙；潜龙、蟠龙、蛰龙、走龙、跃龙、飞龙、善龙、病龙、毒龙、乖龙、蹇龙、蛮龙、恶龙等。

以体表颜色分，有苍龙、黑龙、黄龙、白龙、赤龙、绿龙、斑龙、紫龙、彩龙等。

以家庭成员分，有龙王、龙母、龙子、龙女、龙孙、龙伯、龙公、龙仔等，龙子还分为赑屃、狴犴、鸱吻、椒图、囚牛、蒲牢、饕餮、狻猊、睚眦、嘲风、霸下、金吾、鳌鱼等。

从龙的分类可以看出龙的种类丰富，它具有融合性、广泛性、实用性、变衍性与多样性。它本身的形成是多元的，定型的龙形象是多元的组合，是艺术的巧妙加工，它是大团结、大统一、大融合的象征。同时，也能体现出人们把无所不包的福泽转嫁于龙，龙又以多种多样的表征形式萦绕于民众，让民众浸淫在祥瑞的海洋中。

龙，从来就是一种十分神奇、十分虚幻，却始终与中华民族形影不离的动物。谈龙的吉祥文化首先要搞清楚龙的样子。古往今来，从普通老百姓到声名显赫的大学者，对龙的样子，众说纷纭，见仁见智。目前收集到的主要观点有：蛇、蟒蛇说；鳄说；蜥蜴说；鱼说；马、河马说；猪说；牛、水牛说；蚕说；恐龙遗存说；人文动物说；生命符号说；树神说；雷电说；云神说；虹霓说；龙卷风说等。从龙的形体上说，最早它是蛇、蜥蜴、鲛、夔、鱼等的混合借形，渐渐地以蛇为形，增加了须、鳞、角、足，变成了可以升空、行地、入水的三栖动物，成为西汉王符所描写的所谓的“九似之物”：角似鹿，头似驼（也有说似马），眼似鬼（也有说似虾），项似蛇，腹似蜃，鳞似鲤，爪似鹰，掌似虎，耳似牛。（参见《画龙辑议》及《尔雅翼》），东汉许慎在《说文解字》中进一步解释：“龙，鳞虫之长，能幽能明，能细能巨，能短能长，春分而登天，秋分而潜渊。”龙在天上成为龙星，在地上成为“四神”（青龙、白虎、朱雀、玄武）之一；

山西绵山介神庙巨大浮雕

在人群里，它成为天子、君子、大人；在形迹上，它能长能短，能聚能散，可以招云致雨，又像鱼、鳄、鳖那样会游水，是海洋中的主宰。龙为人们普遍所祭祀与接受，成为超越万能，具备普遍意义的吉祥象征物。龙文化渗透到华夏文化的每个角落，华夏民族以“龙的传人”而自豪。

喷水的蟠龙

龙的特性可以用喜水、通天、善变、好飞、显灵、征瑞、兆祸和示威来概括，可以看出龙并不是完完全全的吉祥性动物，所以民众对他又敬又怕，而在中国绝大多数人推崇的是龙的吉祥象征。这里就它的某些吉祥特质简单说一说。

龙是水神，普降甘霖、司水理水是龙的天职。古籍中，《左传·昭公二十九年》称龙为“水物”，《周易·乾》载“龙是水畜”，《管子·水地》讲“龙生于水”，诸如此类，不一一赘述。因此，龙，成为古代风调雨顺的重要表征，对龙的追崇就是对大自然尊崇的理念。而龙既然作为神物，自然有灵性，关于龙有诸多祥瑞的传说轶闻。《外国事》记载，有神龙在米仓中安家，等到哪天仓中的米尽之际，只需朝向龙拜几拜，“仓即盈溢”，这个传说体现龙造福人类的精神。

龙具有兆瑞的神性，人们相信，作为嘉瑞吉祥的神物，龙能给他们带来绵延不断的好运与幸福。龙有喜水、好飞、通天等神性，而这些神性亦为龙能够为民众征兆嘉瑞祥和的神性提供了基础。龙喜水，水是生产、生活的命脉。龙好飞，升天自古一直是上至帝王下到百姓为了摆脱困境、超越苦难所推崇的至高追求。龙善变，是人与大自然不断调适发展的结果。这种嘉瑞祥和的象征，往往用不同的形式去体现，譬如，舜即位时。“与三公临观于河，黄龙五采负图出”（《河图》）；“秦始皇既并天下而帝，或曰：‘黄帝得土德，黄龙地螾见；夏得木德，青龙止于郊，草木畅茂。’”“昔秦文公出猎，获黑龙，此其水德之瑞。”（《史记·封禅书》）……此类载述，不绝于史书。这种嘉瑞祥和之意不仅仅见于描述龙的史书，一些建筑装饰、工艺美术品也能撷取突出龙的种种神性的地方，如泰山顶上的青帝宫，供奉的是东方的青龙，解释为：“青帝主生，坐镇东方；生发万物，吉祥之神。”梦到龙也是显示龙祥瑞的一种形式，在中国古代的记载中，梦到龙均是大吉大利的，有“梦见乘龙上天，三代富贵”，“梦见黑龙者家大富”，“梦见龙子，贵子大吉”等说法。

2. 自古至今崇祥龙

龙的崇拜在我国有着深厚的历史渊源，可以说古往今龙文化覆盖了神州大地，龙是中华民族大融合的见证物和参与者。崇龙的历史已经达到八千年，甚至一万年以上。而当下社会对龙的追崇则体现在民间信仰中。这种崇拜主要经历了四个较大的阶段，即图腾崇拜阶段、神灵崇拜阶段、龙神崇拜与帝王崇拜相结合的阶段、印度龙崇拜与中国龙崇拜相结合的阶段。[①] 这些阶段对龙的推崇的原因众多，但是人们附会在龙身上的吉祥意象可谓是深刻的原因。

首先，图腾崇拜时期。图腾通俗来说，就是以某种动物或自然物作为标志和象征，是最早的社会组织的标志和象征。类似于保护神，可庇佑祛灾。以龙为图腾的部落，便以“龙”当作部落的名讳，以龙图案作为部落的象征和标志，相信龙会庇佑本部落战无不胜，长长久久。那么，龙的图腾是怎样形成的？追根溯源，人们莫衷一是。闻一多在他的名篇《伏羲考》中，认为龙是只存在于图腾中而不存在于生

① 参见何星亮：《中国龙文化的发展阶段》，《云南社会科学》，1999（6），第57页。

物界中的一种虚拟的生物，是由许多不同的图腾糅合成的一种综合体。在氏族社会早期，人类主要以采集、狩猎为生，人们生活生产能力低下，生活资料完全靠大自然的恩赐，

山西绵山介神庙精美的浮雕

对大自然诸多自然现象无法解释，对天灾人祸、猛兽虫禽无法应对，就寄托于一种“万物有灵”的思想来找生理与心理的慰藉，通过对神物的崇拜，来逢凶化吉、除凶辟邪，同时祈祷它给人们带来安康、吉祥。那时候人们有关神灵崇拜的意识尚未形成，与生产相适应的宗教信仰主要是图腾崇拜和巫术,巫师利用制作与龙形相关或相似的符咒，祈求苍天福佑，以求风调雨顺、百姓安康。这一时期既没有形成鲜明的龙形象，也并没有形成真正意义上的龙的吉祥文化。但趋利避害的潜意识契合吉祥文化的真谛，龙也就是那个时候最早被附会出来的一种趋利避害的指涉物，成为那个时期主要庇佑祖先、慰藉心灵、祈求祥瑞的象征物，华夏儿女“龙的传人”说也根据于此。在以动物为图腾的时代，商代龙的纹饰在玉雕和青铜器上最为多见，其艺术风格神秘沉重、狞厉怪谲，当时的人们祈望雨顺风调，五谷丰登，龙自然就成了人们心目中兴风起雨的神灵。所以，商代的龙是一种关系人类生活与命运的具有神性的动物[①]。西周是文化大融合、民族大融合的时

① 参见徐贞同：《中国龙文化》，《泰州职业技术学院学报》，2012(6)，第1页。

代，龙文化将自然界中的植物花草以及大象等动物作为集合对象，多了一份体现兴旺、象征祥瑞的妩媚与绮丽。“阴阳交合的原始来自古老的沟通天地的巫术观念，因而它是顺应天地、获得神灵庇佑的吉祥象征。”[①] 等到东周时期，龙与盛行的阴阳演化理论相结合，演化成为更具文化内涵的吉祥象征。如传播赓续甚广的龙凤合璧，就是阴阳结合的体现，象征着吉祥。湖北随州曾侯乙墓出土的青铜建鼓座，是由数十条小龙和十余条主龙组成的“群龙交缠”的立体的造型。群龙意味着众雄蜂起，其交缠纠结状蕴含着化生万物、阴阳交合的祥意。

范庄龙牌会

神灵崇拜阶段，人们把龙当作庇佑自己的神灵。古人由于知识匮乏，往往把一些无法解释的现象归结于神力。比如，雨水和雷电的关系，人们认为雨水就是雷电带来的，雷主宰雨水。人们那时候以农业为主要维系生计的手段，而雨水又是农业的命脉，人们最大的祈愿就是五谷丰登、六畜兴旺，而这一祈愿促使人们经常祈求主宰雨水的雷神保佑。而每个人都未见过雷神，人们就开始塑造雷神形象。雷神既然是民众虚幻出来的想象物，拥有大自然的力量，自然不能用世间平凡

① 刘志雄，杨静荣：《龙与中国文化》，人民出版社，1992，第 11 页。

的东西来表现，这时人们就想到了龙。上文已经说过龙虽然是虚构出来的动物，但它集合了多种动物形象，形成了独特的具体的形象，因此，龙成为中国历史上最早的雷神形象。在不少史籍中都能看到，《山海经·海内东经》就用“龙身而人头”来描绘雷神形象，《淮南子·地形训》描述云雷神的形象为“龙身人首”，《易·说卦》则描述雷神为“震为雷，为龙”。古人认为龙能打雷降雨，雷声是由龙发出来的，当龙尾迅速蜷曲的时候就形成了闪电。后来，自然神灵越分越细，水神、虹神、雨神、星神相继应运而生，龙就成为这些神的象征物被崇拜，这是因为龙生来就是中国人为“福”：而创造的。龙身上一直都有着各种各样的福瑞的特质，因此人们才会把龙作为农业神、水利神、民族神、人格神、祖先神来崇拜。伏羲、女娲、炎帝、黄帝、颛顼、帝喾、尧、舜等远古帝王都曾被比附为龙。而这种神灵崇拜发展到极致就成了以龙作为神祇本身，比如，管井的是井龙王，管河的是河龙王，管海的是海龙王。全国各地过去都有龙王庙或河神庙，庙内的主神是龙神，龙虽然人格化了，但还是属于龙类。还有四海龙王，即东海龙王、南海龙王、北海龙王、西海龙王。这些龙王是各自管辖范围内的首领，下边还有鱼虾鳖怪等臣僚。对龙王，人们是毕恭毕敬，因为雨涝干旱全是由龙王主管的，以农业为本的农民过去总是靠天吃饭，遇

山西绵山龙王庙里的木雕龙

到干旱就得给龙王进贡，向他祈求祷告，希望普降甘霖；如果江河横溢，或雨涝成灾，也得向龙王祈祷[1]。因此，民众把龙看作是影响甚至左右人们生产、生活和安全的神灵。

在第三个阶段之初，秦朝荡平六国，实现了统一。政权的统一，使得各地、各民族不同的龙文化有了更多的相互交流、相互借鉴的空间，同时也有了升华、整合的基础。在历史上，尤其是封建时代，龙一直成为皇家树立权威、夺取王权和巩固王权的媒介，可称为代表王权的特有吉祥物。其原因是龙在各民族、历朝历代的人们的心目中占有极其重要的地位，帝王就把龙身上的吉祥寓意比附于自身。《史记·秦始皇本纪》中，秦始皇首次被称为“祖龙”，龙所具有的神性与威严被赋予皇帝身上，皇帝成为“真龙天子”。人间帝王利用民俗信仰的强大威慑力，把之前先民共同的始祖占为皇室的祖先，并将祥瑞之意纳为己有。龙不仅是皇权象征，也是人杰喻体。《三国演义》中的曹操就把龙作为人杰的象征讲得很透彻：“龙能大能小，能升能隐；大则兴云吐雾，小则隐介藏形；升则飞腾于宇宙之间，隐则潜伏于波涛之内。方今春深，龙乘时变化，犹人得志而纵横四海。龙之为物，可比世之英雄。”上文已谈到，在新石器时代，龙便被奉为掌管雨水的神灵象征物，受到各地的推崇敬畏。人们相信旱涝、雨水均由龙神主宰。中国自古以来就以农立国，而雨水是农业生产的命脉，是否风调雨顺，直接决定着农业生产的丰歉，间接影响了中国古代民众的安全、生产和生活。因而在众多的神灵中，龙受到民众的推崇与敬畏。龙的出现，抛开维系封建统治的这层含义，它还是古代统治者所推崇的国泰民安的象征，昭示幸福的瑞兆。

中国历史上的祥龙崇拜的最后一个阶段是佛教传入中国后与中华文化融合的结果，是民间崇拜与皇族崇拜博弈并累积形成的一种形式。

① 参见许顺湛：《龙文化与中华民族》，《濮阳职业技术学院学报》，2010年（5），第2页。

龙文化的繁荣得益于对内融合了各少数民族文化，对外融合佛教文化。龙纹至隋唐时代已完全成熟，以吉祥瑞兽的形象广泛出现于实用器皿、建筑构件之上。人们刻画龙纹、雕塑龙形，常见的龙纹有龙凤合璧、二龙戏珠等。也正因为这样，人们总是直截了当地把龙当作能够带来幸福的瑞兽。

河北范庄龙牌会

这四个阶段既有联系，又存在着差异。与龙有关的图腾崇拜、神灵崇拜、帝王崇拜和龙王崇拜是相互累积与整合的。进入现当代后，龙的吉祥寓意与时俱进，抛弃了专制主义的历史负赘以及龙那种不可侵犯、盛气凌人、张牙舞爪的气势，取而代之的是和善喜悦、威武可爱的形象，龙成为一种吉祥象征。“我们都有一个家，名字叫中国，兄弟姐妹都很多，景色也不错，家里藏着两条龙是长江与黄河……”“古老的东方有一条龙，她的名字叫中国……”这些家喻户晓、广为流传、脍炙人口的歌曲振奋着中华儿女的心，激励着中华儿女奋进、向上、和谐、团结，歌颂中华民族的民族振兴、昌盛繁荣。人们把中国比作龙、把中华民族比作龙，借助新时代龙的新瑞意，希望中国强大，是爱国主义精神的表达，是社会进步、人类进步的传达。人们希望国富民强，便以龙代表民族文化，龙被赋予了中华民族文化新时代的新内涵。它以和合、奋进、福生、谐天的精神底蕴，高扬科学、民主、创新与理性的大旗，携中华文明世代相传的精华和世界文明相融合。

3. 各民族与“龙”同庆

我国是多民族的国家，拥有56个民族，不同的民族有着不同的祥瑞动物作为自己本民族的图腾，但是龙作为虚拟的吉祥物，多种动物的集合体，却是绝大多数民族都认可的吉祥象征物。许多民族会以各种实践、展演、活动，以龙作为吉祥的象征物来传达祥瑞。

少数民族龙的刺绣作品

来看看湘西苗族的“接龙舞”风俗，从中不仅可以看到崇龙、敬龙、祭龙的一系列民俗，还可以了解龙文化在一个民族中的深厚积淀，一个民族企盼龙带来吉祥的心态。湘西苗族遇到特大丰收，大兴土木，或添子添丁、添福添寿时，便举行“接龙”仪式，时间选在农历二月或十月。届时，请两位精通苗族历史与民俗的主祭人任“接龙师”，主持仪式。先通报舅舅，再通报家族亲朋。把屋内外打扫得干干净净。“接龙”仪式主要有设龙座、祭雷神、敬祖先、敬龙神、引龙、安龙位等程序。

苗族崇拜祥龙，还有其他少数民族也用自己的活动来表达对龙的崇拜。龙是中华文化特有的符号。作为“水神”的象征，它在我国几千年的农耕历史中受到许多民族的祭拜，由此还产生了内涵极为丰富的龙文化。在对水依赖性很强的稻作民族那里，表现得更为明显。他们每年都要举行祭龙仪式，认为如果不祭龙，就人丁不兴旺，六畜不繁衍。普遍崇拜龙的布依族，有一种龙的象征物——铜铸“龙宝”。“龙宝”上扎各色花朵，被视为神物，常被无嗣人家备重礼接去，以祈求生子。基诺族，是云南省人口较少的7个少数民族之一，主要居住在云南省景洪县基诺乡，有2万多人。基诺族认为万物有灵，他们的传统节日丰富多彩，其中不少与龙有关系，与龙最相关的一个节日要数“祭大龙”，节日的时间为每年的播种前，祭大龙时全寨停止耕种三天，宰杀牲口进行祭祀，祈求来年五谷丰登、风调雨顺。白族，历史悠久，当下主要分布于云南省，在四川凉山彝族自治州等地也有白族居住。白族曾与其他少数民族创建了南诏政权。南诏覆灭后，白族领袖段思平心有不甘，继而建立了大理国，他的后代段正兴打出了“龙兴”年号，这说明白族统治者也想借龙的吉祥来振兴国家。侗族，主要分布在贵州、广西、湖南三省毗邻的地区，侗族在湖南通道侗族自治县建有马田鼓楼，鼓楼四方瓦檐塑有飞龙等象征吉祥幸福的图案，檐角下绘有龙、凤、鱼、蟹、虾等动物图案。侗族图腾中随处可见龙，由此可见侗族民众对龙所浸透着的祥瑞文化是非常认可的。满族的前身是建立过金国的女真，满族建立了封建时代最后一个王朝清朝，该民族对龙的吉祥意义十分重视。北京的故宫就是最好的佐证，可以称得上是龙的海洋，有草龙、团龙、行龙、螭龙、坐龙、云龙、拐子龙、腾龙、降龙、升龙、凤尾龙、蔓草缠枝龙、云水龙、鱼龙等。朝鲜族，主要分布在东北三省，其他各地也有散居。龙寓祥瑞的思想渗透到朝鲜族人们的生活中。比如，在吉林省集安五盔坟的墓葬中发现有《弓身顶梁龙图》，藻井顶部有《翔龙图》，壁画上有大型青龙图像。赫哲族，人口只有五千多，居住在东北地区。他们崇拜自然神，认为龙神主宰着下雨，龙神住在天上，相信龙的每个鳞片都能盛几担水，

民间龙图案

龙张开鳞片，水就从天上洒下来，形成雨。藏族生活中也经常能看到用龙表达祝福与祥意的情形，比如，在拉萨布达拉宫的屋顶有鱼龙雕塑，栏板上绘有牡丹与龙凤的纹样。又如江孜白居寺内的八角塔的门上饰有飞龙等图案，造型生动。

龙作为吉祥的象征物，是民族凝聚力的心理基础，成了众多民族的共有图腾。

4. 龙，喜庆祥瑞的民俗象征

自古以来，我国的民众就相信龙是最吉祥、最有灵性的动物。它不仅仅拥有主宰世间一切事物的能力，而且还能给人带来吉祥，成为人们心目中能够带来风调雨顺、人畜兴旺、五谷丰登的神灵，这通过一些民间活动、礼仪、节日、艺术表现出来。

传统节日中，用龙体现喜庆祥瑞的有正月十五耍龙灯、二月二龙抬头、五月五赛龙舟等。

龙作为现实中并不存在的虚拟物，已经成为中华民族吉祥文化的重要代表，成为百姓习俗中的重要元素。龙积极向上，威武雄壮，在过去，被老百姓看成能主宰雨水的神灵，所以，百姓生活中崇拜龙，热爱龙。各地的龙王庙以及龙的传说，都表征着龙已经成为百姓日常生活中吉祥文化的一部分。

端午节的舞龙

传统舞龙是人们所创造的一种集聚合族众、表达祈愿、强身健体等功能于一体的活动，是龙的祥瑞寓意的形象化和动态化。传统舞龙活动遍布全国，成为中华民族鲜明的、综合的、动感的精神表征和文化符号。舞龙作为对龙的一种崇拜，对灵气认知与神性体悟的表达，是以舞蹈的形式对龙的象征意蕴的诠释，反映了民间对“龙”这种吉祥文化的深切爱戴。由于地域的不同，舞龙表演与民俗活动的结合也有着不同寓意。例如在贵州北部侗区的剑河一带，侗家村寨有耍龙灯的习俗。在其龙灯的《入寨令词》里有“读书的人来看灯，北京赶考第一名；年幼的娃娃来看灯，易养成人人聪明；今日龙灯贺过后，众寨兴旺人安宁”之类的说法，其意义不言自明。舞龙灯也有祭祖和祈求繁衍后代的意义。据胡朴安《中华全国风俗志》记载，在两湖一带地方，民间相信，妇女若有多年不孕者，为了求子，往往就会趁“龙灯”来到家门口时，给舞龙灯者加送礼物，求其以龙绕身，然后，再让一个小男孩骑在龙背上，绕堂一周并谓之“麒麟送子”。对此，还有人感叹：“妇女绕龙可受胎，痴心求子亦奇哉。真龙不如纸龙好，能作麒麟送子来。”还有一些地方的人们“舞龙灯”习俗中，有“摸龙须”“摸龙角”，还有“钻龙门”的做法，人们以一种仪式来表示望子成龙的心愿。而去祖坟上进行舞龙的仪式，则具有了祭祖的内涵[①]。另外，浙江奉化一带的“盘龙灯”，虽说主要是为了祈求丰产，但在其“说词”里，也有“姑娘新年见龙头，今年能招如意君；学生新年见龙头，读书定能考头名；后生新年见龙头，全年会交好财运”，“下海海势好，上山山货多”，“好相娘子也会来看中侬”之类的吉语。

每年的农历二月初二，被称为“龙抬头”。据传，古时候，关中地区连年干旱，玉皇大帝命令东海小龙前去降雨，小龙由于贪玩，一

① 参见张斌：硕士论文《非物质文化遗产视角下的中国传统舞龙的继承与创新》，湖北师范大学 2008，第 32 页。

端午节的舞龙

头钻进河里就不再出来了。这时候，有一个小伙子，他不忍心看着黎民百姓因干旱而受苦，便去悬崖上采来了“降龙水”，滴入河中，搅浑了河水，将小龙从河中逼了出来。没办法，小龙只好降雨。这便是“龙抬头”的来历。而“龙抬头”意味着昂首挺胸、扬眉吐气、万物复苏，故自古至今，人们将春分龙抬头时节，作为一个转来好运、辞旧迎新的日子。除此之外，二月二还有许多与龙息息相关的可以带给人吉瑞之兆的俗谚。譬如，“龙不抬头天不雨”，“二月二，龙抬头；大仓满，小仓流”，“二月二，龙抬头，金子银子往下流”。在古代神灵谱系中，龙为掌管甘霖的神仙，庄稼收成的丰歉与雨量的多少直接相关，于是，为了求得龙神普降甘霖，二月二这天，民众往往要在龙神庙前摆设供品，举行祭祀仪式，同时唱大戏来取悦龙神，期盼借助敬龙奉龙仪式带来雨水，带来五谷丰登。此外，在民间还有许多禁忌，讲究的是避讳“龙抬头”，这一天不能在家中使用针线，怕伤害到龙的眼睛，招灾惹祸；再有，这一天不能挑水，民众相信龙在这天晚上要外出活动，所以凡人不能随意走动，尤其是禁止到井边或河边挑水，以免惊扰或吓到龙，招致旱灾。有些地区还忌讳打夯与盖房，以防伤及“龙头”；有些地方忌讳磨面，认为磨面会压到龙头。俗话说“磨为虎，碾为龙”，有石磨的人家，这天就会将磨支起上扇，方便“龙抬头升天”，以带给百姓吉祥。除祭祀龙神外，民众往往还举行各种各样的纳吉活动，诸如剃龙头、舞龙、戴龙尾、开笔等。所谓剃龙头，指的是二月初二理发。一是儿童理发，称为剃“喜头”，借龙抬头的吉时保佑小孩茁壮成长，长大后能有一番作为；二是大人理发，借理发的形式祈求一年都交好运，万事如意。

在民间，民众对龙的崇拜，除了反映在民俗活动中，还有许多体现在吉祥语上面，几千年来流传着众多有关龙的语言词汇，它们经过提炼还在流传，例如：龙凤呈祥、龙马精神、龙飞凤舞、乘龙快婿、望子成龙、龙跃凤鸣、龙肝凤胆、龙行虎步、龙腾虎跃、龙蛇飞舞、龙章凤姿、龙腾虎啸、鲤鱼跳龙门等。民间剪纸艺人在节日期间会剪有关龙的剪纸，还要将剪纸贴于门上，企盼“二月二，龙抬头，家家门脑贴甘露（象征龙），风调雨顺气候好，五谷丰登庆丰收”。民间有一种“面塑”，又称花馍馍，是将面团捏制成各种虫鱼鸟兽、花草人物造型，也称“面花”。“面花”捏制手法细腻，造型夸张，想象丰富。再就是纸扎这一民间艺术形式，纸扎艺人除为各种“社火”扎制道具外，还为新春佳节扎制龙灯，以龙的形象营造喜庆祥和的氛围。

从帝王贵胄到黎民百姓，从正史到野史，从天文到地理，从歌赋诗词到雕刻绘画，从衣饰器皿到建筑形制，从词汇语言到故事传说，从祭祀仪式到传统节日，龙的形象无处不在、它为求吉心理的满足，提供了一个形象化的兼有艺术审美功能的对象。民间普遍相信，生活中与龙有关的事情，如敬龙神、喝龙茶、舞龙灯、赛龙舟、雕龙像、贴龙画、穿龙衣、佩龙饰、写龙字等，都会给自己、给家族带来所盼望的或意想不到的好处，这都体现着龙文化，中国龙的很大程度上折射出民众祈求吉祥的夙愿。

二、彩凤鸣瑞

凤凰，我国神话传说中的“百鸟之王”，也是中华民族先民共同崇奉的神鸟和灵鸟，是我国民间喜庆、吉祥的象征。凤凰与龙一样，也是中华民族的精神象征、文化标志、图腾和情感纽带。

1. 远古飞来的祥鸟

凤凰与龙一样，是古人对自然界种种生物分解继而组合出来的灵物，是中国民众对自然界生物尊重、敬畏、审美、理解的结果。从古至今，凤凰在特定的时空都会被人拿出来比附与使用，于是，美丽的祥鸟从远古飞舞而来。一代一代的人们将自己对外部世界的体悟与解读、希冀与期待投注于凤凰的身上。

凤凰，简称凤，是中国民众把多种禽类的特质进行融合想象出来的。何为凤凰？清段玉裁《说文解字注》中云："凤，神鸟也。天老曰：'凤之像也，麟前鹿后，蛇颈鱼尾，龙文龟背，燕颔鸡喙，五色备举。出于东方君子之国，翱翔四海之外，过昆仑，饮砥柱，濯羽弱水，莫宿风穴，见则天下大安宁。'"凰通"皇"。古代凰与皇为同一个字，"有五彩鸟三名，一曰皇鸟，一曰鸾鸟，一曰凤鸟"（《山海经·大荒西经》）。《现代汉语词典》对凤凰的解释为："古代传说中的百鸟之王，羽毛美丽，雄的叫凤，雌的叫凰。"凤凰有许多别称，如玄鸟、凰鸟、鸾、赤凤、丹凤、黑凤、白凤、彩凤、鸑鷟等。

凤凰是从原始社会里古代先民幻想中的保护神演化出来的鸟图腾形象。最早的时候，人们仅仅把凤凰作为能够驱邪御凶的灵物。从高庙文化、赵宝沟文化、河姆渡文化、仰韶文化、良渚文化、红山文化和龙山文化中皆能看到凤凰最早期的样子与形态。2003 年在辽西牛河梁积石冢四号墓出土了一只玉凤，这只玉凤造型优美简洁，雕刻精细鲜明。有意思的是，这只凤出土于墓主人枕头下面。对此，有的学者就指出："头枕此玉凤，除了表示高贵，还是应该有'人鸟感应'的吉祥升天与再生的寓意"。① 从这些出土文物的凤纹以及凤造型中可以总结出对凤凰文化最早的几点认识：第一，很早时祖先把一些优秀

① 参见李欧：《红山文化玉凤信息探源》，《吉林广播电视大学学报》，2003（4）。

的品质与自然体会附会到凤凰崇拜之上；第二，凤凰将太阳、风等大自然元素与力量结合在一起，使得凤凰与神比肩，成为抵御自然灾难的力量；第三，凤鸟一直是早期先民祭祀的灵物，具有“达天”的神性；第四，这一时期凤凰的艺术表现形式的艺术造诣已经达到一定高度，这也为凤凰的形象得到民众喜爱打下深厚的基础。

《诗经·商颂》记载说：“天命玄鸟，降而生商。”说的就是凤凰最早是玄鸟。殷商崇拜凤鸟图腾，商周时期许多青铜器上面铸刻凤纹图案。到了汉代，出现了大量的朱雀形象，这些朱雀或昂首挺立，或迈步跨越，或跷足展翅，呈现出朴实、奔放与健壮的风格。朱雀又名朱鸟，是凤凰的一个别称。新莽时期的四神博局纹铜镜中间为博局纹，其间装饰着青龙、白虎、朱雀、与玄武四神，四神之间，配有八乳、鸟兽、鱼纹、羽人等。说明至迟在汉代，四神就有了寓意吉祥的用途。除了和其他三神一起出现的情景以外，朱雀有时候也与青龙配对出现，这时候所喻示和表现的是“龙凤呈祥”的意思。秦汉时期，动物纹十分地精美，雕刻描绘手段十分精细，表现内容也十分广泛。比如，西汉金银错狩猎纹铜车饰——《凤与鸟兽同乐图》：画面上的鸟有山雀、乌鸦、大雁、仙鹤、黑鹳等，它们或驻足，或飞翔；兽有狗熊、野猪、老虎、梅花鹿、山羊等，它们或卧伏，或奔跑，活泼可爱。居右边的一只大凤，展开双翅，羽冠飘起，张开尾翎，引颈高歌，似乎歌唱世界的美好与富饶。还有在江苏铜山苗山出土的神农蟾蜍画像石，上面有《神农牵凤图》。图中上方人头戴斗笠，身着短衣，肩生双翼，右手持耒耜，赤足行进着，右上方刻有一轮圆月，蟾蜍与玉兔放置其中。图的下方有一头牛身的巨兽，生着双角，长着双翅，长长的嘴里面衔着一枝嘉禾。凤居图的正中央，圆睛，颈昂扬，凸胸，长喙，尾巴尤其大，先翘后曳。前者《凤与鸟兽同乐图》是汉代人对外部世界的体悟、赞美与尊重，《神农牵凤图》是天人感应思想的体现。上述图纹中，凤凰是天的代表，也是祥瑞的象征。凤凰出现在屋顶上，说明屋主人功德不凡，感召上天。而凤凰被神农所牵，说明神农功德更大，竟让百鸟之王情愿来劝农桑、尝百草。和过往朝代相比，隋唐凤纹有了两个显著特点：其一，题材空前丰富，凤凰会结合其他诸多事物，形成新的纹样，如忍冬纹、莲珠纹、卷草纹、宝相花纹、水仙花纹等；其二，这些纹样更加绚丽堂皇地出现在铜镜、织锦、瓷器以及建筑物的装饰上。比如，凤凰与“牡丹”的结合。上古时代没有“牡丹”这一名词，称之为“统培”。因为牡丹花色泽艳丽，花朵硕大，品种繁多，遂有“花王”“天下第一”等美誉，成为荣华富贵和繁荣昌盛的象征。凤凰牡丹纹是牡丹纹和凤纹结合的较为典型的一种纹饰。图中几只凤凰相连，欣赏两凤之间的一株牡丹。凤凰眼睛大，翅膀虽短但高耸，尾巴长却不失华丽，充满富贵之气；牡丹花盛开时贵气十足，花型饱满，绿叶陪衬，形态极美。在这里，凤凰是象征吉祥的鸟王，牡丹是寓意富贵的花王，花王配鸟王，既富贵又吉祥。

宋元时候的凤纹，与隋唐凤纹的堂皇富丽相比，更趋于程式化，刻画以精细见长，讲究细腻清秀。因为宋元是瓷器长足发展的时期，于是，瓷器上的凤纹相当丰富。辽宁赤峰市驸马墓出土过印有凤凰纹衔绶：凤凰的眼睛部位装饰有络珠，头后翘着一绺硬发，喙中衔着缠绕着的绶带。绶作为古代用来系印石、铜镜等的丝织彩带，谐音“寿”，凤凰与绶带寓意长寿和吉利。明清时期，凤纹迎来了它的成熟时期，精细、华美、规范与程式成为明显特点。单就尾部言，有道是“龙在头上变，凤在尾上飞”，明清时期，凤尾就被学者们整理出 24 种样式：莲花式、草叶式、水草式、草纹式、卷草式、卷叶式、卷勾式、菊叶式、点叶式、花瓣式、瓦楞式、孔雀密式、孔雀疏式、火焰式、方肯式、硬刺式、软刺式、羽绒式、松毛式、虎纹式、夔凤式、棒槌式、花苞式、疏叶式。仅仅凤尾在明清时期就有如此之多的式样，可见其成熟度、发展度之高，这也折射出人们对凤凰作为祥禽的认可，以及民众对于祥瑞的期盼程度。

现在，中华文明再次走向了兴盛的阶段。从远古飞来的祥鸟如今有了新的特点和新的关注点。新时代里文明提升，科技进步，人们把神奇、神秘的凤凰更多地作为吉祥的符号来对待。在描绘、编织、印绣、雕刻的时候，人们尤其注意凸显凤凰的吉祥福瑞、美好和谐的寓意。所谓“有图必有意，有意必吉祥”，出现了大量凤凰与牡丹、莲花、龙、梧桐、祥云、鹿、龟等相结合的图案，如龙凤呈祥、龙飞凤舞、鸾凤和鸣、龙凤双全、团凤牡丹、凤竹牡丹、双凤牡丹、凤穿牡丹、人中龙凤、凤凰送福、丹凤朝阳、彩凤双飞、彩凤祥云、百鸟朝凤等。这些图案华丽典雅，装饰性强，色彩鲜艳，民俗味浓厚，寓意吉祥。凤凰作为吉祥图案，在现当代生活中的建筑彩画、广告招贴、服装设计中皆能看到。

2. 凤凰的“神性”

凤凰从诞生的那一天开始，人们就把人间种种的美好与理想品格附会于凤凰身上，它承载了众多值得珍惜与推崇的品格：向阳、秉德、驱邪、自新、达天、崇高、兆瑞、寓情、好洁、示美、成王等，这些寓意象征人间祥和太平以及人们对太平盛世的企盼。

这里就其中几个品格展开论述。

首先，自新。中国最早的凤凰是不讲究涅槃的，现在，凤凰不仅仅能涅槃而且能再生。神话中说，凤凰每次死后，会周身燃起大火，然后其在烈火中获得重生，并获得较之以前更强大的生命力，这称为“凤凰涅槃”。如此周而复始，凤凰获得了永生，故有“不死鸟”之称。著名诗人郭沫若将古阿拉伯神鸟菲尼克斯嫁接到凤凰身上，融合而成新的中国凤凰。20 世纪 30 年代，郭沫若写了一篇气吞山河的长诗《凤凰涅槃》，其中一节这样写道：

我们生动，我们自由。
我们雄浑，我们悠久。
一切的一，悠久。
一的一切，悠久。
悠久便是你，悠久便是我。
悠久便是他，悠久便是火。

火便是你。

火便是我。

火便是他。

火便是火。

翱翔！翱翔！

欢唱！欢唱！

从烈火中再生的凤凰，到“山窝里面飞出个金凤凰”，当下的凤凰已经成为人们对于美好事物的一种崇高寄托。

其次，秉德。“首文曰德，翼文曰义，背文曰礼，膺文曰仁，腹文曰信”，这是《山海经》对凤凰的概括。东晋葛洪《抱朴子》曰：“木行为仁，为青，凤头上青，故曰‘戴仁’也；金行为义，为白，凤缨白，故曰‘缨义’也；火行为礼，为赤，凤背赤，故曰‘负礼’也；水行为智，为黑，凤胸黑，故曰‘尚智’也；土行为信，为黄，凤足下黄，故曰‘蹈信’也”中国传统的吉祥图案《五伦图》，由凤凰、仙鹤、鹡鸰、黄莺、鸳鸯组成，以“五翎”谐音五伦，象征着君臣、父子、兄弟、夫妻、朋友五种人伦关系。因为凤凰具有超高的德行，人们相信凤有帝象，于是功泽人间的圣者与一些政绩卓绝的帝王就免不了比凤、攀凤。查阅历史会知道，很多与帝王相关的事物，都会用凤来冠名。比如，皇帝仪仗中所用的华盖称为凤盖，太皇太后、皇太后与皇后都戴凤冠，乘坐的车被叫作凤辇。还有一则神话传说描绘了“凤凰秉德”之说。

相传黄帝即位后，推行仁政，施恩于民，遂使天下归心，宇内平和，却一直未见有凤凰出现，于是就召天老来问。天老先讲了一番凤凰的形象特征，说凤凰是“首戴德，颈揭义，背负仁，心入信，翼挟义，足履正，尾系武，小音金，大音鼓，延颈奋翼，五彩（色）备举。”（《韩诗外传》）。黄帝听了后，不免心仪神往，就服黄衣，束黄绅，戴黄冠，在殿中设斋，于是，凤凰便遮天蔽日地飞来了。黄帝见状，赶快稽首叁拜，说："这是皇天降下来的福祉，不敢不承命啊。"凤凰们觉得黄帝果然是名不虚传，盛德昭昭，就落到帝宫东园的梧桐树上，以竹实为食，久久不去。后来，黄帝召集各路鬼神在西大山开会，凤凰们便盘旋在他的头顶为其助阵添仪。

这则神话故事不仅仅表达了"凤凰秉德"，也是对"天枢得则凤凰翔""上感皇天则鸾凤至""恩及羽虫凤凰翔""德至鸟兽凤凰翔"等寓意的丰富与完善，同时暗含着凤凰的另一个品格——兆瑞。

其三，兆瑞。凤凰作为"鸟禽之长"，因为它"五色备举"，戴德膺仁，品性高洁，于是就有了兆示祥瑞的神性。《尔雅·释鸟》曰："凤，凰，瑞应鸟。"《山海经·南山经》曰，"见则天下安宁"。《礼斗威仪》曰："其政太平，凤凰集于苑林。"凤是人们心目中的瑞鸟，古人认为时逢太平盛世，便有凤凰飞来。凤凰出现，就成了一个时代的太平盛世、政治清明的标志。有道是有凤来仪，说的就是凤凰是可以给人带来幸福与和平的鸟，象征贵人来临和喜庆吉祥。这种兆瑞的特性不仅仅服务于帝王，也被统治者当作国祚昌隆的象征，如明朝王世贞诗所言："飞来五色鸟，自名为凤凰。千秋不一见，见者国祚昌。"普通老百姓对凤凰兆示祥瑞的特性也是极为认同，普通民众总是直接地把凤的出现当作昭示吉祥幸福的瑞兆，把凤当作能够带来吉祥幸福的瑞鸟。这种兆瑞体现最明显的当属吉祥图案——龙凤呈祥。这种图案从古至今一直深受民众的厚爱，流传甚广。同时，"龙凤呈祥"还作为一句俗语，经常被民众用来给各种事物命名，如著作名称、戏曲名称等。《诗经·大雅·卷阿》曰："凤凰鸣矣，于彼高岗。梧桐生矣，于彼朝阳。"于是就有了《丹凤朝阳图》来预兆稀世之瑞，也喻高才遇良机、福星高照。苏州春在楼的前楼大厅刻有 86 对凤凰，因此叫作凤凰厅，寓意百年快乐。也有些传统建筑在屋顶正脊中央塑一凤凰，象征高翔祥瑞。丰富多彩的凤凰形象体现出民众凤兆示祥瑞的极大认可。

其四，示美。凤凰是美的，五彩斑斓，它的形象吸收了锦鸡的彩羽、鹰雕的巨翅、鸵鸟的高大、天鹅的高洁、孔雀的靓翎、鹤鹳的长足、鸳鸯的匹俦等。它的美不是“徒有其表”，而是美得深邃，是一种祥瑞之美。凤凰是祥鸟瑞禽，人们把求顺遂、求可心、求如意、求吉利、求社会安定、求生活富足、求爱情美满等一切世间美好愿望都寄托于凤凰的身上，这种美是理想的、深邃的、饱满的。“龙凤呈祥”是两种力量之间的和衷共济，是由对立到统一的发展。凤凰是幸福和安宁的象征，比之龙它更多地表现出民间的温馨与甜美。龙是阳刚的代表，凤是阴柔的代表，一为壮美，一为优美，两者相得益彰。中华民族在审美理想上，非常推崇刚柔相济之美。苏轼的《次韵子由论书》有两句诗概括了这种美的境界：“端庄杂流丽，刚健含婀娜。”历代凡是用凤作为题材的艺术作品，都彰显了蓬勃向上的精神、高雅的格调和“以天下为己任”的情怀，让人产生强烈的共鸣，并感到无穷的意蕴。这种示美在其他方面也有体现，人们出于对美好事物的向往和追求，把一些山川城邑以“凤凰”命名。据有关的资料记载，在我国，有很多山叫作凤凰山。它们的名称由来，或者因其状似腾飞、似蹲伏的大鸟，或因古代神话、民间传说。这种重名之广，是很少见的，可谓是“九州凤凰多”，这些凤凰山分布在全国各地区。传说中的三皇五帝时期，华夏以龙为图腾，东夷以凤鸟为图腾，三苗也是以鸟为图腾的。由于三者势力的消长，它们的活动不主于一地，于是龙凤之迹遍于神州大地。

其五，寓情。大家可能熟知鸳鸯是爱情的象征物，其实凤凰也具有喻示爱情的神性。首先，凤凰是一雌一雄的一对，所谓“雄为凤，雌为凰”，正是寓意成双成对，雌雄匹配。《左传·庄公二十二年》记载：“初，懿氏卜妻敬仲。其妻占之，曰：‘吉。是谓凤凰于飞，和鸣锵锵。’”即鲁庄公二十二年，陈国国君陈宣公的弟弟陈敬仲到了齐国，齐国有个叫懿仲的大夫想把女儿嫁给敬仲，就让妻子去占卜，其妻占卜后说：“凤凰于飞，和鸣锵锵。”就是说这是个大吉大利的卦，凤凰本身就是吉祥鸟，“鸣声锵锵”，这又是多么吉祥！后来，人们就用“凤凰于飞”

来比喻爱情美满，夫妻和谐。民众还用“凤侣鸾俦”称赞相亲相爱的伉俪。除此之外，也用“鸾凤和鸣”形容夫妻恩爱和美，《广雅·释鸟》曰：“鸾鸟……凤凰属也。”这说的就是民间广泛流传的吉祥祝词。还有，“凤戏牡丹”，有万物欢欣的含义，暗喻男女交合相爱，又有富贵吉祥之意。在现实用品中，民众仿佛只要使用与凤凰相关的物件，就会沾染凤凰的福瑞。妇女十分喜爱凤镜、凤钗、凤簪、凤鞋、绣凤的衣裙等用品。尤其在古代还流行用赠送凤钗来表示定情。男女订婚或私恋幽会，女方多以凤钗赠予男方，以表示对爱情忠贞，终生不易其志。唐代铜镜有《美凤衔同心结图》，以凤嘴衔同心结的凤纹象征幸福的爱情。用凤凰喻示爱情，在明代表现得更为精美。当人们结婚时，女方会穿上华丽的礼服，这套礼服称为“凤冠霞帔”。凤冠指的是一种用金属丝网为胎底，挂有流苏珠宝，并在上面点缀翠凤凰的礼冠。就是现在，凤凰依然被当作爱情的象征。比如，在婚礼中，仍流行点龙凤花烛，剪贴龙凤图案等。这些与凤有关的用品无不取凤凰寓情的“神性”，以凤凰预示美好爱情的吉兆。

其六，驱邪。在瓦当与砖头上刻绘凤纹，除了美观外，主要的功能是驱邪。例如，秦代瓦当的夔凤纹，源自青铜器上的凤纹，此处凤的形象传续凤凰的精髓：凤眼圆睁，翅膀向右上方斜张，凤尾向上卷曲，末端分开两股，两足微开，仿若在踱步行走，给人一种健壮有力的感觉。让凤凰把守棺柩或墓门，旨在保护死者早日升天与免受鬼蜮的侵害。这种凤造型在民间建筑也能随处看到，比如，人们在屋顶或屋角摆放凤形雕塑，民居的窗子与门庭上都会装饰凤纹，还有的在屋檐上或屋顶上摆放刻有凤纹的饰物等，这些凤鸟的造型主要用于驱邪镇宅、庇佑阖家平安。尽管人们早已明白，这些凤造型并不能真正为他们带来平安，但是，平安依然是人们所祈求的。

3. 百鸟朝凤话吉祥

从上文我们已经知道凤凰从远古至今，已经飞过了七八千年，凤凰的踪迹遍布神州大地。凤凰又是代表祥瑞德行的神物，民众求吉避祸自然也不会忽略这个祥瑞物。与帝王、文人们不同，民众以自己特有的形式展示着凤凰的祥瑞，那就是用神话、传说与故事，来传颂、讲述凤凰，继而传递着这些故事背后造福众生、象征爱情、参与创世、惩恶扬善、昭示德才等诉求。

在造福众生的故事中，凤凰是救苦救难、造福众生、舍己为人的象征。这类传说流传最广，最深远，其中比较典型的就是《百鸟朝凤》与《鸟吊山》。

> 传说每年中秋前后，百鸟都要来这里朝拜凤凰。有一年，正当凤凰与百鸟欢歌畅舞的时候，天上突然下起了鹅毛大雪，寒风漫卷，冻得百鸟们浑身发抖。凤凰见此情景，毅然地将自己身上的羽毛一根根地拔下来，分发给众鸟，让大家御寒，并督促它们迅速逃离。当百鸟全部逃走后，凤凰身上的羽毛已全部拔光了。风越刮越猛，雪越下越大，凤凰终因无力抵御风雪的侵袭，又不能飞举，竟活活地冻死在山顶。从此，每年中秋前后，百鸟们都要从远处飞来，发出凄厉的悲鸣，以哀悼它们的救命恩人——凤凰。①

为何人们要把造福众生的重任赋予凤凰？那是因为早期社会，生产力低下，生活水平落后，民众的基本需求得不到满足，就会希冀借助于凤凰所具有的种种神性。而凤凰又是看不见摸不着得神物，老百姓就用自己耳熟能详的形式来表现求吉避祸的诉求，选择以民间传说等极为便捷的方式来满足这种诉求。一首广泛流传在江南的民间歌谣《百鸟朝凤》就是这样的表现形式：十二月里蜡梅香，百鸟齐来朝凤凰；白鹤孔雀凌空舞，百鸟朝凤呈吉祥。这首歌形象地反映出百姓将“百鸟朝凤”当作喜庆吉祥的象征来传颂。

4. 回归民间的祥瑞

① 参见钟金贵：硕士论文《中国崇凤习俗初探》，湘潭大学 2005。

不管凤凰也好，龙也罢，如果不回归到民众身边，即使它有再大的神性和祥瑞，民众也会感到不真实，不真切。各民族民众凭借智慧，以各种形式把凤凰的祥瑞通过不同的表征物落地，使得民众能深切地感受到凤凰带给人的祥瑞。民俗具有集体性特征，只有复归于民俗中，这种祥瑞才能得到集体传承和集体保护与认可。

人们把龙凤作为“吉祥物”或“吉祥符号”，由此，产生了一系列新的民俗事象。比如，当下如果哪对夫妻生育一男一女双胞胎，人们就纷纷贺喜，用“龙凤胎”相称。在孔子故乡曲阜，随着尼山朱砂石的发现和开掘，兴起刻送龙凤印章的习俗。生男孩就刻龙，生女孩就刻凤，所谓“望子成龙，望女成凤”。或者小伙子选凤章送与姑娘，姑娘选龙章赠予小伙子，寓意幸福绵长，龙凤良缘。而民间龙凤双喜的图案更是比比皆是。凤在民间也被体现在舞蹈中。在南阳汉代画像砖刻中，就能看到许多与凤鸟有关的舞蹈图案，其中一幅图案上一人举着花树在前面引导，另一人化装成凤凰舞蹈。唐代的装饰上，凤舞纹一律作自歌自舞的姿态。此后，凤舞在民间一直流传下来。例如，过春节时，我国东部农村的一些民间艺人手举五彩凤凰灯、口唱赞歌到各家祝贺。凤凰灯以竹篾为骨架，外糊红、黄、绿色彩纸，中间点着蜡烛。在元宵节时，凤凰灯是人们十分喜欢花灯。民间把结婚之喜，叫作“龙凤呈祥”，新娘要佩戴凤钗、凤冠，拜堂要点上龙凤花烛，喜筵上要吃“百鸟朝凤”等吉利菜品。新房中所有的用具也爱用有凤凰图案的，诸如织有双凤团花、凤凰牡丹等图案的被面、台布、枕巾，雕有龙凤的大床、高橱；绘有凤纹的茶杯盘，甚至装喜糖的纸袋也绘有龙凤图像，称为“龙凤喜糖”。还有把凤与龙这对喜庆祥和意象的元素发挥到极致的场面，比如深圳市在民俗文化村凤凰剧场连续多届举办“光彩龙凤”的大型集体婚礼。其活动涉及“龙凤呈祥”的迎亲歌舞、“龙凤大典”婚典礼仪、“龙凤百年”婚誓仪式、“龙凤连理”婚宴婚典、“龙凤舞中华”婚庆晚会、“金龙玉凤”洞房花烛夜、“龙飞凤舞”放飞白鸽祈愿活动、“龙情凤意”喜结同心锁、“龙凤同行”

赛龙舟大赛、“龙凤和鸣”祈愿活动，所有的活动都把凤与龙这对吉祥物彼此结合。

以“凤”为题材的民间绘画也是十分普遍。比如苏州桃花坞和天津杨柳青年画中就有诸多凤的形象，如翘首仰望着朝阳而鸣叫的“丹凤朝阳”，亭亭玉立在梧桐树下的凤凰象征着人们对未来幸福与光明生活的热爱。由幸福吉祥化身的凤和龙组成的圆形图案“龙凤呈祥”，象征华丽、祥和、高贵、幸运与喜庆的来临。群鸟环绕凤凰周边翩翩飞舞的“凤仪图”，寄寓贤者的德行操守与民众的拥护爱戴。还能看到有“花中之王”美称的牡丹簇拥于“百鸟之王”凤凰的四周，这是“凤穿牡丹”，有华丽、富贵的寓意。

不仅仅是汉族，少数民族对凤凰的祥瑞也是认同的。比如，在壮族人民看来，凤凰是美的象征，因此，他们常用凤凰来形容美丽的姑娘，或把漂亮的姑娘比作凤凰。壮族人民也认为凤凰是吉祥的化身。壮族民众会在新婚被面上绣上凤凰的图案，或在新娘嫁妆上绘制有凤凰图案。东兰壮族有一首在迎亲时唱的排歌《谢嫁妆》，绘声绘色地体现出凤凰的祥瑞，歌词如下：

> 主家送来的龙鳞被，打开七彩耀眼帘；一对称心鸳鸯鸟，相伴相随到百年；金色的凤凰呈吉祥，锦上比翼舞蹁跹；四角绣上牡丹花，百花园中竞争妍，棉被堆在柜台上，好比七彩金龙卧堂前。①

这是壮族民众对结婚被面的描绘，从中可以看出，凤凰是吉祥如意的象征。福建畲族流传“凤凰到此”的传说，讲的是凤凰来此报恩，给畲族人民带来欢乐与幸福的传说。据传，从前畲族有一对母子，在山中救助了一只受伤的凤凰。凤凰伤愈后，为了报恩，给母亲带来一生丰衣足食，还把自己的尾巴和头髻，送给这家新迎娶的媳妇。于是，

① 参见沈其新：《图腾文化故事百则》，湖南出版社，1991，第140-142页。

畲族姑娘有了“凤凰装”。未成年的畲族姑娘是小凤凰打扮，成年的畲族姑娘是大凤凰打扮。头上梳起凤冠，穿绣花的凤装，成为畲族妇女的服饰习俗。而且，每逢畲族喜庆婚娶的时候，还要贴上“凤凰到此”的大红纸。畲族俗语说：“谁家有了凤凰，谁家就有了衣食，有了幸福。”

凤凰是祥瑞、安宁、吉祥、幸福的象征，是真善美的化身。人们都通过把凤凰融入习俗中以达到祈求吉祥幸福的目的。共同的诉求、普遍的求吉避祸的心理将人们凝聚在一起。

三、家有麒麟

麒麟，一直作为太平盛世的吉祥之兆，是能够赐予人们福禄、喜庆的神兽。传说，在太平盛世之际，麒麟会伴随着喜庆祥瑞而现身，在瑞气祥云缭绕中，麒麟在优雅的袅袅祥音中踏步而至。有人说麒麟是能吐玉书的圣兽，说它能带来才华和学问；有人说倘若给麒麟插上双翼，它就能翱翔于浩宇。总之，麒麟是神灵之兽，是吉祥的预兆。

1. 漫谈麒麟的祥瑞

麒麟，亦作“骐麟”，简称“麟”，俗称“四不像”，古代传说中的仁兽、瑞兽。《礼记·礼运》中写道：“麟、凤、龟、龙，谓之四灵。”由于麒麟为四灵之一，一些史书故事如《麟经》《麒麟书》《金璧故事》、宋程俱的《麟台故事》、清李玉的《麒麟阁》等，均以麒麟为书名或内容。历史上最早出现麒麟记录的是《春秋左传·哀公十四年》，文中记载：“春，西狩获麟。”除此之外，麒麟还见于《说文》《毛诗正义》的注释。在古代，麒麟被称为长寿的神兽（《春秋·运斗枢》），被命名为天上星宿，成为“五行之精”。对此，古籍多有记述：“衡星得则麒麟生，万人寿”（《春秋·运斗枢》），“寿千岁”（《广雅》），“寿三千岁”（《抱朴子》）。还有《论衡》曰：“凤凰，鸟之圣者也，麒麟，兽之圣者也。”民间又最擅长同音谐意附会吉祥，“兽”与“寿”同音谐意，象征“延年益寿”。汉东方朔《十洲记》中记载着这样一个神话故事：

西海中央有个凤麟洲，洲上生活着许许多多的凤凰、麒麟，数以万计，各自为群。洲上的池泽山川，生长着上百种神药。洲上的仙人常常用麟角与凤喙煎制膏药，起名为“连金泥”或“续弦胶”，服用之后可长生不老。《礼记·乡饮酒义》曰：“产万物者，圣也。”麒麟既是“兽圣”，又能“产万物”，“圣”与“生”同音谐意，因而，麒麟也自然而然地被民众视为为人间带来长寿福泽的使者了。1991年出版的《文史知识·说麒麟》一文记载：“我国古籍中最早记载‘麟’的，一是《春秋》，二是《诗经》。”《春秋》以用笔严谨著称，绝不语怪力乱神之类的事，更不会捕风捉影地瞎说。再如《历朝纲鉴会纂》《纲鉴易知录》《曹南文献录》《曹州府志》《巨野县志》等也都有麒麟的记载。诸多古文献的记述，为麒麟蒙上了一层神秘的色彩，也给人们带来一种神奇而朦胧的美，为它走向吉祥的圣坛积淀了势能。

大家都知道麒麟是虚构出来的想象物，现实中并不存在。它其实是民众根据自己的愿望和理想，用传统的创作方法、复合构思所创造的动物。它是以一种“集美”的思维方式想象出来的动物，所谓的“集美”就是将众多的美的元素集中起来展示。直到清代，麒麟的形象基本定型为“龙头、鹿身、马蹄、鱼鳞、狮尾”，而龙又是驼头（有的地方也说牛头）、鹿角、兔眼（也有说虾眼）、蛇项、牛耳（也有说猫耳）、驴嘴的复合体，是人们在追求美好的愿望引导下集合多种祥瑞动物的特征所形成的仪态气派、形象俊逸的合体。而这种外在的朦胧、古朴、雄健与古拙美，也因民众求吉避祸的思维渗透到麒麟的意象中。寓意长寿的鹿、聪明忠诚的马、繁殖能力强的鱼等形象都被映射到麒麟之上，从而使它成为禄的象征、诚的喻体、健的标本。而这种融合更深一层寓意，上升到国家层面是对中华民族、中华文化的融合的祥瑞企盼。

麒麟送子可谓是麒麟与祥瑞最直接的关系。民间普遍认为，求拜麒麟可以生育得子。唐杜甫《徐卿二子歌》：“君不见，徐卿二子多绝奇，感应吉梦相追随。孔子释氏亲抱送，并是天上麒麟儿。”胡朴安《中华全国风俗志·湖南》引《长治新年纪俗诗》：“妇女围龙可受胎，痴心求子亦奇哉。真龙不及纸龙好，能作麟麟送子来。”原注：“妇人多年不生育者，每于龙灯到家时，加送封仪，以龙身围绕妇人一次，又将龙身缩短，上骑一小孩，在堂前行绕一周，谓之麒麟送子。”

2. 麒麟传说佑千古

中国传统的生育观念是希望早得子嗣，子孙满堂，多子多福，并称“不孝有三，无后为大”，将不能生儿育女、传宗接代视为最大的不孝。这种传统观念根深蒂固，影响了一代又一代的人。而麒麟为仁兽，是吉祥的象征，能为人带来子嗣，麒麟送子的传说版本很多，但是核心思想无外乎庇佑家里添丁，香火不断，这里撷取一则：

传说，很久以前，民间有一位画师，夫妻俩相亲相爱，家庭生活美满，可就是老而无子。这画师偏爱画麒麟，他的屋里，挂满了各种各样、栩栩如生、形象逼真的麒麟画。一天晚上，他于屋中得意地欣赏挂满四壁的麒麟画，望着笑着，突然，一匹金光闪闪的麒麟，驮着一个胖乎乎的小孩子，朝着他走过来。画师兴高采烈，手舞足蹈，笑醒了，原来是一场美梦。

第二年，他的老婆果然喜得一子。这孩子出生之后，聪明绝顶，智慧超群，六岁便能赋诗作画。还经常外出与附近的文人吟诗作对，且无师自通，提笔成章，被人们誉为“麒麟神童”。于是“麒麟送子”的故事，便在民间广泛地传开了。

麒麟作为人们想象的动物，是许多动物的拼合体，鹿是其中重要的一员。按照民间祥瑞的共有思维方式，鹿有的特质麒麟自然也有，鹿有“孳茸报春”的本领，麒麟也就有了此本领，随着天气逐渐变暖，万物开始复苏，所谓“阳气动，万物滋”，据此可见，“麒麟送子”实为“送滋”，给人们送来了春意盎然，送来了生机勃勃，亦即送来了子孙绵延。“孳萌于子”（《汉志》），即指“滋”“孳”“子”互通不别的意思。含义既然相同，古代民众为了让“麒麟送滋”的吉祥含义更鲜明些，遂改称“麒麟送子”。

除此之外，还有麒麟吐玉。大意为古代大圣人孔子诞生的时候，曾有“麟吐玉书”的吉祥之兆。传说孔子的父亲叔梁纥是一员大将，力大无穷，屡获战功。他原来只有一个儿子，儿子因为是跛足，取名孟皮。他觉得儿子不能成材，想续娶妻室。他向颜家求婚，颜家姐妹三人，大姐、二姐都嫌弃叔梁纥年纪太大，不同意嫁给他，三妹颜征在却欣然同意。颜氏怀孕后，曾到尼山上向苍天和山神祈祷，保佑她生个好儿子。一天，忽然有一只金光闪闪的麒麟来到她住的庭院中，向她吐出一卷书，上有“水精之子，系衰周而素王”字样。意思是告知众人，孔子绝对不是凡人，而是自然造化而出的子孙，虽然日后不能成为帝王，却具备了帝王的德行，堪称“素王”。以后，人们还传说玉书三卷，孔子精读玉书后遂成为圣人。孔子出生之后，也被称为“麒麟儿”。有杜甫的诗为证：“君不见，徐卿二子生奇绝，感应吉梦相追随，孔子颜氏亲报送，并是天上麒麟儿。”民间也美称人家之子曰“麒麟儿”。至今，在文庙、学宫中还以《麟吐玉书》为装饰，以示祥瑞降临，圣贤诞生。而且，民众借此创造了不少的麒麟吐书的图画，这种图画往往和“麒麟送子”的画面结合在一起，寓意送来的童子必是安邦兴国的贤才。

历史上还记载着一个“西狩获麟”的故事。这个故事在《孔子家语》《春秋》中都有记述，说的是鲁哀公十四年（公元前 481 年）春天，鲁哀公在西部狩猎，打死了一只麒麟。一行人没有一个人认识它是什么动物，便派人去请教孔子。孔子看了以后，告诉他们杀死的是麒麟。看到死去的麒麟，孔子流下眼泪，哀叹周王室注定要灭亡。独自叹道：“麟也者，仁兽也，出而死，吾道穷矣！”他认为麒麟是吉祥动物，它的出现本来是预示祥瑞之兆，结果不幸的是被狩猎人打死，反而成了不祥之兆，甚至认为自己的理论以后再也没法推行了。从此，孔子中断了《春秋》的写作，《春秋》后来由自己的弟子完成。因此，后人称《春秋》为“麟经”或“麟史”。

从“麒麟送子”的传说到“西狩获麟”的记载，无不丰富着麒麟的仁兽之说，也是用民间世代口耳相传的方式提供了麒麟为仁兽的佐证，寓意麒麟是吉祥的化身，能为人带来子嗣。有关麒麟的民间传说还有很多，比如麒麟不踩踏任何活物，连青草都不会踩踏，不落无福之地，被看作美德的象征。麒麟，虽说是中国古人创造出的虚幻动物，却总是那样鲜活，深入人心，无论作为观念形态的，还是作为物化形态的。这既反映了麒麟在中国人民心中的地位，又体现了深厚的“天人合一”思想。这种对超自然物的信奉，是脱离物神崇拜的一种发展。麒麟，将是中国民众生活中永远的吉祥物。

3. 麒麟民俗显福泽，佑万方

每个民族都有自己的文化，都深藏着自己民族的民俗特征。但是，不同民族的人又有着一些共同的基本生理、心理特征。麒麟的吉祥意义与人类的趋利心性不谋而合。祥瑞的麒麟是虚幻的，人们通过智慧使其集中了自然界诸多动物之美，而且表现了超出自然本色的吉祥化的内涵，给民众以吉祥的祝福。

从古至今，上至王公贵胄，下至黎民百姓，都会将麒麟的瑞意附会到方方面面以佑祥瑞。麒麟随着封建制度的建立与发展，成为统治者王政兴盛、天下祥瑞、基业巩固的象征，成为维护其封建意识形态的符号，成为政治兴盛的表征。《公羊传》曰：“春，西狩获麟。何以书？记异也。何异尔？非中国之兽也。然则孰狩之？薪采者也。薪采者则微者也？曷为以狩言之？大之也，曷为大之？为获麟大之也。曷为为获麟大之？麟者，仁兽也。有王者则至，无王者则不至。”麟的出现被认为是圣王之“嘉瑞”，即“麟为孔子受命之瑞”。据说，“汉武帝幸雍获麟而更改年号，作《白麟歌》，筑‘麒麟阁’，并赐诸侯白金。”[1]664年至665年，唐高宗改年号为“麟德”。宋太宗得到麒麟，文武群臣前来相贺，隆重空前。此外，以麒麟的艺术造型为图案的传统纹样也被广泛使用，比如麒麟的图案在官员朝服上多被采用。唐代武则天时，以麒麟作纹饰绣于袍服，名曰“麒麟袍”，专门赏赐给三品以上的武将穿用。清代时，将麒麟绣于一品武官的“补子”上，麒麟纹成为等级的标志，可见其地位仅次于龙。

中国的建筑尤其是民居建筑多为砖木结构，盛行在房檐、房山墙、门楣、窗框、影壁、柱础、板墙、屋脊、抱鼓石等处以砖雕、木雕或石雕的方式装饰寓意深刻的吉祥图案，麒麟便是其中常用的吉祥动物之一。有的人家在大门的两侧装饰石雕麒麟，既显示门庭高贵，又镇宅避邪。麒麟作为建筑部件或结构的形式彰显祥瑞的例子比比皆是。当我们把目光移向明代河南嵩山中岳庙，会发现石刻麒麟正和同为祥瑞的凤迎面对舞。当我们继续把目光移向清代，会被青花大盘麒麟图所吸引。当我们把目光移向清代南京天王府石舫上，我们会被木雕双麒麟所折服。还有安徽徽州的砖雕、苏州的砖刻、湖南长沙岳麓书院的灰塑等，都能从中看到以麒麟为核心来表现福寿主题的艺术作品。除此之外，历代的宫殿、庙宇、墓穴多将麒麟与龙、凤并用装饰，南京明太祖朱元璋孝陵与北京明成祖朱棣长陵御道两侧石刻群中，各有麒麟四个，两蹲两立。秦始皇陵、南朝陈文帝永宁陵等都有麒麟形象，故宫御花园中有铜麒麟。在孔庙、圣庙、文庙等庙宇建筑上，多有“吐书麒麟”作为圣人的象征，譬如，西安碑林清康熙赐吴赫书碑碑座上有石刻吐书麒麟，扬州清代建筑枕石石刻有吐书麒麟、山东曲阜孔庙清代供桌上有石刻吐书麒麟。中国现存最著名的麒麟形象是南京南朝帝陵的麒麟，南朝帝陵镇墓瑞兽有多种，但都由麒麟形象演化而来。

① 参见肖红:《“瑞兽”麒麟与民间装饰艺术》,《河南大学学报(哲学社会科学版)》,1987(2)期，第112页。

在南京中山门外，有一石雕，名辟邪，此形象亦是南京的象征，是来源于南京城外南朝萧梁帝陵的神兽。此雕塑纹饰华丽，身躯近于狮虎形象，用巨石雕琢而成，身高在3米左右，该雕塑挺胸曲腰，目睁口张，颈短而阔，昂首作仰天长啸状，兽身纹饰极富装饰味，立体感强，且厚实，在重视整体感的基础上，更注意夸张和变形，显得壮美而有生气。

在民间剪纸、年画、刺绣、蜡染、雕塑等工艺美术品中，都有麒麟的影子。民间工艺品中麒麟送子的传说，有文亦有图。就《麒麟送子》的图案而言，繁者或以童子为中心，童子戴长命锁，持莲抱笙；或为童子骑麒麟，麒麟角挂一书；或为童子背后有一仕女护送，仕女张伞持扇。简者为童子骑麒麟，手持莲花。在明清时期，尤其是清代，“麒麟吐玉书”与“麒麟送子”是常用的装饰题材，在泥塑、石雕、刺绣和年画中屡见不鲜，既有繁，又有简。有的是天姬坐于麒麟背上，怀中抱着孩童，寓意“天仙送子”或“天姬送子”。有的是束冠着袍的儿童佩戴长命锁，持莲抱笙骑于麒麟背上，以“笙”和“莲”代表“连生贵子”。有的是麒麟脚踏祥云，回首凝望。还有的表现出送行的妇女，袅袅的云气，缥缈的天宫，以示“玉麒天赐”。杨柳青年画《麒麟送子》以双幅对称呈现，色彩明快。北京剪纸《麒麟送子》艺术形式别具一格，构思巧妙，剪纸的麒麟，身躯半毛半鳞，上坐一只憨态可掬的母猪，母猪怀里拥抱着几只猪仔，麒麟神态招人喜爱，令人欢愉。扬州民间剪纸枕头花图案《麒麟送子》，画面则是错落有致，疏密有序。山东民间挑花《麒麟送子》更是体现出浓浓的民间意趣，虽然是静态的艺术形式，却仿若动态地在叙述着一个生动的故事，而且画面上还有凤、蜈蚣、蛙、蝶等动物图案点缀，体现出一定的装饰性。贵州苗族的民间剪纸《麒麟送子》，造型生动，概括性强，布局大气饱满。已有数百年历史的陕西泥偶《麒麟送子》，据传最早见于明初，集中在凤翔县六营村，该村每家每户皆会制作，而且每逢三月十五日的周公庙会，一亮相，就被祈求子嗣的民众抢购一空，极受欢迎。很多人都知道民间有虎头帽、莲花帽、虎头鞋，但很少人知道祥瑞的麒麟在这里也占有一席之地，民间也有“麒麟帽”，在帽上的麒麟旁边再绣上“五毒”的图案。这种艺术手法正是民间智慧的体现，用蝎、蜈蚣等毒虫的形象来反衬出麒麟的吉祥，强化辟除毒虫危害的期望，与此同时，也寄托了长辈对孩子的殷殷祝福。在民间版画作品中，还多配吉祥对联“天上麒麟儿，地下状元郎”。

麒麟送子不仅见于图画，而且也见于祝祷之语、岁时活动，表现形式十分广泛，意在祈求、祝愿早生贵子，子孙贤德，而且这些民俗在近现代依然活跃。山东一些地方还有一种祈子的方式，由不育妇女扶着载有小孩的纸扎麒麟在庭院或堂屋里转一圈，将彩绣系于麟角，以求麒麟送子。人们都喜欢以麒麟的造像作为护身符佩戴在身上，其质地有金、银、铜、玉等。人们尤其讲究为婴幼儿佩戴“麒麟锁”，以此为孩子祈求长命百岁。

麒麟因其深厚的文化内涵，在中国传统民俗礼仪中，被制成各种饰物送给儿童佩戴，有祈福的用意。在传统婚礼中，举行婚礼的人家门口，对联横批的下方，贴有一张小纸，其上书“麒麟到此”几个字。张贴时也要讲究方法。出嫁的女方，要在新娘出闺前，从厅门、家门、巷门、祠堂门依次贴到寨门，意为由内到外，表示女子出嫁。娶亲的男方，须于迎亲花轿未到达之前，从寨门到家门，即从外到内，依次序一个一个地贴进来，意思是娶亲。张贴的位置为门楣的正中，纸条大部分垂下，迎风飘扬。新床的周围挂着绣有“麒麟送子”“龙凤呈祥”“百子嬉戏”图案的帐沿、床帏和形形色色的床挂件。麒麟这种祥瑞不仅表现在现实婚俗中，在文学作品中也多有描述。如名著《红楼梦》中的第三十一回和三十二回，大篇幅写“因麒麟伏白首双星”，这里的麒麟不仅是史湘云的护身符，也是暗示她婚配的一件信物。另黄梅戏《女驸马》中，一对玉麒麟也是爱情的见证。女主人公与男主人公的交往受阻于女方父母，女主人公送给男主人公一只玉麒麟，发誓“生生死死不变心，清风明月作见证，分开一对玉麒麟，这只麒麟交于你，这只麒麟留在身，麒麟成双人成对，三心二意天地不容”。

等到双方冲破重重阻挠，有情人终成眷属，“麒麟成双人成对，并蒂花开万年红”，大喜之夜双方麒麟终于成对。桐城数十里之地，还有一个新的民俗，叫作“初一不出门，初二拜新灵，初三拜母舅，初四拜丈人”，因为年初一人们都在家企盼“麒麟送子”，可见麒麟在民间具有很强的吉瑞之意。在山东省菏泽市巨野县“麒麟送子”的传说甚是流行。巨野县有麒麟台，古称“获麟古冢”。麒麟台附近还有建于明代的瑞麟寺。巨野周边的民众常常去瑞麟寺求子祈福。瑞麟寺里面塑有麒麟像，求子的人多效仿传说中孔子母亲颜氏当年的做法，将彩绣挂于麒麟塑像的角上，然后默默祷告。还有乡民会在麒麟台周边薅上一把草带回家，然后让儿媳妇泡水喝，有“喝了麒麟草，来年生个小”的说法。巨野县内还有麟山，当地群众有到麟山祈求子嗣的习俗。

民间多以“麒麟儿”“麟儿”“麟子”赞扬别人家的孩子。如《陈书·徐陵传》曰：“时宝志上人者，世称其有道，陵年数岁，家人携以候之，宝志手摩其顶，曰‘天上石麒麟也’。”此外，还以“麟子凤雏”比喻贵族子孙；以“麟趾”赞颂子孙贤惠；以“麟趾呈祥”作为结婚喜联的横批，祝愿生育仁厚的后代；以“麟肝凤髓”比喻极为珍稀的食品；以“龙章麟角”“麟凤龟龙”“威凤祥麟”“凤鸣麟出”“龙骧麟振”“麟角凤嘴”“凤毛麟角”形容物品珍贵。南北朝时，对聪颖可爱的男孩，人们常呼为“吾家麒麟”。自古至今，我国各地还盛行“麒麟曲”，以表达“麒麟上门贺新春”的祥和气氛。如流传在温岭一带的《送麒麟》这样唱道：

麒麟，麒麟，满身金银。

麒麟送上门，能保全家安宁。

麒麟送到堂前，能保兴隆发财。

麒麟送子到你家，保生雪白粉嫩小娃娃。

看我麒麟头，养猪大如黄牯牛。

看我麒麟脚，养鸡大煞甲（意思为大得很）。

看我麒麟尾，长寿百把岁。

麒麟旋一旋，生意做各县。

麒麟转一转，交情通四海。

人们希望麒麟总是伴随着自己，给自己带来幸运和光明，而辟除不祥。在上古时代的这种信仰被传承下来的同时，麒麟这种被历代艺术家塑造的神奇艺术形象，它饱含着人们的情感、意愿和思想，是理想化了的神兽。麒麟所具有的吉祥意义也随之被广大民众公认，且牢牢地扎根于人们的心目之中。麒麟便成了某种意念的象征，某种意境的表现，某种力量的显示，并启发人们的想象，引导人们的精神去契合某种意念，进入一种特定的境界，给人们以希望、安慰和力量，并化入民俗生活之中，表现在民族文化的各个方面。“那雍容华贵的装饰，那仪态万方的气质，那璀璨炫目的光焰，给历代人民以巨大的精神力量，它与龙凤一样，是中华民族的象征”。①

四、神龟遐寿

龟，是我国古代四灵之一，且是其中唯一不是虚拟的动物，作为我国吉祥灵物，其文化内涵要远比其生物特点精深丰富。以“贵”“寿”与“福”为核心的龟文化，对研究我国古代的文化史具有珍贵的价值。

1. 为龟喊冤

天底下谁最冤？有人说窦娥，有人说自己比窦娥还冤，可从古至今来看，这最冤的应数乌龟了，曾有“京城忌讳莫如龟兔”之说，意思是在民俗中龟成为忌讳，谁也不愿意将自己比喻成龟，“龟”已经变成了骂人的词。殊不知在古代龟是帝王百姓推崇的对象，文人墨客彪榜的目标。那么乌龟最初的象征意义是什么？据中国最早注释词义的专著《尔雅》一书记载，龟有十种，即神龟、灵龟、山龟、泽龟、

① 徐华铛：《古建上的主要装饰纹样——麒麟》，《古建园林技术》，2001（6），第50页。

筮龟、摄龟、宝龟、文龟、水龟、火龟。其中神龟与灵龟是天龟，其寿命可达五千年至一万年。《述异记》记载："龟一千年生毛，寿五千岁，谓之神龟。寿万年曰灵龟。"《尚书·洪范·五行传》曰："龟之为言久也，千岁而灵，禽兽而知吉凶者也。"俗话说"千年的王八，万年的龟"，因此古人将它作为长寿的象征。龟最初不仅仅象征长寿，而且还被当作灵虫。《大戴礼记·易本命》中说龟是"介虫之精者"，何谓介虫？把所有的动物划分成五类虫子，称之"五虫"。"毛虫之精者曰麟，羽虫之精者曰凤，介虫之精者曰龟，鳞虫之精者曰龙，裸虫之精者曰圣人"。龟是"介虫"，被认为是最有灵气的甲壳动物。东汉时期的科学家、文学家张衡写的《西京赋》中称龟为"巨灵"。因知晓龟是长寿的神物，古代民众仿佛达成了心照不宣的协议：效龟之行，托龟之庇，借龟之名，以龟颂人。

早在殷商时期，龟就被当作吉祥物的象征。中华民族对龟的崇拜已经远远超过它本身的生物特性，几乎达到至高至诚，万能万应的地步。古代四神兽青龙、白虎、朱雀、玄武[①]中，玄武即为龟的美称。"玄武"一词见于《礼记·曲礼上》："行，前朱鸟而后玄武。"唐代孔颖达注解"玄武，龟也"。中国古代的四方神中的北方神称为"玄武"，其形象不同版本略有不同，不过绝大多数的形象是一只身上缠绕着一条蛇的乌龟。出现此种形象的原因是人们误认为因为乌龟有坚硬的外壳，身体无法弯曲，雌龟不能交配，雌龟必须与蛇交配才能繁殖后代。因而有说法"妻不贞，夫则成龟"，俗称"戴绿帽子"。其实这不过是人们的主观想象而已，使得龟蒙受了很大的冤屈。实则，龟在古代中国人民心目中的地位是相当高的。传说在远古时期，洛水中出现了背上有文字的神龟，这就是传说中的洛书[②]。它被人们看作吉祥的预兆，禹根据

① 我国古代天文学家把天空的恒星分为二十八个星座，称为二十八星宿，这些星宿按方位分为四个宫，每个宫都有一个神兽把守，它们称为天之四灵。

② 参见茅子芳：《闲聊龟文化》，《知识就是力量》，2008（4）。

洛书制定了《洪范·九畴》来治理天下。古人用龟甲占卜，预知吉凶。《淮南子·说林训》里说："……必问吉凶于龟者，以其历岁久矣。"《史记·龟策列传》专门记载了古人用龟甲占卜的事。

在古代，"龟"不但不是随随便便用来诋毁人的用语，而且是专属物，是高贵的，有以龟颂人与托龟之庇的瑞意。周朝在朝廷中设立龟官，称"龟人"，龟官负责占卜等事务，负责为皇帝出谋划策。唐代的官员身上都佩戴龟饰，《旧唐书·舆服志》载：唐初，内外官五品以上赐新鱼袋，"天授元年（690年）九月改内外所佩鱼并作龟……职事三品以上龟袋，宜用金饰，四品用银饰，五品用铜饰"。"金龟"遂变成了高官的代名词。著名诗人李商隐《为有》一诗中"无端嫁得金龟婿，辜负香衾事早朝"可为证，意思是：谁让我嫁给你这个佩带金龟（指地位显赫的高官）的丈夫呢，你只得早早地起床上朝侍君去了。在中国古代，龟还是等级高贵的象征。汉代时，龟是贵族的专有物，用黄金铸造的官印上用龟形作印纽，只有王侯、皇太子、大将军、丞相等才能使用（《汉旧仪》卷上）。后来，"龟纽"成为官印的代称。龟的地位在古代一直居高不下而且逐渐升温。北宋时期，朝廷想借助神的力量来巩固北部边疆，玄武一跃成了道教中的大神。当时的皇帝宋真宗为了避赵姓的始祖赵玄朗的名讳，遂把玄武改名为"真武"，这一改变在后续朝代中获得延续。真武大帝的信仰到了明朝达到鼎盛时期，明成祖朱棣将武当山赐名为"大岳太和山"，建成八宫二观、三十九桥、三十六庵堂、七十二岩庙、十二亭，并在天柱峰顶铸造铜鎏金的"金殿"，殿内铸造了铜鎏金重达万斤的真武像，而且还在全国各地，尤其是京城内外修建了很多大小不一的真武庙。一只乌龟在道教中被人们尊奉为仅次于"三清""玉帝"的大神！从这里就可以看出，乌龟在中国历史上的"政治地位"不是一般的高。

龟的吉祥寓意不仅仅是体现在官场，它还被视为财神。古代，龟甲曾为货币。《汉书·食货志》记载："《洪范》八政，一曰食，二曰货。食谓农殖嘉谷可食之物，货谓布帛可衣，及金刀龟贝，所以分财布利通有无者也。二者，生民之本，兴自神农之世。”随着私有制的发展，出现了早期的货币，而那时的货币就以龟甲、贝壳为主。从此，龟就有了象征财富的寓意。刘大钧先生在《周易概论》中说：“朋，贝币两枚，即两贝为朋，也有说十贝为朋的。古代龟甲也可以作为货币，又可用于占卜。”秦代以后，龟甲即使不作为货币，但依然作为宝物来对待，其彰显高贵财富之意依然存续。古人也因此把龟视为最公正、最灵应、最现实的财神。《史记·龟策列传》记载：“能得名龟者，财物归之，家必大富至千万。一曰北斗龟，二曰南辰龟，三曰五星龟，四曰八风龟，五曰二十八宿龟，六曰日月龟，七曰九州龟，八曰王龟。”意思是如若能得到这八种名龟其中的一种，就能成为千万富翁。

龟不仅仅具有长寿、高贵、财富的寓意，它还是力量的象征，唐宋时期很多石碑碑座都被雕刻成龟形，称之为龟趺。到了明代，龟更是被列为“龙生九子”之一，名为“赑屃”，它的形象就是驮着石碑的乌龟。清高士奇在《天禄识余·龙种》有云：“赑屃，形似龟，好负重，今石碑下龟趺是也。”赑屃在现实中也有实物，指的是我国东南沿海产的一种大海龟，名叫蠵龟。乌龟有坚硬的甲壳，在古代这也被附会成吉祥的寓意，是坚固的象征。从文字以及遗迹中皆能看出来此种诉求，在古代，处于军事要地的城池有的就修建成龟形，如建于明朝洪武三年（1370 年）的山西平遥古城就是按照龟形修建的，被称为“龟城”。龟的内在象征是祥瑞的，外在形象在古人看来也是美丽的[①]。乌龟的背部甲壳是由四周的 24 块裙边甲和 13 块菱形块组成美丽图案，浑然天成，富有装饰性。商代的青铜器以及汉代的画像石、瓦当、官印上面经常出现龟的形象。在故宫太和殿前的两边各摆放着一只巨大的铜铸龙头龟，龟长两米左右，重约千斤。这对铜龟有着优美的造型，神气十足，昂首仰天。它们庞大的身躯坚实有力，象征着

① 参见茅子芳：《闲聊龟文化》，《知识就是力量》，2008（4）。

皇帝的江山永远牢固、千秋万代。

龟形象被败坏，“龟”由好词变为詈言，最早肇始于唐代，到明代已经形成一种社会性的不可挽回之势，而且一直流传至今。《史记》上记载的八种名龟“八王龟”，当年被人们作为求之不得的“财神”“官星”，被后人颠倒为“王八龟”，进而出现“王八羔”“王八蛋”等骂人的脏话。虽然龟的一些吉祥寓意受到冲击，但这并抹杀龟的所有祥瑞意象。把龟归为四灵并不是偶然，它是吉祥的瑞兆。乌龟因为长寿、灵性被当作福、禄、寿、喜、财的吉祥征兆。视龟为瑞兆的民俗仅仅体现在文字记载中，而且依然活跃于现实生活中。

2. 民间崇龟风俗

龟是吉祥的象征和长寿的代表物。中华民族对龟的崇拜，源远流长，由此积淀而成的龟文化蔚为壮观。从考古资料看，中国人对龟的崇拜，可以上溯到遥远的原始社会时期。在属于新石器时代的一些文化遗址如山东大汶口、河南贾湖、浙江河姆渡等墓葬中，都曾先后发现龟崇拜的遗存。

龟在古代是吉祥的象征物，虽然因为以讹传讹或者牵强附会，龟背负了诸多骂名，但是把龟作为吉祥的象征物的现象在当下并未消失。“龟”和“贵”的发音差不多，所以这乌龟不仅象征“寿”，还代表“贵”。在过去的年画里，把乌龟、仙鹤、梅花鹿画在一块，就叫“三寿图”；把蝙蝠和乌龟画在一起，就表示“大富大贵”的意思。按照过去的规矩，新姑爷第一次进门的时候，要送给老丈人一个金龟，表示希望岳父大人长寿。所以，要夸人家姑爷就称他是“金龟婿”。想当年，唐玄宗李隆基有“梨园”，这个“皇家乐团”的首席乐师，名字就叫李龟年；古代一个大文豪，名字叫陆龟蒙。这都显示着百姓在心底里对龟所蕴含的吉祥寓意的追崇，这种追崇满足了精神深处对富贵吉祥的渴望。

龟是民众认可的吉祥文化的外在表征，常被借名来表达吉祥寓意。龟与我国的名山大川多有渊源。湖北、安徽、山东、四川各省均有以龟命名的地域，如龟山、龟川、龟谷。我国佛教四大名山之一浙江普陀山上，有一处“二龟听经石”，是著名“普陀三石”之一。上海南翔镇古猗园内的龟山，四面临水，如巨龟浮于水面，山上有一龙头巨龟，即报夙，它背负“百寿图”巨碑，碑正面由“百岁”组成一个巨大的寿字，碑后刻有一百个不同体的“寿”字，寓意吉祥长寿①。

总而言之，龟虽然是四灵之一，却是一个现实动物。因此龟所承载的吉祥更多了一份真切与亲切，龟文化与人们的生活更加紧密相连。

① 参见吴庆洲：《龟文化与中国传统建筑》，《中国建筑史论汇刊》，2009。

第三章　吉祥不可貌相

并不是每个吉祥动物都颜值很高，也有不少面目丑陋，有的甚至是对人类有害的，但这些都难不倒我们聪慧的先人，他们用独特的智慧把这些现实中丑陋的动物在文化中转化成吉祥物，形成独特的反差美，因此“吉祥不可貌相”。

一、“蝠”星高照

在我国，“福”在人们心目中是吉祥之首。因此，蝙蝠也成了我国传统的民俗吉祥图案之一。

在西方人心目中蝙蝠是一种与魔鬼和黑暗势力相关的不祥之物，然而在我国民俗文化中，由于“蝠”与“福”同音，蝙蝠就成了象征好运与幸福的祥瑞之物，堪称是我国祈福第一吉祥动物。这种谐音表意的求吉手法运用在动物身上十分多见，后面要讲到的喜蛛、鸡等动物都能体现这种手法。这种手法民间称之为“讨口彩”，民众就是希望借助读出的声音，表达吉祥寓意。中西吉祥观是不同的，中国人不仅关注表征的形态还会注重象征意蕴，就拿这个蝙蝠来说，就外表来看，身首如鼠，形象奇特，常常倒挂于黑暗之地，反而也被民众化“凶”为“吉”。通过民间智慧对蝙蝠这些外在特征进行视觉层面的再创作，符合了人们辟邪驱祸的心理需求。对蝙蝠的这种创作与附会经常被用于表达求吉祈福、驱魔逐邪、消灾避祸的夙愿。有的人认为蝙蝠不仅不丑，而且脸像一个小娃娃，圆眼有几分稚拙的萌意，神情憨态可掬，惹人欢喜。山东省一些有关蝙蝠的工艺品，就在艺术创作的基础上抽取蝙蝠头上的一些元素，创作成在保留蝙蝠基本形态的基础上，附会出来“祥云”与“如意”，吉祥意味不言自明。

民众还从字音上做文章，“蝠”与“福”同音，故而出现了两只蝙蝠在一起的“双福”；盒中飞出五只蝙蝠这是“五福和合”；五只蝙蝠围着一个大寿字团团飞舞，为“五福捧寿”；蝙蝠形门把手则象征“伸手有福”；蝙蝠进入家门则是“福临门”的征兆；门槛上装饰铜蝙蝠则是“脚踏福地”。最让人们拍案叫绝的是，让蝙蝠与铜钱搭配在一起，就成了“福在眼前”了，可见民众为蝙蝠能成为院宅和居室中的吉祥物而绞尽了脑汁。人们以蝠表示福禄寿喜等祥瑞。在民间剪纸中，蝙蝠图案主要应用于墙花、窗花、喜花、顶棚花、灯花等，不仅具有美化居室等功能，还承载了天官赐福、五福捧寿等美好期盼。在民间版画中，有福自天来、福寿如意、纳福迎祥等主题。此类题材主要聚焦于劳动人民追求幸福自由、向往美好生活的理想和愿望。旧时丝绸锦缎常以蝙蝠图案为花纹，民间刺绣以蝙蝠作为吉祥图案的题材也比比皆是，蝙蝠图案常见于被面、手帕、衣服、背包上等。婚嫁、寿诞等喜庆日子，妇女头上戴的绒花和一些服饰、器物也常用蝙蝠造型（如“五蝠捧寿”等），一些器皿上绘有单只头朝下的蝙蝠，蝙蝠嘴上常常衔有寿桃、钱币、牡丹花等物品，凸显出重力感。这一点符合中国吉祥文化的理念，钱多（重）寓意富贵，桃大（重）寓意长寿。在许多古老建筑中的砖刻、石刻几乎处处可以见到蝙蝠图案，在房梁上能看到蝙蝠图案，在门饰上能看到蝙蝠图案，在装饰立柱上能看到蝙蝠图案，它们被寄予辟邪降福的美好希望。

蝙蝠与吉祥的关系，这里简要说一下。蝙蝠与吉祥的挂钩，早在新石器时代就初露迹象。红山文化中就出现过原始特征的蝙蝠造型，虽吉祥寓意并未明了，但这确是蝙蝠被人们认可继而成为吉祥文化的前奏。两汉时期的柿蒂钮座连弧纹铜镜以蝙蝠形为纹样，配有“长相思，毋相忘，常富贵，乐未央”铭文，“蝙蝠”首次与富贵之“富”产生了联系。也就是在那时把蝙蝠与“福”联系起来并被视为吉祥的象征的，从此蝙蝠进入吉祥物行列。

自古以来，人们总是会将蝙蝠形象用于铜镜、玉器，陶器、漆器、瓷器、剪纸、家具、寺庙壁画、石雕、刺绣、织物之中。河北博物院馆藏的粉彩云蝠纹瓶，长颈，圈足，圆腹，撇口，为清代赏瓶的标准造型。瓶身缜密构图，色彩绚丽，纹样灵巧，周身绘有彩云蝠纹，象征洪福齐天。而山西博物院馆藏的粉彩红楼故事蝠耳瓶是典型的民国粉彩器物，以双蝠为耳，胎体薄如纸，形制优雅，人物画画工惊艳，人物刻画精致生动，浑然天成。再比如，重庆中国三峡博物馆馆藏的黄地粉彩花卉五蝠大碗，釉色洁净，胎质柔和细密。碗内为白釉，碗外以黄釉为底。碗内用红彩绘出五只蝙蝠，蝙蝠姿态迥异，生动活泼，表示“五福”，隐喻吉祥。此外，在民间陶器中蝙蝠作为吉祥图案也很常见，常用于茶具、餐具、香炉等陶制器物。陶瓷上的蝙蝠造型主要通过刀刻与笔绘等方式装饰上去，其形象自然活泼，生动而不失沉稳。

综上可见，蝙蝠在生活的方方面面与“福”紧密相连，据不完全统计，人们根据蝙蝠创造出的吉祥词语有以下内容：

五福捧寿	福增贵子	福寿千秋	福贵登云	福寿双全
福寿绵长	翘盼福音	福寿无疆	福寿如意	福善吉庆
福缘善庆	福分无疆	马上得福	福星高照	天官赐福
恭喜发财	钟馗引福	福寿三多	富贵姻缘	富贵临门
富贵长寿	百事大吉	双福拱寿	双福如意	丰财聚宝
烘云托月	长命富贵	福鱼欢喜	福连大吉	福自天来
福山寿海	寿比南山	福如东海	福寿有余	福寿万代
万寿五福	五福临门	五福并臻	五福如意	五福和合
纳福迎详	和合二仙	和合纳福	翘盼福音	多子多福
多福多寿	多喜多福	历元五福	天降洪福	福来财到

平升五福　福从天降　金衣百子　福寿多子　福至心灵　[①]

具体组成形式为："翘盼福音"（儿童仰望飞来的蝙蝠）、"福善吉庆"（蝙蝠、扇子、戟和磬）、"福在眼前"（一只蝙蝠、一枚铜钱）、"双福"（两只蝙蝠相对）、"赐福"（四只蝙蝠）、"五福捧寿"（五只飞蝠围成一圈）、"百福并臻"（六只蝙蝠）、"八福捧寿"（八只蝙蝠）、"福寿万代"（万字加蝙蝠）、"福从天降"（蝙蝠落在娃头上）、"福增贵子"（蝙蝠与桂花）、"福寿有余"（蝙蝠、桃和鱼）、"福寿双全"（蝙蝠与寿桃、古钱）、"福星高照"（寿星与飞舞的蝙蝠）、"多福多寿"（多只蝙蝠与寿桃）、"福禄寿喜"（蝠与鹿或葫芦、桃、喜鹊）、"五福和合"（荷花、圆盒与五只蝙蝠）、"福至心灵"（蝙蝠与寿桃、灵芝）、"流云百福"（蝠与云纹）、"天官赐福"（天官与蝙蝠）、"福鱼欢喜"（蝙蝠与鱼）、"马上得福"（蝙蝠和马）、"福寿延年"（蝙蝠与寿桃）、"福寿三多"（蝙蝠与桃、石榴或莲）、"洪福齐天"（彩云与漫天的红色蝙蝠）、"钟馗引福"（手持利剑的钟馗前有蝙蝠飞舞）、"四面来福"（从四面飞来的蝙蝠）、"寿山福海"（岩石矗立于大海上，天空有蝙蝠飞翔）等。蝙蝠纹还常与其他吉祥纹样组合在一起，构成一幅幅美好的蝙蝠纹组合纹样。

从上面众多的有关蝙蝠的吉祥词语中可以看出，蝙蝠的吉祥组合纹样千变万化。数量方面，蝙蝠有一只、二只、四只、五只、六只、八只，其中尤其以二只与五只蝙蝠纹样最为常见，成为一种人们喜闻乐见的吉祥艺术符号。蝙蝠还会和一些镇妖辟邪的吉祥神人结合，比如财神、寿星、麻姑、关公、钟馗、刘海、福神、八仙、送子观音等；还会和一些飞禽走兽结合到一起，比如凤、鹊、鹤、龙、麒麟、豹、狮、象、鹿、羊、蜘蛛、蝶、蟾蜍、鱼；蝙蝠图案也会和一些有吉祥寓意

① 参见陈涛：硕士论文《吉祥文化下的蝙蝠图案研究及符号化解读》，重庆大学，2008（4），第 12 页。

的植物组合，比如寿桃、柿子、橘子、牡丹花、芙蓉花、天竹花、荷花、菊花、石榴、万年青等；还有会和一些吉祥器物进行组合，如盘长、寿石、玉磬、铜镜、钱币、宝扇、宝瓶、如意等。最后蝙蝠会和一些吉祥符号结合，比如祥云、宝相花、八卦、回纹等。这些组合是人们在对吉祥的诉求中，通过日积月累的观察、体悟与实操，并借助独特的想象力演化而成的。

蝙蝠的形象被附会上吉祥的社会功能与象征意义，广泛流行在我国民间。无论采用何种纹样、何种载体，蝙蝠形象都在传递着人们求祥祈福的意愿，构成了我国动物吉祥系统的一分子。

二、招财貔貅

貔貅，古书上描述的一种凶猛的野兽，虽然是猛兽，但也是中国民众的吉祥瑞兽，为何猛兽变为瑞兽，它又有哪些祥瑞呢？

貔与貅最初也是雄雌不同的动物。文献记载表明“貔貅”二字原本是指同种猛兽，分为雄性及雌性，雄性名“貔”，雌性名为“貅”。相传，雄性貔代表财运，负责招财，而雌性貅则代表财库，专管守财。虽然如今流传下来的貔貅早已不分雌雄了，但依然有“貔貅必须成对收藏”的说法，有道是“有财也有库，才能守得住”，只有这样才能真正达到既招财又守财的目的。貔貅除这一个名字以外，最初还有诸多别名。它也曾称为天鹿（禄）、辟邪、百解，这些称谓始见于汉代古文献之中，是汉代神话传说中较为常见的一种称谓。《十洲记》上写道：“聚窟州有辟邪天鹿。”《后汉书·灵帝纪》载：“案，今邓州南阳县北有宗资碑，旁有两石兽，镌其膊，一曰天禄，一曰辟邪。”据传，天禄是为帝王守护财宝的，象征着皇室；辟邪，即指辟世间一切的瘟疫猛兽、妖魔鬼怪等，而这一作用得益于貔貅样貌凶猛，传说貔貅能吞食掉邪灵恶兽。另外，它最早被当作远古社会部族的图腾，这也就意味着它拥有着庇护族众的功能。因此，辟邪这一别称反而为了貔貅在当下大受欢迎找到了源头。

那么貔貅该如何归类呢？这一问题的答案可以称得上精彩异常。郭璞认为："貔貅，豹属。"《尔雅·释兽》曰："貔，白狐，其子。"这里貔貅属于狐类了。陆玑为《诗经》注疏时，提到关于貔貅形貌的说法："夫貔有狐名而非狐类，其皮似狐，其形似豹，豹亦虎属，而形异于虎。"总而言之，不论如何分类，古代人达成了一致看法："貔貅，猛兽也"，同时，它也是吉祥动物大家庭的成员。经过历史发展和民众的演绎，貔貅的形象也慢慢固定下来，不仅拥有龙首、马躯、麒麟足，而且獠牙突眼，整体样貌类似于狮子，下颌留有长长的须毛，两肋生出了双翼，毛色灰白，尤其擅长飞行，它的鬃须常和背脊或前胸连与一起，还具有了最与众不同也是守财的重要表征——嘴大无肛门。

民间认为貔貅具有巩固权威、辟邪镇宅、转运求财、求子添寿、定姻缘等作用。

貔貅象征着权力，因此历代的皇家贵族都将其视为御用物品，民间不得私藏。貔貅凶猛而且有只进不出的特质，千百年间被皇家加以供奉，推崇不已。

一方面，貔貅辟邪化煞的观念，表现了一种反衬式的祥瑞，邪佞凶煞离开，祥和吉庆自然到来，貔貅就有了震慑邪灵的作用，南方通常称其为貔貅，北方叫得更直接，直接把貔貅称为辟邪。这种辟邪的作用在古人修建墓室时被用到，出土的古墓中有的墓室会将貔貅塑造于墓室两旁，用来看守墓穴，因为古人相信它凶猛异常，专食邪灵猛兽之物。据说这种做法既有保护墓室的作用，还能使冥宅永安，貔貅还可作为墓主升仙时的坐骑。总之，貔貅充当墓穴的庇佑者与守护神。貔貅这种镇宅、驱邪的作用不仅仅在历史遗迹上能见到，还能在神话传说中看到，这些传说渗透着浓郁的宗教色彩。据传貔貅是天庭的巡视官，时刻防范着各种瘟疫、各路妖魔侵扰天庭。在佛教中，貔貅为地藏王菩萨的坐骑，被叫作"谛听"。菩萨的坐骑自然在某种意义上也有了神力。而在道教文化中，关于貔貅最具代表性的传说来自

《封神演义》，姜子牙封神时将貔貅封为“天赐福禄”，所以在旧时风水学中貔貅也占有相当重要的地位。清王士禛《分甘馀话》中有一段记载：“明大梁周藩有一虎，卫宫门，长斋不噬，虽投以豚蹄，亦不食也。先大父尚书公官汴臬时，亲见之。蜀中瓦屋山有貔貅，不食人及牛犬之属，唯食虎豹，口常诵阿弥陀佛，山中僧徒以为法护。”时至今日，貔貅镇宅辟邪的功用因为历史变迁，早已不再像古代那么被推崇，传统民居护家守院的职责大部分也被石狮子替代，但人们心中这并不能抹掉其化煞驱邪的功用。在北方，有些人家会在院子外围雕刻貔貅。在山西一些民宅大院的门档上会看到大量的貔貅雕刻。诸如此类雕刻在南方也比比皆是，比如你能在江西生米镇婚庆喜事的门牖上见到，你能在豫章世家门楣石梁上见到，你能在文港“汝南世家”门口的雀替上见到，你能在艾溪湖陈家村的云亭别墅的门匾上看到，你还能在安义古镇的京台村古戏台柱檐雀替上看到。此外，貔貅形象还出现在剪纸窗花、建筑瓦当、庙宇陵墓上。在当代城市的各大旅游景点，仔细寻找基本都能见到貔貅的身影。早年在广东湛江的吴川市梅菉头，每年都要举行舞貔貅的仪式，旨在保佑平安，驱邪祈福。貔貅也可以随身佩带，人们相信它会给人带来福报。当下的貔貅工艺品材质五花八门，有水晶的、铜的、瓷的、木的等，在一些地区还有用布制作的貔貅。人们相信佩戴貔貅会为自己招财，这是一种人们祈愿美好生活的心理表达。

另一方面，貔貅还有一个最为重要的吉祥特质，那就是旺财。貔貅旺财守财、聚财纳宝的功能最是被人称道。财富一直是中国人吉祥五福中一个重要的方面。相传貔貅能闻到金钱的味道，是以金银珠宝与钱币为食的，可寻找到世间财源，常常把钱叼回来讨主人的欢心。又由于它嘴大，无肛门，能吐纳万物却从不排泄，珠宝金银只能进而不能出，成为民众最为钟爱的守财吉祥物之一。

关于貔貅能够招财进宝的这一特质，有一则十分有趣的民间传说流传至今。

相传，貔貅是龙王的九太子，因其年纪最小而倍受宠爱，日日以金银珠宝为食，吃得珠光宝气的，玉帝见了也非常喜欢它，但是吃多了总是要拉的，一日貔貅拉肚子，一时忍不住随地便溺，正巧被玉皇大帝看到。玉帝大怒，一巴掌打去，正好打在貔貅的屁股上，它的屁股就被封住了。从此以后，所有的金银珠宝便只能进不能出了。

貔貅五行属火，火克金，火性旺，使得世间财源延绵兴旺，貔貅既能招来滚滚财源，也能守住财富。民间有“一摸貔貅运程旺盛，再摸貔貅财运滚滚，三摸貔貅平步青云”的谚语。

貔貅成为财富的象征动物，与此同时，民间也有许多迷信禁忌。其一，貔貅的屁股不能磕，否则就会导致财富外流；其二，貔貅的眼睛是不能抚摸的，因为它要用眼睛来寻找财源；其三，貔貅的嘴巴也不能碰，它是用嘴巴来叼钱，如果碰了，它的灵性会受损。

我们日常所见到的貔貅有各种各样的造型，但主要以立式、蹲式、卧式、母子双式四种姿态为主，而传说这四种姿态也具有不同的寓意。

一、立式：口大吃八方，目露凶光，威震苍穹。旧时将其放在家宅入门玄关处，有辟邪镇宅的意思。

二、蹲式：口大吃八方，胸大容百川。将其放在家宅、赌场、酒店等门口，迷信说法有辟邪镇宅、发财升官的作用。

三、卧式：口大吃八方，胸大纳百财、臀大聚宝、只进不出。迷信认为将其放在客厅、堂屋的财位上，有招财、蓄财、催财等作用，也可将它佩戴在身上，有转祸为祥，保安辟邪的作用。

四、母子双式：母慈子孝，寓意上顺下孝，祈福全家平安。

貔貅是一种集神话、文化、历史、文明于一体的吉祥物，是一种对美好愿望的体现。貔貅除却神秘感，实则就是一种吉祥的符号，凝聚着中国人民的智慧，与龙、凤、麒麟等一些吉祥动物一样，展现一代代中国人对于求吉避祸的追求，承载着人们的吉祥夙愿。

三、金蟾献宝

蟾蜍，又称金蟾是一种两栖动物，由于它的身体表层长着密密麻麻的疙瘩，看起来十分瘆人，所以民间称其为癞蛤蟆。自古以来，金蟾虽然样貌可憎，但赋予它的都是美好的寓意。日常生活中，能看到各种金蟾形制的艺术品或生活品出现在人们周围。金蟾的吉祥形象在我们中国由来已久，家喻户晓。而民俗中一般将金属香器的鼻纽做成蟾蜍之形，取名“金蟾”，它是旺财之神兽，有招财进宝、驱邪、镇宅、旺财、求子等寓意。

1. 金蟾瑞兽的由来

金蟾是吉祥的瑞兽，其最重要的寓意是招财。说到金蟾献宝必然绕不开刘海戏蟾的故事。这个故事在民间广为流传，久而久之，金蟾被视为吉祥之物，成为可以招财致富的象征。这个故事在北宋时便已流传，北宋词人柳永《巫山一段云》中有这样的句子：“贪看海蟾狂戏，不道九关齐闭。”可见，当时已有刘海狂戏蟾的戏曲演出。刘海戏蟾最初的目的是除蟾祟，所以刘海所到之处，蟾声消绝。考究起来，其所谓“戏”是一种巫术动作。《古今图书集成·神异典》引《邵武县志》曰：“刘海蟾，名元英。……或曰：元英本名海，尝以道力除蟾祟，故称为海蟾云。”刘海戏蟾的故事几经演变，喜剧色彩越来越浓，刘海的“戏”的巫术驱邪意义逐渐消失，蟾已不再是除祟的对象，而是施行法术的灵物。明朝李日华《六砚斋笔记》曰：“皇越石携来四仙古像，一为海蟾子，哆口蓬发，一蟾玉色者戏踞其顶。手执一桃，莲花叶，鲜活如生。”

在我国历史上，刘海蟾确有其人。他本名刘操，字宗成，燕山（今北京地区）人，生于五代时期。当时燕地属辽国，刘操青年时中辽国进士，五十多岁作了燕帝守光之宰相。有一天，府门外来了一位道士要求见他。见面后，道士向刘操借用一枚金钱，十颗鸡蛋。然后将十颗鸡蛋一个接一个地串立于金钱眼儿上，蛋串摇摇欲坠。刘操惊恐地说："这多危险啊，这多危险啊！"道士说："你手握重权，身居高位，早已到了危若垒卵的境地，难道还执迷不悟吗？"刘操被深深触动，决定弃官不做，尽散家财，上华山与道士陈抟一起修炼去了。陈抟赐他道号"海蟾子"。而那位垒卵道士就是仙人汉钟离。刘操出家后潜心研究，刻苦修炼，终成大道。曾著有《海蟾子还丹歌》《至真诀》（均收录在《道藏》中），被道教奉为北五祖之一。

刘海蟾戏剧性的出家过程，刻苦修炼取得的成果以及他在道教南北两派中的重要地位，使得自宋元以来，他的名声越来越大，元世祖封其为"明悟宏道真君"。关于他的传说也越来越多。在诸多传说中，以"刘海撒金钱"的传说流传最广。由于传说众多，不免讹误，竟将刘操散金钱修道一事演绎为"刘海蟾撒金钱"故事，继而又演绎为"刘海戏金蟾"等。随后，刘海也被附会成财富的象征，成为中国民间信奉的财神之一。民谣传唱："刘海生来有仙根，生在户县曲抱村，玉帝将我亲封过，封我四方活财神，福泉之水撒人间，行走步步撒金钱，一变十来百变千，有福有财都是仙。"

金蟾的吉祥寓意可以说绕不开刘海戏金蟾的民间传说，有道是"刘海戏金蟾，步步钓金钱"。从明清至民国时期，我国北方的民间年画多数将刘海画成两手持一串金钱翩翩起舞的招财童子，他被称为"利市仙官"。当代许多画家也都画过"刘海戏金蟾"的故事。我国一些地方戏曲中也有"刘海戏蟾""刘海砍樵"等剧目。从这些艺术形式中可见金蟾与刘海受欢迎的程度，人们逐渐赋予其祥瑞之意，"刘海戏金蟾"使得刘海和金蟾常常一起出现，带来各种祥瑞。"刘海戏金蟾"的版本众多，其中一个版本是这样的：

相传，南海龙王有个女儿叫巧姑，趁龙王外出的机会，她变作一只金色的蟾蜍，跃出了桃花溪中的白龙潭。就在小金蟾游兴正浓之际，突然一条凶恶的大蟒向她扑来。危急之时，金蟾被正在桃花峰下砍柴的刘海相救。金蟾怀着真诚的感恩之心，赠送一颗龙珠给刘海，然后恋恋不舍回到龙宫。

巧姑深深地爱上了刘海。有一天她思念刘海心切，又偷偷地出了龙宫，还是变作金蟾爬上荷叶，盼望着能再次见到她的意中人刘海。事也凑巧，那一天刘海因为要伐木盖房，也来到了白龙潭边。刘海伐树累了，走到潭边喝水，忽然发现在他的身边有一串金钱。“哎！这是谁把金钱丢在这儿了？”他四顾无人，喊了几声也无人答话。刘海心里想：“这钱不是我的，不义之财不能拿。”于是扛起松树准备回家，谁知那串金钱竟然叮叮地响了起来，真是怪事。刘海哪里知道，这钱是金蟾暗放在他身边的，那串着金钱的丝线就在她的手里。刘海要走，她便在水下牵动丝线，使那串金钱响了起来。刘海感到奇怪，聚精会神地端详那串金钱想知道为什么它自己会响。不提防上次那条吞吃金蟾未成的大蟒，自树林中偷偷爬出，从背后向刘海扑来。巧姑在水下看得清楚，急忙从水中跃出，从刘海眼前跳向他的背后，引导刘海转过身发现了已经扑到面前的凶蟒。刘海手疾眼快，抽出砍柴刀，迎面一刀，把那条恶蟒斩作两段。

刘海见是小金蟾在危急中救了他的命，十分感激。又见那牵动金钱的丝线也随着金蟾上了岸，于是捧起金蟾，向她道谢说：“小金蟾啊小金蟾，你要是一位姑娘该多么好，我们可以结为夫妻。”说罢，他轻轻地把那牵金钱的丝线系在金蟾的颈上，牵着它在溪边玩了起来。刘海牵着金蟾在前面走，金蟾在他的身后愉快地跳跃着。忽然间刘海觉得手中的丝线一下沉重了起来，回头一看，大吃一惊，原来那金赡变成了一位漂亮的姑娘，跟在身后朝他微笑。刘海忙向那姑娘问道：“你是什么人，怎么我牵的小金蟾不见了呢?”“我就是那小金蟾，你不是说要同我白头偕老永不分离吗？”那姑娘羞涩地对刘海说：“从此以后，晴天有我给你烧饭，下雨有我为你补衣衫，好吗？”刘海听罢，想起了小金蟾赠他龙珠的事，明白了这姑娘的来历，真是喜出望外，连忙说：“好！好！”于是，两个人收拾起柴刀，牵着牛，扛起松树，高高兴兴地回了汤口村。

2. 解读金蟾的瑞意

上述故事只是金蟾传说的一种，与此相关的版本很多，而且从不同版本中可以解读出多项与金蟾有关的吉祥寓意。考虑到篇幅和主题所限，其他版本不再展开，仅对金蟾的吉祥寓意进行提炼。

财源兴旺：“刘海戏金蟾”的传说把金蟾与刘海一起抬上了财神的宝座，只要刘海戏金蟾，金蟾就吐金钱。传说他走到哪里，金钱就被撒在哪里。“刘海戏金蟾”象征大富大贵、财源广进。后来，金蟾本身也可以招财，并不一定要和刘海并置在同一空间中。金蟾满身嵌着珠宝金钱，脚下踩着钱币元宝，极其富有财气，古语所云“家有金蟾,财运绵绵”正是此意,人们称其为“招财蟾”。在湖村民间俗信中，准财神是未得封号的众财神的一种，此神同样可以为民众带来财运，刘海就是其中最具代表之一。为此，当地人还修建刘海庙，以供拜祭。还有一种金蟾，它的口中可以含住钱币，表示“口吐金钱”。金蟾工艺品的质地，以玉和铜最为常见，也有瓷的。这种金蟾三只脚，背背北斗七星，嘴衔两串铜钱，头顶太极两仪，脚踏金银珠宝。民间常见这样的传说，早上蟾蜍的头朝门外，让蟾蜍对外咬钱；晚上则头朝内，让蟾蜍将今日咬的钱放入金库。在很多商铺中都能看到摆放“金蟾吐财”，因为蟾蜍没有声囊，不会叫，故而不会露财，它被商人认为是旺财与守财的象征。它常由四部分组成：金蟾、大钱、元宝，底座。大钱上常刻有恭喜发财、万事如意、招财进宝等吉祥祝语。

镇宅驱邪：传说天上月宫中有一只三条腿的蟾蜍，它有法力，是天上的仙物。所以人们认为翡翠金蟾摆件有着镇宅驱邪的作用，能够帮助人们抵挡噩运，保佑平安健康。东汉应劭《风俗通义》佚文云：“夏至著五彩，辟兵，题曰游光。游光，厉鬼也，知其名者无温疾。五彩辟五兵也。”宋罗愿《尔雅翼》中也有：“蟾蜍，今之蚵蚾，背上礧礧，好伏墙阴壁下者，五月五日收之，谓之辟兵。”这里的“辟兵”除了寓意辟除兵祸以外，还指消灾祛病。可见自古民众就对蟾蜍是吉祥辟邪之物的认可，用它作辟邪装饰，镇凶邪、辟五兵。

官运亨通：古时候，关于金蟾还有一种说法就是“蟾宫折桂”，在科举时代，用来比喻应考得中，有考取功名的吉祥寓意。蟾宫即“月宫”，据传，月宫中有桂树，宫殿里面的一只三条腿的蟾蜍攀折月宫桂花。当下，“蟾宫折桂”一词也被莘莘学子及家长所喜爱，而且又带有一层“锦绣前程”的意思。

吉祥喜庆：在传统年画《福字图》中，“刘海戏金蟾”常常和麒麟送子、和合二仙、状元及第、财神、天官等合绘在一起，充满了吉祥、喜庆的气氛，深受大家欢迎。喜庆方面，在传统年画作品中，刘海皆是手舞足蹈、笑逐颜开的纯真顽童形象，前额宽阔，手舞钱串，画面多伴有金蟾。让人被这种愉快、轻松、喜庆的氛围所感染与包裹，寓意着人们对这种喜庆平和生活的美好祝愿和无限向往。

除此之外，蟾蜍繁殖力惊人，民间又给金蟾附会上一种生殖力强的特质，使得求子心切的民众也祭拜蟾蜍，以期获得子嗣。《尔雅翼》中有：“蟾蜍，今之蚵蚾，背上礧礧，好伏墙阴壁下者，五月五日收之，谓之辟兵。”“辟兵”有着消灾祛病的寓意，前文已经说到，而比祛病消灾的更高一层的祈愿即长生不老。晋葛洪《抱朴子内篇·对俗》曰：“蟾蜍寿三千岁。”另外还有北宋李昉《太平御览》引《玄中记》记载：“千岁蟾蜍，头生角。”蟾蜍身上提炼出的“虾蟆丸”在道教中被认为是长生仙药，传说食之能使人长生不老，因此金蟾又有了长寿的寓意。

其实如果仔细考究貔貅和金蟾，我们会发现他们都有一个共同的特点，那就是丑陋，甚至凶恶。这是个应该关注的现象：那就是民间百姓如何将丑化美，进而使其寓意吉祥，如何通过对丑类的美好祝愿使其完成美的转换。在以上的叙述中，我们已然发现，因其丑、凶恶，百姓便在精神层面将其转为吉祥寓意，从而化凶险为平安。百姓认为这是好的，心里便接受，这无疑是一种民间智慧，所以，金蟾自古被人们视为辟五兵、镇凶邪、祛病毒、呈祥瑞、主富贵、助长寿的吉祥动物就顺理成章了。

四、蜘蛛讨喜

提到现实中的蜘蛛，很难与吉祥寓意挂钩。蜘蛛是如何成为吉祥物，如何与喜结缘的呢？

1. 蜘蛛与喜结缘

蜘蛛在全世界分布极为广泛，全世界有 4 万多种，中国就有 4 千多种。它像其他丑类的吉祥物一样，面目丑陋，又具有自身特点：大多小而不起眼，结网吐丝。

早期在农村还能看到蜘蛛，随着城镇化发展，卫生条件提高，人们看到结着八卦网的蜘蛛的机会逐渐减少，更少谈及它。那为何蜘蛛与吉祥文化联系在一起？因为，它是一只有文化、有历史的昆虫。在许多历史文献中蜘蛛都有一席之地。汉刘歆《西京杂记》中有“乾鹊噪而行人至，蜘蛛集而百事喜”的记录，说的是蜘蛛聚集就会喜瑞来临。北齐文人刘昼在《新论·鄙名》中说：“今野人昼见蟢子者，以为有喜乐之瑞。”蟢子就是蜘蛛，从文献中可以看出北齐人认为见到蜘蛛就是喜乐之兆。唐代文人权德舆在一首《玉台体》诗也描述过蜘蛛：“昨夜裙带解，今朝蟢子飞。铅华不可弃，莫是藁砧归。”藁砧，隐指丈夫。诗中说一位美女昨夜发现自己裙带松开了，在古代，传说裙带松开是长久在外的丈夫归来的预兆，而早上就见到蟢子，更加印证了这一兆头。所以，这位美女抓紧梳妆，迎接即将归来的夫君。诗中“蟢子飞”十分形象地描述了蜘蛛惯常的轻巧运动方式。辽代诗人齐贤在《居士恋》中写道：“鹊儿篱际噪花枝，蟢子床头引网丝。”这里更是运用对仗的手法，把喜鹊和蟢子放到一起，其喜乐之意溢于言表。元代郑光祖《倩女离魂》第三折有这样的描述："喜蛛儿难凭信，灵鹊儿不诚实，灯花儿何太喜。"元代的王实甫《西厢记》第五本第二折："疑怪这噪花枝灵鹊儿，垂帘幕喜蛛儿，正应着短檠上夜来灯爆时。"清代大文人金农《蟢子》诗里有一句"双烛生花送喜频,红丝蟢子漾流尘"，借助喜庆之事常出现的文化符号——红烛与蟢子形成对仗，依然表达喜乐之情。可见，蜘蛛与"喜"结缘从很早之前就开始了，别看蜘蛛体型小，它却蕴藏着深厚的文化历史。

与"喜"结缘如此久远是蜘蛛体现吉祥文化渊源的佐证，而蜘蛛与"喜"结缘能够如此之深，得益于民间对蜘蛛与"喜"的解读，这是蜘蛛能够体现吉祥文化的原因。蜘蛛又叫蟢子。蟢子是一种长脚的小蜘蛛。这在《尔雅·释虫》有言"蠨蛸，长踦"，"小蜘蛛长脚者，俗呼为喜子"。明代字典《正字通》中也有蟢子的记录："小蜘蛛，微红，长者俗呼为喜子"。蟢与喜谐音,而且蜘蛛的外形很像汉字的"喜"字，因此，被民间认为是好运的征兆。俗话说，"蜘蛛吊，财神到"，蜘蛛出现是喜庆、财富的好兆头，蜘蛛因此具有兆喜功能。在唐代，人们还把蜘蛛画在墙壁上当作喜兆的瑞图，称之为"壁钱"。壁钱，蜘蛛的另一别称，因其全身可入药，往往见于中药材中，也叫壁虫、壁蟢。可见，蜘蛛离不开个"喜"字，喜蛛就在百姓间获得了认同。严格意义上，所谓的喜蜘蛛，体型比较小，体长大概只有一两毫米的长腿蜘蛛，颜色有灰黑色、绿色、红色、黄色等，其中那种红色的蜘蛛百姓最为喜爱。民间有句老话"早报喜，晚报财，不晌不夜有客来"，这里讲的就是喜蜘蛛，大意是：如果早上看到喜蜘蛛，意味着马上有喜事降临；如若晚上看到喜蜘蛛，意味着将要发财；倘若既不是在中午，也不是在晚上看见了喜蜘蛛，意味着将有客人来访。总而言之，全天内任何时间段看见了喜蜘蛛，都是好事一件。

有关蜘蛛兆喜，有许多故事。据《采兰杂志》载，古时候，一对母子分别很久，一直未能相见，母亲想儿子想得难受，每天盼着儿子能够归来。一天，母亲偶然发现有一只蜘蛛吐着丝悬垂在衣服上，知道这是蜘蛛前来报喜，说明儿子马上要回来了。果不其然，没过几天，儿子从外面回来了。母亲喜极而泣，抱着儿子说了蜘蛛垂丝报喜的奇事。于是，人们就把蜘蛛称为“喜母”，认为蜘蛛是喜庆降临的先兆。

还有一个小故事，一进京赶考的秀才有一天路过一间庙宇，遂决定晚上寄宿在这里，由于多日奔波，十分劳累，秀才一躺下就酣然大睡，这一睡睡到了天亮。第二天，秀才醒来，正准备起身赶路之际，一只蜘蛛从房顶垂降下来，秀才自言自语道：“莫非有什么喜瑞从天而降？”想到此处，秀才高兴地对着蜘蛛拜了三拜。后来，秀才进京考试，不仅得中解元，而且获得提拔重用，喜事连连，三四年内连升官阶。他在获得成功后也不忘回报乡里，为地方百姓做了很多好事，深得民众的爱戴与乡人的称道。虽此事只是一则故事，但可以看出人们都希望蜘蛛能带来吉利太平、喜事连连。

我国有一句成语叫“喜从天降”，这个成语来源于民间，而这个从天而降的“喜”就是我们的喜蜘蛛。不难理解，蜘蛛挂着长长的细丝从屋梁上慢慢地垂下来，不正迎合了喜从天降的意境吗？当人们看到空中垂悬着的喜蜘蛛，一般是不会伤害它的。因为蜘蛛是传达喜讯的使者，伤害它也就意味着把喜事赶走了。民谚说：“有喜你上去，没喜你下来。”在民间生活中，尤其婚礼上，常会看到一副绘着从网上悬垂下来的蜘蛛的图画，名为《喜从天降》，谐音“喜虫天降”，寓意令人高兴的事情突然降到自己头上，令人喜出望外。除了民间广为流传的“喜从天降”外，一些文人墨客的祥瑞图里面也能看到蜘蛛的身影，比如齐白石的《喜蛛图》，任伯年的《喜从天降转世图》等。绘有蜘蛛的祥瑞图还常常结合其他吉瑞之物，比如《天中吉瑞》图中，蜘蛛和蛛网作为画面的中心，下面有菖蒲、枇杷、大蒜等植物，有汇聚瑞气之意。

不要以为蜘蛛只是代表喜瑞之兆，其实，蜘蛛也有其他文化内涵。从蜘蛛这两个字来看，“蜘”与“知”“智”谐音，古人认为蜘蛛“纵微性乎天壤，禀妙造于化灵，忽无碍而无想。吐自然之纤绪，先皇羲而结网，凭轻虏畚隐显，应大明之幽朗”（宋代《太平御览》卷九百四十八）。这里，蜘蛛仿佛有了智谋。“蛛”与“珠”谐音，蜘蛛体型圆而小，如同珠子，圆形事物用“珠”来表达是一种美好的象征和寓意。这一层面上，蜘蛛就有了智慧与美好的象征。在有的地方就会看到人们将一些蜘蛛图案缝制在服饰上，寓意知足常乐，这是一种生活态度的民间表达。这里除了采用谐音（蜘蛛谐音“知足”），也有人们对蜘蛛是极具智谋的生物的民间逻辑的认同。正如民间谜语说：“小小诸葛亮，独坐军中帐，摆下八卦阵，专捉飞来将。”

其实，我们知道蜘蛛是不可能预知未来的，它所承载的种种吉祥寓意不过是民众对美好生活的向往，坚信美好生活即将到来的殷殷期盼。这种求吉避祸的诉求借助生活中的现象世世代代流传，获得集体认同。什么是好的？什么是坏的？老百姓喜欢的，让老百姓联想到好的寓意，满足求吉避祸诉求的就是好的。随着社会变迁，可能有些动物的求吉功能会发生变迁，但是，这种求吉避祸的潜意识永不会消失，这也是民间文化、吉祥文化生生不息的根源。

其实，在现实生活中，蜘蛛这个物种的绝大多数亚种对我们生活有益。比方说，在农田中，蜘蛛捕食的猎物，主要以庄稼的害虫为主，蜘蛛在保护农田方面作用很大。第一，一定程度上保证生物链的稳定，生物种群的平衡。第二，蜘蛛捕食害虫，自然就减少农药的使用，有益人畜健康。第三，减少了农田管理的成本，进一步实现增产增收。在生活里，蜘蛛有入药的记载，这最早出现在《诗经》：“伊威在室，蠨蛸在户。”蠨蛸说的就是一种蜘蛛，它身体细长，脚很长，多在室内墙壁间结网捕食。这类蜘蛛即上文提到的与“喜”结缘的蜘蛛，民间常称之为“喜蛛”或“蠨子”。真正以蜘蛛入药的记载最早见于唐代陈藏器《本草拾遗》，之后多种中医文献均有记载，它主要用于治疗疮疡肿疖及咽喉、牙龈、皮肤外科等方面的疾病，之后发展到用其毒性以毒攻毒，祛风除湿，通经活络，治疗风湿痹痛。蜘蛛的药用功效在实践中逐步扩大，并渐渐成为动物药用中的一个特别种类。到了现代，蜘蛛的药用功能也一直受到医学界与生物科学界的重视。第一，蜘蛛蛋白富含微量元素和多种氨基酸，有利于增强免疫力。第二，研究证明，蜘蛛毒素具有良好的化血栓效果和镇痛功能，并且没有成瘾性。与此同时，对心脑血管、关节疾病、癌症等具有良好的治疗效果。第三，除了医药功用，蜘蛛丝因为良好拉力与韧性成为优良的材料，被用来生产防弹衣、人工关节、发合线等。这也会催生蜘蛛养殖业，使得蜘蛛养殖产业在未来前景光明。

2. 蜘蛛与乞巧结缘

蜘蛛作为善于织网的昆虫，让人联想到妇女织布，因具有吉祥寓意，再加上古代蜘蛛随处可见，所以，在七夕节，蜘蛛作为乞巧、应巧的表征就成为可能。说起蜘蛛乞巧的风俗，先看一看蜘蛛乞巧的历史发展。南朝梁宗懔《荆楚岁时记》关于蜘蛛与七夕的联系有记载："是夕，陈瓜果于庭中以乞巧。有喜子网于瓜上，则以为符应。"从这里可以看出，妇女穿七巧针，织彩衣，在厅堂之中摆放瓜果，期盼自己心灵手巧。瓜果上有蜘蛛结网，则兆示为愿望能够实现。宋朝孟元老的《东京梦华录》记载七月七夕这一天，"以小蜘蛛安合子内，次日看之，若网圆正，谓之得巧"。宋朝还有周密的《乾淳岁时记》也描述过蜘蛛与乞巧的关系，云："以小蜘蛛贮合内，以候结网之疏密为得巧之多少。"明朝的田汝成在《熙朝乐事》这样说道，"以小盒盛蜘蛛，次早观其结网疏密以为得巧多寡"。由此可见，历代验巧之法虽不同，但是，在七夕的时候通过蜘蛛企盼美好的习俗是世代遵循，极为相似的。

喜蛛应巧的习俗了，是岁时民俗，是七夕节较早的一种乞巧方式，稍晚于穿针乞巧。喜蛛应巧说的就是大人们在穿针乞巧前把一些瓜果食品（比如香瓜、巧果、花生、黄金瓜、红枣等）放在果盆上。"穿针乞巧"以后，大家都睁大了眼睛盯着果盆上有无"喜蛛"在结网，谁要是先发现蜘蛛，谁就大吉大利。蜘蛛虽是常见小虫，但是出现在瓜果盆上也不是常事，所以，孩子们就会偷偷捉一只蜘蛛放到果盆上，这个过程中，大人就采取睁一只眼闭一只眼的态度，在孩子“发现”了喜蛛欢呼时，大人们就把瓜果分到各人手中，一边分一边说：“吃吧，吃吧，年年有巧，年年有巧。”唐代诗人元稹的《虫豸诗·蜘蛛》的前八句就描述了这一习俗：“蜘蛛天下足，巴蜀就中多。缝隙容长踦，虚空织横罗。萦缠伤竹柏，吞噬及虫蛾。为送佳人喜，珠栊无奈何。”这里最后两句就是写七夕巧蜘蛛兆喜的习俗。时至今日，安徽、浙江一带还保留了蜘蛛应巧的习俗。人们在小盒或小盆中放入蜘蛛，第二天根据结网的疏密来判定巧拙。在七夕这个特别的节日里，蜘蛛不仅仅带来吉祥，而且还带来灵巧的女红技艺。

《诗经》有记载开始，两千多年过去了，纵使外界沧海桑田，蜘蛛依然结着它的网，悠然自得，依然是蟢子，编织着古老的诗，为布满冰冷死板的钢筋混凝土建筑的今天增添了一些“活的趣味”。

五、多子福鼠

鼠，俗称耗子，是十二生肖中最令人厌恶的动物，然而它却排在十二生肖之首。现实中，民众对它深恶痛绝，为消灭它无所不用其极；在民俗里面，民众却将吉祥、财富等美好寓意附含到鼠的身上。

1. 财富与财宝的象征

鼠，居十二生肖首位，在某些地区老鼠与财宝有很大的关联。民间有“五鼠抱财”的说法，在传说中，它们是五位漂亮的仙女下凡，变成五只鼠玩耍嬉戏，有的抬钱币，有的拱元宝，殷勤地帮着抬财宝回家，寓意福运到，财运到，财源滚滚。古时候劳苦大众众多，而老鼠如果肯光顾自己的家，那指定“家有余粮”。鼠再厉害，也不会兴起大风大浪，所以人们也认为鼠年不会出现大的灾难和险情。正是因为人们对鼠年有好的期盼，所以民间创作出很多关于鼠的吉祥图。

旧时俗信认为，异鼠的出现是某种征兆的前奏。如白鼠是吉兆和财富的象征。根据《地镜图》记载：“黄金之见，为火及白鼠。”意思为黄金以白鼠的形式现形。《灵应录》曰 :“陈泰见一白鼠，缘树上下，挥而不去。言于妻子曰，众言有白鼠处，即有藏也。遂掘之，获金五笏。”比较著名的老鼠与财富有关的故事是天津“鼠猬驮宝”的传说。据说以前天津在春节期间，要在神佛前面要供奉馒头花糕，在上元节期间，还要供奉用面蒸制的背上还驮有元宝的刺猬和老鼠。这种上供鼠猬的面点是有讲究的，正月十四那天，鼠猬的脸要朝向外，等到正月十五烧香参拜以后，就要让鼠猬的脸朝里，表示鼠猬已经把财宝驮了回来。当地还流传一个故事，在过去，天津海光寺的香火十分兴旺，但供品经常不翼而飞，僧人十分苦恼，于是寺中的主持就求助佛祖显灵。一天清晨，发现有一只老鼠和刺猬死在了佛前的烛台上，众人都认为这是佛祖显灵，抓到了真凶。那天是正月十五，于是每家每户在每年快到正月十五的时候蒸制鼠猬形状的面点来供奉佛祖，鼠猬身上还驮着许多财宝，寓意为鼠猬能把财宝送到家中，这就是鼠猬驮宝习俗的来历。鼠还是藏神。清代学者俞樾《茶香室丛钞》记载了与《灵应录》同样的故事后 :“按今人每言白鼠为藏神，亦有所本。”还有清代道光进士方濬颐的《梦园丛说》记录 :“粤东有钱鼠，其吻尖，其尾长，其声若数钱然，故名。俗云见则主人家有吉庆事，亦犹京师人尊猬为财神也。按常鼠亦能作数钱声，俗闻，朝闻之，为数出，主耗财 ；暮闻之，为数入，主聚财。”于是，民间对于老鼠吱吱的叫声附会为“数钱”，又从“数钱”的发音引申为钱鼠、财神。

另外，“老鼠偷油”“小老鼠上灯台”“老鼠拉鸡蛋”等剪纸作品，大都象征家庭富有和无尽财源滚滚来。

2. 多子多福的寓意

在民间诸多的吉祥物中，人们对现实中的鼠虽然都很反感，但对“鼠年”的评价却是很高，因为其具有多子多福的寓意。

多福方面，旧的说法是，在十二生肖当中，鼠排在第一位，十二地支的头一位是“子”，一天开始为子时，是个好时辰，所以有“子夜岁交替，鼠年春更新”之说。民间认为见到义鼠为吉兆，南朝宋刘敬叔的《异苑》（卷三）记载："义鼠形如鼠，短尾。每行递相咬尾，三五成群，惊之则散。俗云：'见之者当有吉兆。'成都有之。"某些地区，种田的人认为家中老鼠多是吉祥富裕的象征。现实中作为害虫的老鼠，其意象反而呈现出福气多多的形象。老鼠作为福运的指代动物追根溯源是因为古人认为老鼠是开创世界、营造物质天地的英雄，是一种有灵性的动物。

传说在很久以前，天地原是一团混沌，宇宙未成，元气不开，这时候，出来一只鼠，老鼠是耗虫，在子时出来活动，把混沌一团的天地咬了一个口，天地有了缝隙，其气也畅通了，宇宙遂成。子属鼠，天开于子，鼠有创世之功，这就是"鼠咬天开"的传说。民间把老鼠看作衍化万物与繁衍生命的象征。用老鼠作为十二种动物的表征，来表达中华民族的生生不息的生命循环观和自强不息的生命意识。在我国少数民族的许多神话传说中，老鼠把象征宇宙的物体咬开，古人借助老鼠的习性，通过民间智慧变恶为善，于是鼠为人类偷来光明、谷种、火种，教会人耕种，为人类做好事。因此这也是在十二生肖排位中，小小的老鼠反而能坐上头把交椅的缘由。

鼠虽小，却有顽强的生育能力，常年有吃有喝。这也是老鼠的第二个吉祥寓意——生命力强。这种生命力并不是臆造出来的，而是实实在在有科学依据的。据调查，老鼠的繁殖力强，成活率高，一只母鼠在自然状态下每胎可产出 5 ～ 10 只幼鼠，最多的一胎可生 24 只，妊娠期只有 21 天，母鼠在分娩当天就可以再次受孕，幼鼠经过 30 ～ 40 天发育成熟，其中的雌性就可以加入繁衍后代的行列。如此速度，一只母鼠一年可以繁殖的子女，加上孙子、孙女、曾孙等已多到无法计算。老鼠的成活率高，寿命长，如非遇到天敌的袭击或人类大规模的扑灭，大多数都能安享晚年、寿终正寝，而且子孙满堂，这是其他动物可望而不可即的。因而在文化上民众以各种民俗活动体现其多子多福的寓意。于是，老鼠就常被人们比喻为"多子多福"和富裕的象征。

3. 民间求吉智慧的体现

老鼠是有害动物，却拥有很多吉祥寓意，这种吉祥寓意是一种民间求吉智慧的体现。作为人文动物的老鼠，在文化上具有两重性，人们对它又爱又恨，又敬又畏，这种双重态度如何转化是民间求吉智慧的重要表现。“鼠能带给民众好运”这一思维体现出我国人民苦中作乐的民间智慧，把本来作恶多端的老鼠变成吉祥物象，这体现出民众逢凶化吉的民间思维。

这一思想表现在现实中外化为以对鼠亦敬亦恨和逐之媚之的各种各样的民间习俗。鼠委实与人类的生活千丝万缕地纠缠在一起，鼠文化在人类日常生活的方方面面被不加掩饰地用各种民俗呈现出来。说到尊鼠不得不提我国传说中的西域鼠国。西域鼠国的传说肇始于汉代。据传在西域鼠国，鼠被尊奉为王，出入都要有随从。鼠被奉为神，人们为它建祠设祭，上至帝王，下达黎民，对其尊敬有加。人要路过鼠穴，必须下马致敬。在鼠国，作为祖先神、战神、地方保护神、财神的多闻天王手中就托着一只老鼠，鼠在这里成为集一切祥瑞于一身，胜过其他所有祥瑞动物的吉祥物。老鼠在民间作为保家仙，俗称“灰八爷”。我国民间早在几千年前就流传着所谓“四大家”“五大门”的动物原始崇拜，即是对狐狸、黄鼠狼、刺猬、老鼠、蛇的敬畏心理的反映。据《锦州市戏曲志》记载，东北的蹦蹦班（即二人转戏班）供奉四大仙，其中供奉灰八爷就是要贿赂老鼠，祈求它不要啃咬戏班的行头。旧时人们普遍认为，这些动物具有非凡的灵性，代表着上天和鬼神的意志。还有的地方认为百岁之鼠可称为神。东北有的地方奉老鼠为仓神，据资料显示，东北地区除夕、元旦要隆重祭祀“万物之神”，除了祭天地、祖先、稷神、五通神、库神外，还要祭仓神，即老鼠，俗称搬运大叔。东北矿区还尊老鼠为鼠仙。还有一些称谓中也表现出敬鼠又畏鼠的双重心理，民众会通过禁忌习俗，实现趋吉避祸、化险为夷的心理慰藉。比如，古时候人们认为如果老鼠咬了家里物品，那是因为人说了它的坏话，故而不仅不能说老鼠的不好，反而要叫老鼠为

“老鼠伯伯”以媚之。无独有偶，浙江丽水市遂昌地区称老鼠为“老鼠太公”。山西翼城把元宵节祭祀神用的鼠形面点称为“明眼子”。①

人在与老鼠的长期交锋中发现，老鼠具有惊人的繁殖力以及破坏力，这对人们来说是一个不小的灾难，旧时技术又不发达，尤其广大农村，缺乏除鼠的手段，只能把鼠的能力进一步夸大，通过尊其为保家仙的形式祭鼠祀鼠，祈求老鼠不要祸害自己家宅，久而久之就形成了祭鼠神的民俗。

广为流传的“老鼠嫁女”，这一艺术主题表现在剪纸、年画、舞蹈等民间艺术形式中，成为中国传播最为广远的老鼠求吉避祸的吉祥表征。过去，在民间，“老鼠嫁女”或“老鼠娶亲”的年画很是流行，“老鼠娶亲”又称为“鼠嫁女”“鼠招婿”“鼠纳妇”。桃花坞年画《无底洞老鼠嫁女》，河北武强、福建漳州等地以及王树村引用的新盛元画店的《老鼠嫁女》年画都十分受欢迎。“老鼠嫁女”的年画，还会放置在新婚夫妻的婚房中,或在室内作为装饰画贴出来。在一个“福”字中间套一只老鼠的剪纸作品为“子在福中”，这个作品除了表达祛灾纳吉、欢乐喜庆的寓意外，还有借助繁殖能力强的老鼠，获得添子添丁、生生不息的幸福含义。用蝙蝠、老鼠和牡丹花组合的图案名为“鸿福子时来”，寓意洪福临门、福从天降，也作“平安福气自（子）天来”。而“老鼠嫁女”是各地民俗活动中出现最多也最著名的，且大都在结婚的喜庆日子里或在新春佳节时。这个时间段老鼠繁殖的旺季，这时候送“鼠女出嫁”，就是暗含着驱逐老鼠“自家而出”，利用民间智慧满足求平安、禳鼠灾的诉求。另外，老鼠是十二生肖之首，子时是极阴之时，而腊月到正月，又是万物生长、阴阳交汇、新旧更替的时刻，此时嫁鼠女寓意着除旧布新、送阴迎阳、子孙兴旺与生命

① 据山西《翼城县志》（三十八卷，民国十八年（1929年）铅印本）记载：“元宵节，人家皆蒸面作为鼠形以祀神，谓之‘明眼子’。”（见《中国地方志民俗资料汇编·华北卷》，书目文献出版社1989年版，第656页。）

繁衍。在这段时间里，我国各地举行形式不一的与鼠相关的婚俗活动。腊月二十三是山东地区老鼠嫁女的日子。旧时嫁女叫作“送闺女”“出门子”，“老鼠嫁女”就是要把老鼠嫁出去。据湖北省《江夏县志》（卷八，清同治年（1869 年）刻本）记载，腊月二十四为“小岁”，“是夕，俗谓‘鼠嫁女’。家以面饼、纸花置暗处，云为‘添箱’，不舂不磨，恐惊之则一岁扰人也。”[①] 浙江兰溪流传着一则《老鼠取稻种》的故事，说的是：古时候，鼠为人从天上寻回稻种，人为了报答鼠，约好除夕夜鼠嫁囡时，以佳肴敬鼠。[②] 诸如此类传说，不胜枚举。不仅仅鼠嫁女的活动要喜庆热闹，而且鼠娶亲的时候，民众也要饲鼠、供鼠粮、饷鼠，陕西米脂称此为鼠撒路。台湾人要在鼠洞口撒一些盐和米，江苏人要在喂老鼠饭的时候加上鱼肉，浙江金华人要用拌红糖、炒黄豆的形式供奉鼠。

“老鼠嫁女”，不同地区的人们有不同的解读。有人认为，作为民俗文化事象的“老鼠嫁女”，表达了民众根绝鼠患的愿望，之所以采用“遣嫁”方式，是因对鼠患充满畏惧，于是以提供食物、熄灯禁光等迎合鼠类习性的献媚行为来掩饰真实目的，这是一种在矛盾心态中的趋利避害的选择，是一种通过敬鼠、媚鼠、祭鼠等行为，不露痕迹地完成驱鼠、灭鼠、禳鼠的目的，通过这一仪式或行为，暗含着一种祛灾祈福的愿望。还有人认为“老鼠嫁女”的民俗事象中，隐藏着人们对鼠类旺盛繁殖能力的羡慕和崇拜，无论是“嫁女”日的媚鼠、祀鼠行为，还是“嫁女”题材的年画、剪纸、石雕等工艺品，均有原始巫术的意味，目的是通过某种感应促成农作物的丰收和子孙繁衍。如流行于某些地区的“填仓节”以鼠为“仓神”，可为一证；旧时民间逢嫁女娶妇等喜庆日子，喜用“老鼠嫁女”图案渲染气氛，也是这种

---

① 参见丁世良，赵放：《中国地方志民俗资料汇编·中南卷》，书目文献出版社，1991，第 380 页。

② 参见姜彬：《稻作文化与江南民俗》，上海文艺出版社，1996，第 558 页。

民俗心理的展示。还有的人认为嫁鼠这种行为是岁时节令与禳灾习俗对子鼠母神的信仰的产物。嫁灾在我国由来已久，《方言》曰："自家而出谓之嫁。"所谓嫁鼠、嫁非、嫁灾，无外乎都包含着"自家而出"，把是非、灾祸、鼠虫驱逐出家门的意思。总而言之，"老鼠嫁女"，乃是祛祸纳吉的诉求表达。

六、巳蛇呈祥

蛇，往往和古代神兽龙联系在一起，在生肖属相上，属蛇的人更多地称自己是属小龙的，这是因为蛇的外形和有的带有毒液的特性让人们望而生畏。其实，科学证实蛇类很少主动攻击人类，在民俗中，蛇文化以它特有的意义浸润着民众。

1. 蛇的文化含义

大家一想到蛇，可能会皱一下眉头，一幅幅可怕的画面就会浮现在脑海中。荒野小径中潜伏的毒蛇，深山老林中盘绕的巨蟒，炫目的花纹，斑斓的色彩，骇人的齿舌，阴鸷的眼神，爬行发出的窸窸窣窣声以及吐信示威时的嘶嘶声，这每一幕都会让人头皮发麻，不寒而栗。然而，王勇先生在《中国世界图腾文化》一书中说："中国有尊崇蛇的文化传统。"蛇不是邪恶、恐惧、冷血、有毒的代名词吗？那么，它又怎么能与吉祥有关呢？本节就具体说一说中国对待蛇的态度以及蛇文化，让读者感受一下蛇文化里的美好祥瑞的寓意。

蛇，爬行类动物，有很多种类，有有毒的，有无毒的。主要以青蛙、老鼠等小动物为食，大的蛇也能吞食较大的动物，也曾有过蟒蛇袭击并吞食美洲虎的记载。地支中巳属蛇，十二生肖中称巳蛇。实际上"巳"是蛇的象形。"蛇"在古时还写做"它"，而"虫"则是表蛇卧伏之状。在中国不同地区，对蛇称谓不同，江苏宜兴人称蛇为"苍龙""蛮家"，湖南常德人称之为"老溜"，安徽当涂人称蛇为"家龙"，浙江杭嘉人称之为"天龙""大仙""苍龙"，重庆人称蛇为"老梭""巴颈”“金串子”“乌叽杆”等。

在西方，蛇是邪恶、狠毒、欲望的化身，中国的蛇更接近一种矛盾体，民众会巧借民间智慧化腐朽为神奇，以毒攻毒。为什么中国蛇文化会是这样的？难道现实中中国的蛇真是呆萌可爱的吗？不是的，我们从蛇与人类社会发展的历史中一探究竟吧。在人类发展的最初时期，原始先民多在洞穴或草棚中居住，那时，蛇是人们无法防范的天敌。于是，古代人相见寒暄问候时往往说：“无它（蛇）乎？”可见蛇对国人造成的威胁与恐惧。与此同时，蛇具有许多习性，在蒙昧时期，这些特性都被视为智慧与神秘的表现。诸如无足却疾驰如电，身体柔软却能杀死庞然大物，既可长久不觅食，又能吞食比自身大几倍的猎物，冬季幽潜长眠不醒，生殖能力旺盛。这一切使古人自然而然奉蛇为神物,有的氏族部落还把蛇奉为图腾。三国徐整《五运历年纪》曰：“盘古之君，龙首蛇身。”《文选》王延寿曰：“伏羲鳞身，女娲蛇躯。”可以看到，在上古神话里人类的祖先盘古、女娲、共工、黄帝、伏羲等都被描绘成人面蛇身的神物，这在目前出土的汉画像石上能找到佐证。画像石上，半人半蛇的伏羲、女娲，他们下半身的蛇躯亲密地缠绕在一起。久而久之，人首蛇身成为图腾并派生出众多与蛇有关的神话传说，所以，闻一多先生认为龙起源于蛇，他推断氏族公社时期，以蛇为图腾的氏族先后兼并了许多别的氏族，兼并的同时又吸收了其他氏族图腾的某些元素，于是“以大蛇为主体，兼有马的头、鬣和尾，鹿的角，狗的爪，鱼的鳞和须混合而成的龙图腾出现了”。蛇也在这个过程中，神化为龙或龙的近亲，这也是今天属蛇人常常自称是“属小龙”的历史渊源。蛇还是方位神,北玄武就是由蛇与龟组成。南京有一个玄武湖，武汉长江边有蛇山、龟山。在世代的尊崇中，蛇成为中国众多民族古老信仰之一,在崇敬蛇的民族，蛇不仅是保护神，还是吉祥物和图腾。

2. 蛇的民间俗信

蛇在民间俗信中自有一席之地，有保家保户、招财旺财的寓意。

这种寓意以民俗禁忌的形式规约，以民间仪式的方式传达，以民间俗信的理念强化。在一些地区，最简单的外化行为就是民众不打蛇、不吃蛇、不杀蛇，认为蛇是神灵，伤害了它就相当于触犯了神灵。

蛇，在民间有的地方称之为“柳仙”，旧时是五大保家仙[①]之一或五显财神之一，庇佑一方或一户平安。在东北民间俗信中，它被认为是最容易修炼成精也最常与人打交道的生物之一，并被尊为“仙家”（巫师等则称之为“草仙”）。

沿海地区，渔民称蛇为龙之母。祭拜蛇，已然成为沿海地区一种民间俗信。苏中渔民如若见到蛇在水中游动，马上肃然起敬，他们相信这是蛇向自己显灵，昭示好运来临。如果蛇爬上自己的船，不能惊动，要烧香撒米，让蛇自己游走。苏北地区，湖上渔民崇蛇习俗更甚，看到水中有蛇游走，认为是大王老爷出巡显灵，就要轻轻引蛇上船或用网兜将蛇舀上船，并要立刻摘下渔帽把蛇放入其中，然后双手捧着帽子，把蛇送到当地大王庙的神龛中。还有的把蛇放到衬有红绫的木盘中，罩上玻璃盖，放到香案上，点烛焚香，供奉糖果，唱三天戏，才算把“大王”送走。这是渔民祈求神灵保佑自己出海顺利，多多打鱼。江苏宜兴地区，每年元宵节、二月二、清明节、中秋节、重阳节、冬至、除夕都要祭祀家蛇，这种仪式叫作“请蛮家”。

内陆地区，山西民间同样认为蛇有灵性，是民间俗信中的保护神，不能冒犯，更不能随便称呼它为长虫，应该尊称山神、小龙、神虫、神蛇。人们相信它会影响到人的运道和吉凶。晋南一带民间把蛇当作仙，平时见到蛇要恭敬地送走，或者用泥土盖住，或是引入器皿中放到庙中供奉。春节或清明节，还要在财神像和祖坟前放置一幅盘蛇画像，蛇的口中含着一颗红枣，象征着福禄寿喜，人们点烛焚香，祈求阖家欢乐。在吕梁山区，蛇则被当作财神，碰上蛇，就相当于有财运

① 五大保家仙指的是狐狸（狐仙）、蛇（柳仙）、刺猬（白仙）、黄鼬（黄仙）、老鼠（灰仙）。

将至，是吉兆，还将蛇看作太岁，盖房的时候如果挖出了蛇，马上把蛇放入酒中，称作太岁醉酒，这样蛇就不会发怒，降罪于该户。青海的一些地方，人们以家中有蛇为吉利，绝不可将其杀死，倘若想避开它，可将其挑在长杆上，然后或捉入罐中，或送到山谷中，并求其躲进山洞。在山西、陕西等地，还流行捏“蛇婆婆”的习俗。妇女们用发酵的白面盘成蛇状，将两粒高粱嵌入白面上当作蛇的眼睛，再在蛇嘴里放一枚铜钱。钱为财，蛇为绳，取发财致富之意。山西绛州在清明节这一天，民众要做蛇盘馍用于上坟祭祖，之后要让孩子把馍上的蛇头咬掉，意为“灭毒头，免灾祸”。

陕西黄陵县还有捏“蛇盘两颗蛋”的习俗，当地还流传着关于这一习俗来历的故事：从前，有一个很贤惠的媳妇，在田野里救了一条受伤的小花蛇，便带回家养到粮仓里，没过多久，小花蛇的伤好了，为了报答她的救命之恩，生下两颗蛋就消失了。这两颗蛋孵出两条小蛇后，发生了奇迹，粮仓里的粮食总是吃不完，老是满满的，这引起了她公爹的怀疑。他查看粮仓，发现仓内有两条小花蛇，便不由分说地把两条小花蛇打死了。没想到他家从此一天天衰败下来，最后变得一无所有。此后黄陵人再也不敢打蛇，人们把小花蛇视为家神和财神，为了祈求它保佑，每年填仓节和重阳节庆丰收时，便用面捏成“蛇盘两颗蛋”馍，作为吉祥物放在粮仓里，传说蛇守在米仓边上，米就会溢出，取之不尽。

关于蛇的民间禁忌，从一定意义上反映了蛇在民间的重要地位。有的地方不能直呼蛇，更不能称长虫，而代之以蛮家、大仙、苍龙、祖宗蛇、天龙等；许多地方忌说“蛇无脚”，害怕蛇真的长出脚来追人；闽南一带忌讳见到蛇交配，若是有人在路边看见几条蛇绞在一起，往往赶紧揪掉身上一个纽扣丢去，表示忏悔，然后走开，当作什么也没看见；有的地方认为，见到蛇跌落掉地或蛇出洞是不吉利的，有“男怕跌蛇，女怕跌鼠”之说；忌见蛇蜕皮，民间有“看见蛇蜕皮，不死脱层皮”的说法。

不仅仅民众平时以各种形式祭拜蛇，有的地方还有蛇王节，建造蛇王庙。关于蛇王，地域不同，说法不一。在福建省南平市樟湖镇，流传着这样的蛇王传说：蛇王姓连，原是一条大蟒蛇。经过修炼，在古田的再见岭得道成仙，荫庇一方。某年樟湖地区发生可怕的大规模霍乱，死了很多乡民，后来当地人向蛇王求助。次日，一条大蟒蛇出现在樟湖天空，口吐火焰，驱除了瘟疫。乡民得救后，建造庙宇奉其为菩萨，还将每年农历七月初七作为蛇王节。

除了蛇的"神性"带给民众吉祥，蛇也有世俗意味的吉祥寓意，上面讲到蛇盘馍、蛇盘米，似乎凡是蛇盘的事物都能带来好运。而说起"蛇盘"最常听见的就是民间俗谚"蛇盘兔，代代富"了，有人猜测这是因为古时候蛇图腾部族与兔图腾部族联姻，双方因此富裕起来。也有人推想，蛇生肖的人与兔生肖的人一起生活，婚姻美满。但不管如何解释，民间认为蛇与兔相盘，寓吉瑞，于是，就有蛇盘兔的剪纸和图案，表达着人们对幸福、富裕生活的向往。

3. 蛇的佳话传久远

中国流传有不少与蛇有关的神话、传说、故事等。

神怪小说集《搜神记》记载，东汉学者窦武出生时，他的母亲产下了一条蛇，家人将蛇送到林中。若干年后，窦武母亲去世，一条大蛇自草丛中出，以头叩窦母灵柩，涕血皆流，像人一样哀泣。蛇通人性,知恩报恩,时人认为这是窦氏之祥兆,后来窦武果然干出一番事业。同书记载,隋地的一个诸侯国君出行,途径河滩边,看到一条小蛇受伤,其状十分痛苦，隋侯十分怜悯它，就用马鞭把它拨入水中。后来，蛇衔珠来报，蛇珠能夜里发光，价值连城。后人遂以"握隋侯之珠"形容人有卓越的才能。

在少数民族故事中，蛇常化身为男性形象。如苗族有"蛇郎和阿銮"的传说，傣族有"四脚蛇阿銮"的故事，傈僳族有"大姐和三姐"的故事，土家族有"龙郎和秋娥"的故事，在这些故事中，蛇郎都是青春、力量与奋斗的象征。

汉族也有关于蛇的民间故事，不过，中国最有名的蛇仙，还要数《白蛇传》中的白娘子。《白蛇传》是“中国四大传说”之一，它的故事在民间不断流传，被各种地方戏曲演绎，历久不衰。

《白蛇传》讲述了白蛇幻化成的白娘子和凡人许仙的爱情故事，白娘子虽非人类，却温柔端庄、典雅恬静，又法力高强，宅心仁厚，几乎是完美的化身。她为爱情奋不顾身、甘心受难的牺牲精神，千百年来令无数人扼腕叹息、感慨不已。

蛇在中国文化中能获得如此崇高地位与认同，与其说蛇依附于龙，倒不如说龙依附于蛇更为真切。因为，龙是华夏民族想象中的虚拟之物，而蛇却是自然界真实存在的，而龙的许多特点，都是以蛇为依据幻化出来的。虽蛇也有负面形象，但巳蛇更多的是正面象征意义。综上所述，蛇的吉祥寓意主要有三个方面：一是幸运、吉祥和神圣；二是爱情和幸福；三是长寿、生殖和财富。

第四章　远方的祥瑞

这章讲到的动物因为生活习性、生理特点，它们或生活在山林，或生活在草原，或生活在荒漠，有的还是来自异域，总之离我们生活的地方很远。但是民众通过丰富的想象力以及求吉避祸的潜意识把许多来自远方的或凶猛、或神秘、或庞大的动物转换为祥和象征。这就是吉祥文化的魅力，能让我们生活中“缺陷”，附加上“吉祥符号”并通过“禳解”习俗，实现“化险为夷”。

一、狮子扬眉

1. 异域动物的本土化

狮子是吉祥的象征。《本草》有云：“狮为百兽长，故谓之狮（师）”。古字中“师”同“狮”。《全唐文·狮赋》曰：“钩爪锯牙，藏锋蓄锐，弭耳宛足，伺间借势……嗔目电曜，发声雷响。拉虎吞貔，裂犀分象。”狮子昂首怒目，巨口大张，仰天怒吼，好不威风。这异域凶猛的“殊方异物”是如何被崇尚仁和的中国人变为本土瑞兽，运用于求吉避害的方方面面的？

狮子属哺乳纲猫科，其雄性体形矫健，头大脸阔，颈项有鬣毛，姿态甚是威猛。它原产在非洲、印度、南美等地。公元前140年，汉武帝刘彻继位，后派张骞出使西域，打通了中国通往西域的道路，狮子才得以进入中国。《后汉书·章帝纪》（卷三）载：“月氏国遣使献扶拔、师子。”三国孟康在《汉书·西域传》中的说：“师子似虎，正黄有髯耏，尾端茸毛大如斗”，《后汉书·班梁列传》记载：“月氏尝助汉击车师有功，是岁，贡奉珍宝、符拔、师子，因求汉公主。”又《后汉书·西域传》记载："（安息）遣使献师子、符拔。符拔形似麟而无角"。是说远在西亚的安息国（今伊朗高原，两河流域）派使臣给当时的汉章帝刘炟送来罕见的礼品：狮子和符拔（一种形似麟而无角的动物）。这在当时的国都洛阳引起了不小的轰动。自汉代直至明清的史书上多有有关南亚、西域及非洲诸国向中国朝廷进献狮子的记载。东汉时期，狮子在民间被认为是显圣的神兽，具有禳灾避邪等神异功能。据《益州名画录》记载：

> 蒲延昌者，师训养子也。笔力遒健，甚得师法。广政中进画，授翰林待诏，赐绯鱼袋。时福感寺礼塔院僧摹写宋展子虔狮子于壁。延昌一见，曰："但得其样，未得其笔尔。"遂画狮子一图，献通进王昭远。公有嬖妾患店，是夕悬于卧内，其疾顿减。王公召而问其神异。延昌云："宋展氏子虔于金陵延祚寺佛殿之内画此二狮子，患人因坐壁下，或有愈者。梁昭明太子偶患风恙，御医无减，吴兴太守张僧繇模此二狮子，密悬寝堂之内，应夕而愈。故题曰"辟邪"，有此神验久矣。"

张僧繇是南朝梁武帝时的著名画家，据传他画的"二狮子"具有祛邪驱魔的神奇作用、利物利人的祥瑞功效。至今流传于世的一尊六朝辟邪狮，高18厘米，宽22厘米。它双目圆瞪，威风凛凛，浑身散发着威力和灵气。可见六朝的狮子造型已蕴含驱除邪恶的灵兽意蕴。由此看来，在我国南朝时，狮子已被赋予了祛灾辟邪的灵性，被人们当作灵物崇拜。唐宋时期直到明清，狮子文化慢慢与社会文化融合，趋向世俗化，狮形逐渐中国化，狮子愈发往祥瑞的动物转向。宋代，狮子吊红缨，挂铃铛，既有了祥和的面貌，又不失威武的气派。这种双重形象契合了中国民众最理想的瑞兽形象——镇邪又祥瑞，威猛而仁慈，因此狮子作为瑞兽顺理成章。北宋时期，汴梁地区的人们有冬日塑雪狮的习俗。《东京梦华录》记载："豪贵之家遇雪即开筵，塑雪狮，装雪灯雪□，以会亲旧。"用瑞雪堆狮子的方式，寓吉祥之意。从此，作为“瑞兽”的狮子造型随处可见，祥瑞注入在狮子的奕奕英姿中，从寺庙到衙署，从宫门到宅门，从器物到饰品，狮子处处可见。清朝康熙二十八年（1689 年），康熙为五台山殊像寺的文殊菩萨像和坐骑狻猊（狮子）题匾，题词为“瑞相天然”。这一时期，狮子“祥瑞之兽”的形象得到了官方最高统治者的认可，瑞兽地位达到最高峰。

梳理狮相演变过程，主要分为三个阶段：神异化——写实化——世俗化。在从写实化转向世俗化的过程中，中国狮相基本形成，而至明清时最终定型。狮子也由异物——神兽——灵兽——瑞兽这一演化，最终确立了地位。从这里看出，狮子这远道而来的客人开始走入中国人的民俗生活。它不仅受到礼遇，而且国人对它厚爱有加，尊称其为“瑞兽”，将其抬到了与老虎不相上下的地位。这里要说明，中国人喜欢的狮子不是真狮。在中国人眼中，狮子是被人民寄予荫庇、愿望、赐福等精神文化与神秘力量的象征物。人们推崇和喜爱的狮子不是聚焦于现实中的真狮子，而是一种充满着浓郁民族特色的“文化之狮”。真狮“无用而伤财”，所以贡狮在中国是命运多舛的，远运而至，结果或被囚禁，或被遣返。比如，北魏孝明帝时期，波斯曾赠给一头狮子，六年过后，狮子就被遣还回波斯，可见真狮在中国古代不受人们青睐。但十分有趣的是，在上至宫廷下至百姓之家，却处处能看到狮子的身影：拴马桩狮、压绷狮、石敢当狮、屋脊狮、倒挂狮、狮子鞋、狮子锁、香炉狮、护桥狮、镇宅狮、狮子帽、狮子灯、柱础狮……这一现象表明了，中国人喜欢的不是狰狞凶猛的真狮，而是经过中国化改造的理想型狮子——中国狮，即中华民族利用想象力与民族心理共同打造的文化之狮。

狮子成为中国人最崇尚、最喜爱的外来动物之一，成了国人的标志，甚至在国外，中国狮成了唐人街华人聚居区的标志。狮的祥瑞文化体现在我国各个领域。比如，在我国佛教圣地五台山的许多寺庙，都供奉着骑狮子的文殊菩萨像。传说这位专司人间智慧的文殊菩萨是骑着狮子首先来到五台山显灵说法的，五台山也就成了文殊菩萨说法的道场。汉唐时，帝王陵墓、贵胄坟茔前开始出现石狮的踪迹，作为神道上的神兽，它与石羊、石马等石像排放在一起，用以辟邪，使人产生敬畏的心理。福建金门民居山墙上狮形的鹅头坠与门楣上的剑狮兽牌等，都具有趋吉避祸的功用，是狮子吉瑞的广泛应用之一。

民间艺术家在狮的造型艺术（雕刻、剪纸、绘画等艺术）中往往依据口耳相传的故事与传说，加上自己的智慧与想象而创造出许多活灵活现、独具中国特色的狮子的吉祥图案。比如，由于“狮”和“事”二字谐音，因此，民众会把“狮”和“瓶”组合，就象征着“事事平安”；“狮”和“带”组合就象征了“好事不断”；如果两头狮子放在一起，就是“事事如意”的美好祝愿；青狮加白象，象征如意吉祥。随着朝代的更迭，狮子的人情味日益浓厚，人狮日趋“和谐”。从唐宋到晚清，家喻户晓的“狮子戏绣球”图，可谓是人狮和谐的艺术表现。这种和谐不仅仅指人与狮子的和谐，还通过雄狮、母狮和幼狮和睦温馨的家族生活图，体现了中国“家本位”的思想。

白釉瓷狮

瓷狮子

石桥狮子

石狮

狮在中国民间是一个民俗色彩浓厚的吉祥的艺术符号，今天艺术化后的狮子虽然怒视鬣张，爪牙森森，却没有了嗜血伤人的恶性，脖子上还套上一个皮项圈，系上铜铃铛，十分招人喜爱。当下，狮子成为我国许多体育盛会或体育代表队的吉祥物。如第八届中国中学生运动会的吉祥物为狮子“灵灵”,九运会的吉祥物“威威”也是一只狮子，2002 年中国遵义青少年杂技节、名酒节、旅游节暨经贸洽谈会把狮子“飞飞”作为吉祥物。

狮子的祥瑞在中国民间艺术的现实土壤中自由发展，经历了长时间的消融与磨合，狮子已经脱离了那种扑击搏噬、桀骜不驯的凶残野兽形象，成为融入求吉避祸心理的吉祥表征物，以人们喜闻乐见的艺术造型出现。下文将说到的狮子在中国吉祥文化中的两种主要表征形式：石狮和舞狮。

2. 静守安详的石狮子

石狮，有着悠久的历史。辑录元代地方风俗的《析津志辑佚·风俗》对石狮看门习俗有着明确的记载：“都中显宦税硕之家，解库门首，多以生铁铸狮子。左右门外连座，或以白石凿成，亦如上放顿。”这是关于我国看门石狮最早的也是最详实地记录。

以石雕狮子看门，镇门守户，赐福辟邪，是中华民族传承风俗。这个传统凝聚着历代中国人求吉避祸的意愿，求安求财的企盼以及审美创造力。人们用精湛的工艺将石材雕刻成石狮，或用金属铸成铁狮、铜狮，抑或用木制成木狮（为了便于叙述，如果不作特别说明，皆用石狮代指金属狮、铁狮、铜狮等不同材质的狮子）。清代李斗在《扬州画舫录》（卷十七）记载：“狮子分头、脸、身、腿、牙、胯、绣带、铃铛、旋螺纹、滚凿绣珠、出凿崽子。”从中可了解狮子的大致造型。不过在当下，地域不同，石狮的造型亦不同，形制风格也不同，南方石狮较为娇柔繁缛，北方石狮刚劲雄伟。石狮功能亦有不同，有的消灾辟邪，震慑四方，有的祈福祈寿，求安求财。由于狮本身具有威严雄健的形态特征，又经过历代文人赞狮的诗赋描述，誉其“威服百兽”或称其“金精之刚”，进而将狮子演绎成具有免灾、辟邪、除恶、祛灾功用，用以保平安、守卫门户的瑞兽。中国历代王朝将石狮、铜狮、镏金狮，安置在要塞、宫廷、庙宇、官府、大门口两侧，壮观雄伟。而当下，石狮出现在我国各地，公园、庙宇、饭店、商店、银行乃至民居公寓的门前。

石狮子以不同的样貌在不同的时期发挥着不同的功用，具体表现为：

第一，威震四方，震慑邪佞，祛灾迎祥，预卜吉凶，保卫平安。作为避邪镇宅之物，或作为彰显权贵与威严的象征，古代在宫殿、王府、衙署、宅邸多用石狮子守门，以显示主人的权势和尊贵。这时候的石狮子与后来民宅大院守卫大门的石狮子有着明显不同，这时石狮子下面没有高大的石头台座。这时候狮子还没有进入民间老百姓生活，在形制上依然保留着汉唐古石狮遗风。那么，石狮子何时走入民间，成为守卫大门的神兽呢？这种习俗大约最早形成于唐宋之后。据程张先生在《元代石狮趣谈》（见《文史知识》1998 年第 9 期）一文中考证：唐朝京城的居民多居住于“坊”中，坊是一种由政府划定的有坊门与围墙的住宅区，方便防盗防火。其坊门多制成牌楼式，上面写着坊名。在每根坊柱的柱脚上都夹放着一对大石块，以抗震防风。工匠们在大石块上雕刻出狮子、麒麟等动物图案，既美观大方又取其招瑞纳福的吉祥寓意，这是用石狮子来护卫大门的雏形。宋元以来，坊逐渐退出历史舞台，一些有钱人家为了显示自家的财力与气势，就把原来坊门的样式进行简化，改造成门楼，并延续原来坊门所用的夹柱石，将石狮等瑞兽雕刻在柱石上，此风被保留下来相沿成习，从那时起石狮也渐渐开始从旧时王谢

东阿镇石狮

沈阳故宫前的石狮子

堂前，落脚于寻常百姓家了。可以认定，元代是我国看门石狮由宫廷走向民间的肇始。我们看到的看门石狮多蹲在一块大石雕成的台座上，这明显是原来的夹柱石的遗风。震慑邪祟方面，古人认为石狮子可以驱魔避邪，所以最早用之镇守陵墓。这种人们心目中的灵兽，也被称作“避邪”。在人们的民俗生活中，石狮子不仅用来守卫大门，还有镇宅、辟邪和保护村寨的功能。所以，用石狮子来把守大门以避凶纳吉，抵御那些妖魔鬼怪之类带给人们的侵害，表现了人们祈求平安的心理。除了用大型石狮子来驱邪避祸，屋顶上的武士骑狮雕塑、楣上的狮牌等，以及各种与狮子相关的墙画，都体现出了民众对狮子辟邪镇凶的应用。除此之外，人们还制作狮子护身符以庇佑家人事事平安，还有的把狮子图案绣在小孩的衣物上，祈愿孩子像狮子一样茁壮健康。预卜吉凶方面，在民俗传说中，狮子还有预卜灾害的功能。学者钟敬文说：“我以为现在汉族流行的这种类型的神话，部分记录中石狮子及其预告灾难等情节，是从较早时代地陷传说中的石龟角色及其作用所蜕变而成

桓台万狮博物馆的对狮

的。”[①]传说如遇有洪水泛滥或陆地沉没等自然灾害，石狮子的眼睛就会变成红色或流血，这是征兆灾害就要来临了，据此，人们可以应急避难。在这里，石狮子俨然成了灾难的预言家。

第二，石狮有祈福祈寿，求财求安，求吉纳祥的寓意。中国人历来把石狮子视为吉祥之物。《法苑珠林》载："先是沙门宝澄，隋初于普济寺创营大像……不卒此愿，而澄早逝。乡邑耆艾请积继之……初积受请之夕，寝梦崖傍，见二师子于大像侧连吐明珠，相续不绝。既觉，惟曰："'狩王自在，则表法流无滞；宝珠自涌，又喻财施不穷。'" 在中国众多的园林名胜中，各种造型的石狮子随处可见。古代的官衙庙堂、豪门巨宅大门前，都摆放一对石狮子用以镇宅护家。在我国宝岛台湾新北市三峡区，有一座兴建于 1769 年的三峡祖师庙。该寺庙以木、石、铜等材料的雕刻艺术作品而闻名，其中值得称道的有石狮、铜狮和木狮。在该地区，民众相信如果用手抚摸庙殿里的铜狮头部、耳朵、尾巴，会给人带来好运，这使得庙里的这座铜狮被来往民众摸得光光亮亮。闽南俗语为这种行为丰富了寓意："摸狮头能出头，摸狮尾剩家伙，摸狮耳吃百二，" 另外，在前殿三川门前有一对狮子，狮头左右耳朵明显突出，两颊和下颌有夸张的须纹，被人们称为"献钱狮"。[②]在陕北绥德，石

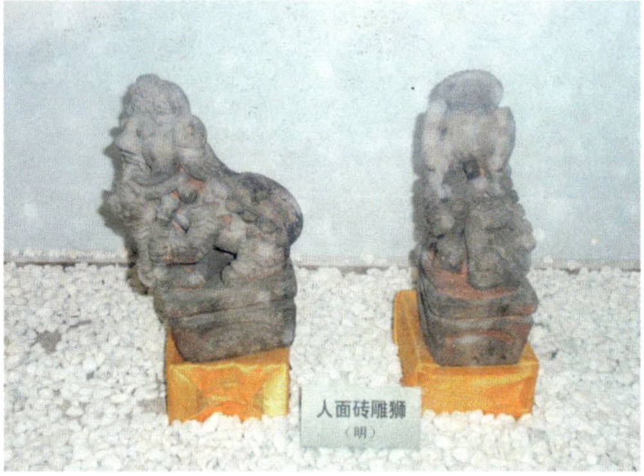

人面砖雕狮

① 钟敬文：《从石龟到石狮子》，《民间文学论坛》，1991（2）。
② 参见周国正，杨广涛，马逸清：《浅谈中国狮文化》，《野生动物》，2005（4）。

狮文化内涵也是相当丰富，与狮子有关的一举一动仿若都浸透了祥瑞：人们在屋檐、门楣、门墩等处雕刻狮子来辟邪镇宅；把石狮饰件放在桌上，则是祈求滚滚财源；用长不足尺的石狮来拴小孩，又有禳灾祈福的意味。明清以后的石狮子中的雄狮多在脚子下面踏着一个“绣球”，雌狮脚下往往还踩着一个幼狮。民间也有狮子滚绣球的绘画和图案，这都表示娱乐升平和人间爱恋的象征意义，体现了人们太平祥和的美好愿望。直到现代，这种安放石狮子镇宅护院的遗风不泯。按照中国的传统习俗，成对的石狮左雄右雌。雄狮踞左，足下常踏着绣球，谓之“狮子滚绣球”，蕴意荣华富贵；雌狮踞右，身畔雕有天真狎昵的小幼狮，俗称“太狮少狮”，这与“太师、少师”（古官职）契合，取师与狮的谐音，意为官运亨通，吉祥如意。人们可以从狮子脚下的东西来辨别雄雌：如果脚下为球，象征着统一寰宇和无上权力，必为雄狮。脚下踩着幼狮，象征着子孙绵延，是雌狮。这些文化现象都反映出民众把狮子作为想象中的一种吉祥动物而加以崇尚，祈愿获得祥瑞的心理。

第三，艺术装饰。石狮子还是古代建筑物不可缺少的装饰品。比如，北京卢沟桥的东端就用两只大石狮镇守栏杆，不仅桥两头华表柱头上刻有石狮子，有的石狮子身上还藏着几只小狮子。这些石狮有雄有雌，有大有小，神情活灵活现，穷极工妙，不但数目众多，而且隐现无常，所以有“卢沟桥的狮子数不清”一说。福建

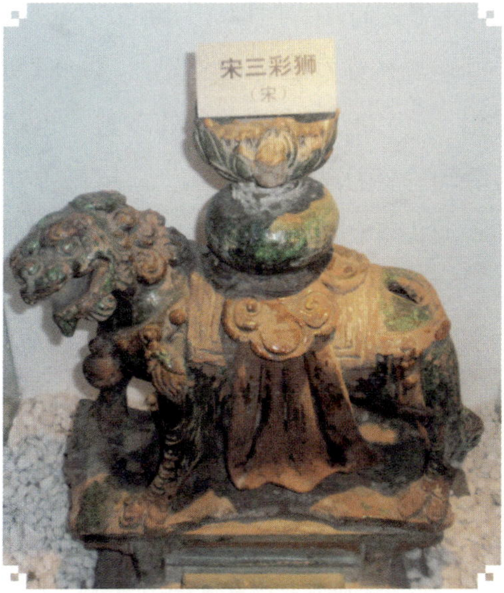

桓台万狮博物馆的三彩狮

省晋江市安海镇镇北制高处耸立着一组古建筑——霁云殿，殿内现存的石狮、柱础、石鼓为宋、明物件。霁云殿筑于5米高台之上，殿前立有明代辉绿岩石狮一对，底座高0.6米，狮子高1.2米，设有莲花宝盒一座，双狮斜仰立于座上，围护着宝盒，仰立的母狮抱着小狮嬉戏，雄狮捧着绣球，这对石狮威武古朴，造型奇特，保存完好。这就是闽南地区现存最早的辟邪镇煞的风狮爷。

3. 舞动喜乐：舞狮

中国舞狮，又名"耍狮子""狮子舞"。它是最能体现中国民间文化特色的体育活动。不同于石狮，它是舞动着的祥瑞。舞狮最初是西域进贡时的一种舞蹈，后来慢慢传入中国民间，深受老百姓的喜爱。中国舞狮习俗最早来自"象人"。何谓"象人"？孟康注《汉书·礼乐志》对"象人"进行了解释："象人，若今戏虾、鱼、师子者也"。通俗地说，"象人"即扮演成虾、鱼、狮子，进行乐舞百戏演出的表演者。我国南北朝时期，舞狮习俗在融合了百戏的基础上有了进一步的发展，积淀了深厚的民间基础，也在这一时期，因为南北政权历史背景差异使得南北舞狮习俗出现了差异。等到了唐朝，舞狮民俗已经完全融合了中国传统文化，比如《太平乐》虽属龟兹音乐，但取中国五方、五行、五色的名，其舞蹈名为五方狮子舞，表达如意吉祥的意思。这一时期舞狮民俗表演技术层面趋向专业化，开始有了技艺分科的现象，也就是在这一时期，舞狮中最重要的活动——社火开始出现。白居易曾在《西凉伎》诗中描述舞狮子："刻木为头丝作尾，金镀眼睛银帖齿。奋迅毛衣摆双耳，如从流沙来万里。"这首诗对狮舞的欢腾场面进行了生动描写。这种生动活泼的狮舞就文化内涵而言必然为一种吉祥舞，它是人们用来进行祈丰、祈福的一种艺术表现形式。人们希冀借助狮子"百兽之王"的神威来辟邪驱魔，保佑岁岁平安，所以每逢盛大节日时都会乐此不疲地通过舞狮来完成祈福。因此，唐代以降，狮子逐渐变成人们禳灾纳福的重要载体，成为祥瑞的象征。

明清时期的舞狮与我们今天的舞狮已极为相似了。这一时期，南北方舞狮的差异变得越来越明显，北方开始出现太狮、少狮，其表演和形象形似真实的狮子，逼真生动，《京都风俗志》曾描述如下："太少狮以一个举狮头在前，一人在后为狮尾，上遮阔布、彩色绒线，如狮背皮毛状，二人套彩裤作狮腿，前直立，后伛偻；舞动如生，有滚球、戏水等名目。"南方舞狮民俗主要把杂技、舞蹈和武术等融为一体，内容丰富多彩，表演技术精湛，颇具风采。

关于舞狮除了历史文献记载，还有一些民间传说丰满了舞狮的吉瑞之说：相传明代初年，广东佛山出现一种怪兽，每逢新旧岁之交，怪兽残害人畜。后来，有人建议用舞狮来吓唬怪兽，这一方法果然奏效，那怪兽逃之夭夭。当地百姓认为狮子有驱邪镇妖之功，有吉祥之兆，所以以后逢年过节便敲锣打鼓，舞狮助兴。

舞狮是一个喜庆的表演。狮子也是人们心目中为瑞兽，代表着如意吉祥，舞狮也承载着人们消灾除害的美好意愿。当下舞狮形式多种多样，大致分为北狮和南狮两种。北狮以北京、河北沧州为代表，南狮则以佛山为代表，并辐射番禺、广州、香港、顺德、澳门，国外的华人社区所舞的狮子大都以南狮为主。南狮凶猛矫健，而且表演技巧精湛；北狮多可爱娇憨，以玩耍嬉戏为主。南、北狮的制作方法也不同，造型种类繁多。

民间狮舞中的狮子是一个吉祥的精灵。舞狮队伍一定要从场地左边进入，在左面进行舞狮，这样寓意是龙腾狮跃，所有舞狮队伍都忌从右边进入。进入场地之前舞狮队要走丁字步还要敲锣打鼓，这样是寓意这里子能够人丁兴旺。四川西充、德阳等地，民众利用舞狮这一仪式完成祝吉、贺喜、祈祷和驱疾的表达。四川开县镇海狮灯班有这样的唱词："神狮要得喜盈盈，我有十保送主人。一保庄稼多茂盛，二保人心得太平，三保生意财涌进，四保读书中头名，五保弟兄多和顺，六保老人体康宁，七保功名是一等，八保做事样样成，九保百事都如意，十保今年翻大身。”这里，狮子成了全能的吉祥瑞兽。[①]

中国狮文化在世界狮文化中独树一帜，经过历史的发展、民众的附会与社会的选择，中国狮俨然成为当下中华威严和吉祥的象征。

二、神虎镇邪

老虎，中华传统的十二生肖之一，人们将虎尊奉为“虎爷”。《说文·虎部》曰：“虎，山兽之君。”虎，与其额头上“王”字相应，是兽中之王、镇山之主。虽身在山林却被文化的纽带联系着人类的感觉、情愫、理智、意趣、品位。在悠悠的历史长河中，民众演绎出与虎相关的文化，整合与凝聚出有关虎的意味隽永、亘古绵长、生生不息的祥瑞情结。虎文化历史延续数千年而经久不衰，且虎形象的叙事演义也散见于诗歌、绘画、雕塑、小说、戏曲、民间传说、神话故事、儿歌民谚等诸多传统文化的审美苑囿，并成为中华文明不可或缺的组成基因，蕴藉着隽永的生命意义。

1. 漫话虎文化

现实中，全世界的虎可分成东北虎、印度虎、中亚虎、苏门虎、爪哇虎、华南虎、巴里虎和里海虎等亚种。我国的东北虎（即西伯利亚虎）可谓是其中的佼佼者，它黑章黄质，斑斓健美，锯牙钩爪，体态庞大，吼声如雷，百兽震恐，所向无敌。现实中老虎乃山林猛兽，镇山之王，而在中华民族传统文化之中，它不仅是百兽之王、古代图腾崇拜物，还是威武雄强、勇猛精进、肃杀霸气的象征，更是生命与激情的象征，阳刚与祥瑞的符号。

虎文化由远及近来到我们身边，这种远一是猛兽与百姓在地理空间上的远，一是虎文化历史追溯深远。我国民众对待老虎的态度

① 参见张紫晨：《民俗调查与研究》，河北人民出版社，1998，第229-243页。

淮阳布老虎

分为崇虎阶段、爱虎阶段、保虎阶段。虎文化概括着远古虎图腾崇拜以及搏虎、德虎、崇虎、颂虎、祠虎、画虎、书虎的传统赓续。人类早期社会为崇虎阶段，主要表现为图腾崇拜与远古自然崇拜，至少有八九千年历史了，可谓是与初民原始文化并时而存。那时，人们因为狩猎以及获取大自然中物质的过程异常艰辛，产生了对山林的崇拜和敬仰。《周易·乾卦文》记曰："云从龙，风从虎。"喻示着龙飞于天而虎行于地，故而龙虎交合就成为强盛、雄伟、威猛的生命象征，二者继而演变为世人争相崇拜、畏惧、信奉的对象。虎作为一种积极的象征意义，被封为山神，自然就成了原始时期人们心目中的保护神，可以阻挡任何灾难。因为畏惧老虎进而敬拜老虎，这基本上属于人类对自然的无奈之举。在无力征服自然的时候，人类试图从精神上获得强大的慰藉，这种心理的暗示行为从对龙、对熊、对蝙蝠、对蟾蜍种种"恶"或"丑"的动物的崇拜中都可以看到，成为民间求取生存的智慧。所谓惹不起就供起来以获得内心的平安。到了爱虎阶段，我们发现龙成为皇家贵族的"宠物"后，虎流落到民间，而民间此时似乎已经具备了足够的能力去接近和亲近老虎。他们通过做布老虎方式表达对虎的亲近和喜欢。虎的形象被戴在小孩头上，穿在小孩身上，踏在小孩脚下，枕在小孩头下。正是民间敢将虎的凶猛化为温柔，才让老虎显得威猛不是而憨态有余，从过去神坛上的祭拜，演变到孩子的玩具。老虎地位似乎有了变化，但它仍旧是人类的保护神，只不过更加人性化了。当今，民间关于虎的风俗正在不断消失，作为活化石的布老虎制作工艺也在随着城市化的发展被淡忘，和古老的风俗一起消失。为此，保护布老虎制作工艺，对布老虎相关的风俗进行追根溯源刻不容缓。

从老虎诸多的别名中，就足以看出华夏民众对老虎的喜爱程度了。诸如早期华夏先祖视它为山君、圣兽、百兽之王、镇山之神等，随着历史演进，老虎出现各种称谓：寅客、斑子、乌菟、李耳、都伯、戾虫、大虫、黄猛、掩子、黄斑、神狗以及皮毛浅色的戏猫、五彩图案的驺吾、额长有角的委虎、长尾拖曳的尤耳、身有双翼的穷奇虎、九尾人面的开明虎、下腹青色的离离等。老虎威风凛凛，多元化形象自古以来就被民众用来喻示雄健、勇敢和坚强。老虎凭借其巨大的身型，威猛剽悍的性情，无穷的力量，雷鸣般的吼声，使百兽震恐，因此古人常以虎来比喻势力强大的人与物，或者做勇武威猛的象征，诸如虎士、虎贲、虎将、虎臣、虎师、虎步、虎威、燕颔虎须、鹰扬虎视等。另外，与虎有关的神器，诸如虎戟，是勇士展示虎威的利器；虎彝，为祭祖祀神之器；虎节，是出使的信符；虎贲，是古代勇士的誉美之称；虎帐，是将军的营帐；虎符，是兵权的标志；虎旗，为威武之师的前导。就连文事也涉虎名，如国子学别称虎门、虎闱、虎馆，进士榜又称龙虎榜。商周时流行虎头纹饰、虎玉佩，汉代以黑虎镇邪御鬼达到祈祥的目的，诸如此类，不胜枚举。以上与虎有关的表征物彰显气势非凡的虎文化。虎文化是指民众赋予老虎人文的概念。因为老虎素有百兽之王的美誉，我国民间一直把老虎当作勇气与胆魄的象征，同时，也把老虎作为吉祥动物看待与尊崇。虽然胆魄与勇气不能直接作为吉祥文化，但我们从老虎的吉祥寓意中能隐约感受到其胆魄与勇气附会在吉祥文化之中，比如老虎的形象佩饰，喻示佩戴者也像老虎一样虎虎生风，虎头虎脑。下面详述老虎的祥瑞象征在镇邪、喻吉、招财方面的体现。

其一，镇邪。古人认为老虎具有神力，并有镇邪的能力，认为它是神仙的坐骑，而这又直接来源于崇虎的习俗。早在汉代就开始以除夕之夜在门上画虎的形式来驱逐鬼魅、期盼祥瑞与祝福安康。东汉应劭《风俗通义·祀典》："虎者，阳物，百兽之长也，能执搏挫锐，噬

胶州布老虎

食鬼魅。今人卒得恶悟，烧虎皮饮之，系其爪，亦能避恶。”大意为老虎能噬鬼并且采用虎作为驱鬼辟邪的工具，在门板上绘制老虎的图案，饮老虎皮的灰烬，或挂系虎爪在身上，用来御凶。又据王充《论衡·解除篇》曰："龙、虎猛神，天之正鬼也，飞尸流凶安敢妄集？犹主人猛勇，奸客不敢窥也。”这都说明老虎是神威勇猛的有灵性动物，民众通过想象与艺术夸张赋予老虎超自然的本领。人们崇拜它，希望通过它驱祟避恶，继而迎祥纳福。自古以来，有“画虎于门”的习俗，即以虎为门神，许多家里会张贴虎画或供奉虎，用于避邪镇宅保平安。《风俗通义·祀典》记载："于是县官常以腊除夕，饰桃人，垂苇茭，画虎于门，皆追效于前事，冀以御凶也。”现今，山东民间依然喜欢制作“镇宅神虎”年画，贴挂在房屋的正厅内或大门上。有道是“神虎下高山，降魔到人间，善家买了去，四季保平安”，百姓认为以虎为题的年画可以避邪灭灾，求得人畜两旺，一年平安，风调雨顺。人们还在房屋建筑、构件装饰中大量运用虎形象，如在屋脊房屋上装饰与虎相关的兽形瓦件，在两扇门环处安装虎头辅首，御凶驱邪，保佑户主人安家兴。器皿上也会雕绘虎头图案。此外，在屋中放置布老虎、摆设虎像、贴挂虎字虎画，给小孩戴虎头帽，穿虎头鞋，枕虎枕，及在枕边放置虎布偶等习俗，都是长辈殷切希望儿孙们健康成长、平平安安，借助虎的超自然力量来驱赶毒害，祈福祛灾的心理的反映。神虎保安镇邪的寓意深入中国民间，以各式各样的形制出现，如寺庙的虎壁虎堵、虎型石敢当、辟邪虎头像、虎碑、虎令符，虎成为百姓最亲近贴心的保护神，抵挡厄运与灾祸，成为中国人心目中的“超级英雄”。

临沂布老虎

其二，喻吉。在古人生活中，老虎出现的年代和地方意味着祥瑞,代表着一种德育,一种“仁而善”的信息，所以在屈原的名篇《离骚》中就盛赞老虎为吉瑞之物曰：“帝高阳之苗裔兮，朕皇考曰伯庸。摄提贞于孟陬兮，惟庚寅吾以降。”高阳是昌意的儿子，是黄帝的孙子，同属于虎图腾的古羌戎。摄提，意思为虎年。东汉王逸《楚辞章句》注解：“太岁在寅曰摄提格”，即寅年（虎年）。孟陬,《章句》有注：“孟，始也。正月为陬。”就是一年中的正月，按照夏历来算，也是寅月，又称虎月。庚寅,《章句》再解：“日也。”因此,《离骚》中的这一段屈原要表达的是自己是虎族的子孙，又出生在虎年虎月虎日，此乃大吉大利。学者郭沫若推算，此日为楚宣王三十年（公元前340年）正月七日。可以看出来虎作为吉祥物源远流长。有的地方择日以虎日为吉，一些中国人名里还会带虎字，希望获得虎的特质，长得虎头虎脑，行事虎虎生风。这些习俗至今延续。而这些虎日、虎形、虎物、虎语的根本是坚信虎本身是吉祥的动物。

其三，招财。据说老虎原来是武财神赵公明的化身，也有说是其坐骑。在五行学说中，老虎属金，因而人们相信它能够保佑人发财。下文会通过一些具体的习俗来详述老虎的招财功用。

虎文化所涉领域十分地广泛，单就虎文化中的吉祥文化，仅以民俗学而论，便几乎涉及并渗入了岁时节日、礼俗、服饰、饮食、居住、禁忌、娱乐游艺、称谓、职事等领域。可见中华民族与虎结下了深厚的缘分。下面从虎的艺术品、传统节日与人生礼俗中具体的事象为例，探讨虎的吉祥意蕴。

2. 艺虎生祥瑞

我们知道老虎长居山林，是山中猛兽，离得我们很远，但是自从中国人给虎赋予了文化，赋予了吉祥，虎就以各种吉祥文化的表征的形式进入我们的生活。在人们的心目中，虎不仅能够驱凶避邪，还象征着生命力旺盛、健康强壮。民间通过智慧附会了老虎的吉瑞之意后，运用民间艺术技能将其化为虎头帽、虎头鞋、虎头枕、虎肚兜、虎围嘴、虎剪纸、虎辅首，利用刺绣、香包、剪纸、缅虎、布偶等形式，让民众通过戴虎帽、穿虎头鞋、睡虎形枕、玩泥虎，感受与接触到祥瑞。中国人希冀像老虎一样健壮，这一祈愿古往今来从未改变。

绵山清明面虎

民间关于布老虎的习俗具体从什么时候开始出现已经无从查考，但至少可以肯定布老虎工艺的出现与民间生育习俗分不开。山东、山西、陕西一带，为了保佑小孩平安，孩子满月姥姥家送布老虎的习俗至今流传。尤其到了端午节，村头巷尾卖小挂虎或小布老虎用作驱邪，即使到了城市化的今天，端午节或者平日的医院门口，彩色的小挂虎也依然可见，当继承成为潜移默化的习俗时虎文化传统就有了顽强的生命力。了解了老虎的辟邪寓意，病人就成为虎文化民俗消费的主要对象。在山东民间，乡土气息浓厚的布老虎是布制玩具中的典型代表。有句广为流传的民谣这样吟唱："宝儿宝儿，你别哭，给你做个布老虎，白天拿着玩，黑夜吃麻胡"。据说"麻胡"非常残暴，在百姓心中是魔鬼的化身，做个布老虎，放在婴儿身旁，就能消恶驱邪。简单明了的民谣不仅反映出当时民众对布老虎的喜爱，同时，也体现出它驱邪消灾的吉祥功能。

说起虎头帽，想必大家不会觉得陌生。虎头帽在民俗工艺品中极富特色，在我国民间，许多地方都会给年幼尤其是刚出生的孩童戴上布缝制的虎头帽，在山西、陕西民间还有虎头枕与虎头鞋。小小的虎头帽，寄托着全家希望儿孙健康成长的殷殷之情。虎头帽亦是一种通过附会虎的神力来满足民众对庇佑子孙，健康成长，长命百岁的心理慰藉物。虎头帽的造型主要有两种，一种只是有个老虎的头部，另一种是整个虎的形象。北方的很多地区由于气温低，冬天的虎头帽都有帽披，长长地披下来，既起到御寒的作用，还起到了装饰作用。在虎身的纹样上，主要底色有红色、绿色和黄色，辅之以蓝、紫、白、黑等颜色为装饰点缀。在纹样上还有各种虫草花鸟等图案表示不同的祝福含义。不同地区审美倾向与习惯风俗各异，虎头帽的样式特点自然也不尽相同。中原地区的虎文化相当发达，常用大绿、大红、黄色等对比鲜明较为显眼的颜色作为主色，喜庆非常；东北地区黑吉辽多用绿色、白色和黑色，风格敦实粗犷；南方地区特别是江浙一带，刺绣业较为发达，虎头帽风格样式精巧、细腻、恬静、雅致，制作逼真，色彩层次丰富。虎头帽这种民间艺术品是中国悠久的虎图腾文化象征，是求吉纳福和驱凶避邪的表现物之一。

潍坊布老虎

在山东，有的地方还有给孩子做泥塑虎玩具的习俗，最为著名的要数高密“三绝”之一的聂家庄泥塑。聂家庄泥塑与天津“泥人张”在风格上不同，不注重写实，敢于抽离共性和特质，进行大胆取舍与夸张，在似与不似之间，给人以粗犷古朴、天真稚拙的感受。色彩以大绿与桃红两种基本颜色为主，用色讲究，色调醒目鲜明而又不失柔和动人。一只可爱花哨、雄壮威武、咕咕直叫的泥叫虎就在艺人手中诞生，它不仅是孩子喜爱的玩具，同时，还有更深一层的吉祥祝福，即摆放泥虎，可寓意家庭在新的一年里虎虎生威，幸福安康。

3. 岁时节日的福神

“虎”“福”二字谐音，虎就是福，虎神，有时被认为是福神。一年四季，民众通过具体岁时节日的活动完成祈福纳吉的夙愿。

春节,人们在门上贴虎,自我国周代以后,门神中一直有虎的地位。《论衡·订鬼篇》引《山海经》云：“门户画神荼、郁垒与虎。”正月十五元宵灯会，老虎灯作为百兽灯之一，备受瞩目。

相传正月初八（有的地方为初五）是财神的生日，民间习俗要求拜年的人必须要先拜其所供之财神。大家都知道财神是掌管钱财的神灵，赵公明为民间供奉的主要财神之一，其麾下有招宝天尊、招财使者、纳珍天尊、利市仙官四员小神供其调遣。赵公明黑面浓须，执鞭环甲。那财神赵公明为何与老虎有关呢？传说赵公明身跨黑虎，称为黑虎赵玄坛。在吉祥文化领域，“一人得道，鸡犬升天”，老百姓就认为财神既然骑着老虎，老虎也具有了招财的能力，于是奉虎为财神。

从二月二那天起，淮阳地区每年进行为期一个月的伏羲人祖庙会的仪式崇拜，盛况空前。当地有这样的传说，说的是女娲与伏羲本是兄妹，只是在盘古开天辟地之后，老天爷安排兄妹结婚来繁衍人类，女娲作为女性，十分害羞，于是化身为一只母虎，头戴着一顶草帽，这也是中国汉人女子出嫁戴红盖头的起源。而伏羲对应化身了一只公虎。当地庙会兴盛500余年，依附于庙会的布老虎生意一直红火，所有来此赶庙会的外地与本地人都想在这里的庙会上带一只布老虎回去给小孩辟邪。人祖庙会能延续这么久，香火不断，正是由于百姓一直将布老虎作为伏羲人祖的化身，深信虎神可以庇佑子孙。

清明节，在山西襄汾上坟供奉虎馍，当地称“虎虎子馍”，祭奠的时候让孩子把虎虎子馍从坟顶上面滚下来，然后吃掉，意为不要忘记祖宗。陕西渭南地区的华县，清明扫墓的时候供品主要是虎馍，祭奠完之后让小孩吃掉，期待着小孩能像老虎一样生龙活虎。

在端午节那天，有的地方，孩子要身穿绣有五毒的背心，这种图案基本形制为：五毒包围着老虎，寓意老虎可以制服这五毒。老虎图案有个独特的称谓，叫“艾虎”，艾是艾草的简称，有驱邪的功用，“艾虎”双重加强，起到强化吉祥的美意。山西、山东、河南一带依然保留着在端午节绣“艾虎”的民俗。陕西、云贵、四川、两湖等地在门楣上惯常挂有木制的虎头以达到辟邪的作用，或在葫芦瓢上绘虎头，叫作“吞口”。山东、河南当地的民间布老虎有一个十分显著的特征，虎的眉毛被设计为两片艾叶的形状。这其实还是与艾草能辟邪有联系。还有的地方老虎的眉毛做成两只相对的小鸟儿，虽是吉祥，与艾草略有不同。比如，在河南淮阳一带的庙会上，老太太们绣制的虎头鞋绣样里有双鱼双鸟相对的图案，象征男女结合，寓意生命繁衍。在过去，铺首都是虎头的形状，只是随着时代不断变迁，如今有了各种造型。不过有的地方依然保留着虎样式，比如，我们在河南民居的大门上发现那些铺首很明显保持着虎头的造型，这和其他地方有显著不同。虎在汉族人家中不仅是保家镇宅的神物而且是能保护小孩辟邪驱害的瑞兽，同时，民间传说也赋予了虎很多人性化的内容，将一只凶猛的大老虎演化成能和人类和谐相处的朋友。胶东一带流行一种名叫“龙生、虎奶、雕搭棚”的儿童护身符性质的剪纸，最简单的一种就是一虎一孩，虎做笑脸、垂尾、藏爪状，表现了母性的慈爱，腹下一孩仰面吮虎的奶头。这个画面中显示出的虎是人类的母亲的情节令人感动，也充分表现了先人对自然的无上崇敬，渴慕人与自然和平共处的精神镜像。

4. 人生礼俗的吉祥神

虎在人生礼俗中充当着吉祥神，在满月、百岁、周岁、婚丧、嫁娶、上梁庆典等礼仪中扮演重要角色。在婚俗中，老虎多代表女性，在丧俗中，虎喻意着后世子孙瓜瓞绵绵。虎象征着生命以及生命的保护神，与老虎相关的祥瑞之意体现着中国民众特有的天马行空的想象力和民间智慧，凝聚着最宝贵的祝愿与关怀，反映了虎作为吉祥神在人生礼俗中的重要地位。

老虎的吉祥文化常常是喜庆的结婚礼俗的必备主题。在陕西华县一带，挂老虎馍是目前依然还活态传承的结婚风俗。讲究的是，在娶亲前夕，男方的舅舅家要蒸制一对老虎馍，而且要用红头绳把它们拴在一起。在公老虎馍的额上描画上一个“王”字,寓意男子要当家为主；母老虎馍的额上描绘一对飞鸟,寓意妻子随着丈夫（为天）双宿双飞。每个老虎脖子前还各有一头小老虎，有祝新人早生贵子的瑞意。新娘到门后，就要把老虎馍挂在她的脖子上，等走进门以后方取下，由新娘与新郎分食一对老虎馍，又有夫妻同心同欢的寓意。陕西大荔县婚俗中虎意象亦十分常见。外祖母送出嫁的外孙女“老虎花馄饨”，母亲要送女儿“老虎花糕”，在华丽的老虎的背上，用长长的竹签插娃娃面花。有的娃娃手中握着戟，戟与吉同音，有新婚大吉的意思。有的送“牛角虎馄饨”，就是长角的虒虎。有的送四种“花馄饨”，老虎驮莲寓意莲生贵子。有的送的是“猫馄饨”或一对“虎头馄饨”。一般的亲友则是送“喜庆花糕”。

生育风俗方面，在陕西、山西、甘肃、河南、内蒙古西部等地区，婴儿满月的时候，外婆要用面塑捏环形的“套套”，又名“囫囵”，有的地方还叫“曲连”“项圈馍”，内蒙古西部这两个字写作“圐圙”。姥姥送过来“囫囵”，需要在娃娃头上套一套，这个动作的意思就是要把娃娃的灵魂圈住，不会跑掉了，邪物都拉不走了。套过之后，要给婴儿脖子上套上一个布制的虎头“曲连”，再系上一个银制或铜制的长命锁，十二周岁以后开锁拿下来。河南灵宝婴儿满月，姥姥用面塑一个“项圈馍”，馍的下端塑捏一个大虎头，然后镶上一对剥掉皮染红的熟鸡蛋，象征老虎的眼睛。大概的意思也是小孩的生命有老虎守护，妖邪再也不能对小孩下手了。山东胶东地区，妇女生了娃娃满一个月要过“抱满月”，亲友们要送“百岁”，百岁就是百天。送的礼物会有精致灵巧的小老虎面塑，或者送“四虎百兽”，样式为一个面糕顶端有四只对着的小老虎。“虎”与“福”谐音,“兽”与“寿”同音，因此，四虎百兽其实就是寓意为四福百寿。陕西韩城北乡，过去遇到婴儿生天花，当地民众会借助一些拥有“神力”的动物求得庇佑。姥姥为保护外孙度过人生的第一道难关，会送一个面塑的“猫虎馄饨”，又叫作“护甲馍”。传说猫是老虎的舅舅，有九条命，两个动物联手能让娃娃平安度过天花这个人生第一个难关。据迷信说法，老虎还有益于妇女怀孕、子孙升官。《太平御览》引《龙鱼河图》曰：“悬文虎鼻门上，宜官子孙，带印绶。悬虎鼻门中，周一年，取烧作屑，与妇饮之，二月中便有儿，生贵子。”

丧俗，陕西华县侯坊村有“过三”习俗，当地人叫作“三年脱服”。依照当地的习俗，老母去世要服孝三年，女人不能穿红，男的剃头要留一小撮头发，叫作孝角。等到三年期满，要举行隆重的脱服仪式，门口的白色春联换成红色的。过三年也叫作办喜事。娘家会用面捏塑看菜虎，又叫作站虎，还有卧虎、艾虎、跑虎，组成大型“馉玦龙虎馍”，另外还捏塑花果、石榴、竹笋以及蝙蝠、蝴蝶等小花馍。在果品和竹笋馍上，都要捏一个小虎头，寓意新的生命会虎虎生风，后代子孙连绵不绝[①]。

民间建屋是一件大事，亲朋好友都会过来帮忙。陕西华县上梁的时候，梁上会贴有“上梁大吉”的红签，岳母家或者姐姐家会送立虎馍、立狮馍，或者虎头大圆馍，放在红色托盘里面，作为祭奠的用品。为什么建屋要上供虎馍？华县西甘村的妇女说：“虎欢，生龙活虎，吉利，全家搬进新屋会身体康健，生活安宁。”总之，当地人认为老虎会给新居的人们带来祥瑞[②]。

老虎是镇邪祛祸，迎祥纳吉的动物。民众通过老虎凶猛威武的特性，借助历史附会与嫁接，进而演绎出老虎本土化、民间化的文化，其中吉祥文化是虎文化中重中之重，也是虎文化生生不息，为民所用的重要原动力。

---

① 参见曹振峰：《神虎镇邪》，陕西人民出版社，2007，第 123 页。
② 参见曹振峰：《神虎镇邪》，陕西人民出版社，2007，第 124 页。

三、太平有象

在我国传统年画中往往能看到身材魁梧、体态优雅的大象，这些年画说明了象在我国传统文化中是象征着太平盛世的一种兆灵瑞、报吉祥的动物。那这种动物具体是怎么体现吉祥的，这里从不同方面进行阐释。

1. 象的习性

象是世界上最大的陆栖动物。象为哺乳动物，多产自印、缅、泰及一些非洲国家，大约高三米，皮厚毛少，四肢粗大，鼻长如筒形，能卷曲，门齿发达。古人对于象的形貌，多有描述。如《说文解字》曰："象，长鼻牙，南越大兽，三岁一乳。耳牙四足之形。"万震《南州异物志》有云："象之为兽，形体特诡，身倍数牛，目不逾狶，鼻为口役，望头若尾。驯良承教，听言则跪。素牙玉洁，载籍所美。服重致远，行若丘徙。"虽然大象原产地并不是中国，但是中国与象的渊源依旧十分久远与深厚。我国的云南早有"象国"的美誉。《史记·大宛列传》中说道："有乘象国，名曰滇越。"云南曾有一段很长的历史有"以坐象为贵"的风俗。当时，各个部落首领和贵族都会乘坐大象，古时叫作"象舆"，也叫"山车""象车"，装饰得十分雍容气派。古人对此有两处记载，《韩非子 · 十过》中说："黄帝合鬼神于泰山之上，驾象车而六蛟龙。"象车，一种解释为由大象拉的车，第二种解释指的是制作象车的圆木，"象车者，山之精也，王者德泽流洽四境则出"，被认为是一种太平盛世的瑞兆。显然，象舆因为与象有关成为象征君主贤明、天下平和、民和政清的吉祥物。在我国云南西双版纳地区，古代交通工具不发达，大象成为理想的乘骑工具。不仅仅行有象显得祥瑞，食有了象也多了吉祥的气息。古代帝王把奢侈、豪华的筵席称作象筵。南朝颜廷年有诗《皇太子释奠会作》："堂设象筵，庭宿金悬。"象筵席间"象箸玉杯"更是显出富贵吉祥气派。

因为生活着较多象，加之象自身的吉瑞之意，我国不少的地方和景观以象来命名。比如广西的象郡、象鼻山、象州，云南的五象山以及浙江的象山等。

2. 吉祥嘉瑞的仁兽

在中国传统文化里，象与“祥”字谐音，故被赋予了报吉祥，兆瑞灵，显太平的寓意。象寿命很长，在中国传统文化里，意味着安和祥乐。在佛教中，普贤菩萨的坐骑就是灵牙仙的六牙白象，白象之六牙还表示六度，四足表示四如意。《摩诃止观》卷二说：“言六牙白象者，是菩萨无漏六神通，牙有利用如通之捷疾。象有大力，表法身荷负；无漏无染，称之为白。”因此，体态敦厚的大象被人称为瑞兽。白象一直作为普贤菩萨功德圆满，愿行广大的表征，所以，在峨眉山寺庙中的普贤塑像的莲座上多以六牙四足白象为主。佛教中白象代表孜孜不倦，愿行殷深。六牙，表示六度——忍辱、精进、持戒、禅定、布施、慧智。称六牙白象是菩萨所化，以表威灵，象征“愿行广大，功德圆满”。现在峨眉山有一洗象池也与白象的祥瑞有关。传说普贤菩萨每次骑象经过此地，一定要在这里取水洗刷白象，然后，才登上金顶，池旁的寺院也因而得名洗象寺。

象获瑞兽的殊荣，不仅仅因为它的音与“祥”相同，它的许多习性也成了被视为瑞兽的依据。从明朝起，凡遇皇帝的重大庆典，仪仗中总会出现大象，它们成了驾辇、驮宝的主力。还有专为皇帝驯象的人员，由锦衣卫管理。到了清代，归銮仪卫管理。象与驯象员都居住在北京宣武门两侧的驯象所，就是象来街（今长椿街）一带。由于象性格温和，身材高大，善解人意，能帮助人完成强度很大的工作，被视为力量的象征。大象有着庞大的体型，在旧时的风水中被认为是靠山，能增强摆放位置的运势。大象有着长长的鼻子，能取水，在旧时的风水中，水又代表着财，因而大象的鼻子也往往被叫作吸财鼻，有着和貔貅一样的吸财招财的寓意。大象天性温和，别看是个庞然大物，却从不恃强凌弱，从不主动攻击其他动物；与此同时，大象的力量多来自群体，它们团结忠诚，从一而终，目标坚定。这与儒家奉行的“修身、齐家、治国、平天下”理念不谋而合，使得大象被赋予强者有为，内圣外王的品质。

大象作为瑞兽还有知恩必报的灵性，它像人一样有羞耻感。我国南方地区，尤其是产象的地区流传了不少与此相关的传说故事。

岭南盛产大象，自古如此，南朝宋刘敬叔的《异苑》记载了一则野象报恩的故事。说西晋的时候，在始兴郡（今韶关一带）阳山县，一天农夫在田里耕作，忽然看到一头大象向他跑来，他想跑，这时已然来不及了。大象用鼻子将他卷起，带入深山。农夫最初十分害怕，过一会儿，发现大象没有害他的意思，就不再反抗。大象卷着农夫来到山中一块空地，这时，他看见另一头大象趴在他的面前，细瞧发现大象脚上扎着一根三尺长的刺，扎刺的地方血流不止，象十分痛苦。农夫来到受伤大象身边，仔细观察一番，用尽全力把大象脚上的刺拔了出来，并拔了些草药擦拭大象患处。病象起身，踏步而行，然后与卷他来的大象相互依偎一番，看似十分欢喜。

又过了一会儿，卷他来的大象突然伏在地上，不停地摇动鼻子向农夫人示意，让他骑到它的背上。大象站起来驮着他走了很长一段路，最后来到一片潮湿的土地上。大象用鼻子从湿地里翻找什么，一会儿挖出几颗象牙卷入鼻中，又驮着他送他回到最初相遇的地方，将他和象牙一并放在地上。

他明白了这是大象用象牙向他报恩，于是就对大象说：“我庄稼在此，屡为‘大客’（大象俗称大客）所犯，若念我为你解困，今后望勿见侵。”大象听后，围着他走了几圈，若有所思的样子。从此，他家种的庄稼再也没有遭到象群的踩踏。

3. 民间艺术中的象文化

民间艺术中有许多与象有关的吉祥图案。象的纹样最早出现在夏商的钟、鼎、彝等器物上，周朝青铜器上也能看到象纹。在年画、什器、雕塑、剪纸等艺术中也多能看到与象有关的题材。象驮宝瓶就是典型代表之一。象体型巨大，稳如泰山，在封建统治者看来，大象是江山稳固、社会安定的标志。在象的背上放一宝瓶，宝瓶代表观世音的净水瓶，也叫观音瓶，里面盛水，也有的瓶内插放一些五谷，寓意天下太平、五谷丰登，象征世事和平安宁。在紫禁城太和殿皇帝宝座前，就有这么一对吉祥物——象驮宝瓶。同时，在明清皇帝陵寝的神道两侧，也有汉白玉制作的石雕象驮宝瓶。

太平有象,因为“象”与“景像”的“像”字同音;“宝瓶”的“瓶”字与“太平”的“平”字同音，象背上的宝瓶十分地大，可谓大瓶，在古汉字中，“太”与“大”同解，大瓶即可称太瓶。这样“太瓶有象”就成为“太平有像”，有了吉祥寓意，成为民间艺术中的吉祥图案了。关于太平有象还有一则传说。传说五帝之一的舜是中国历史上最早驯服野象耕田犁地的人，他的陵墓前曾出现大象刨土、彩雀衔泥的瑞兆，这应该是“太平有象”的较早传说。《尚书·尧典》关于舜与象的关系有不同的记载,说我国古代的舜,有个弟弟叫作象。舜死后，“葬于苍梧,象为之耕”。后来还被演绎为二十四孝故事——虞舜耕田。其实，有学者考究，舜的弟弟象并非是人，而是被舜驯服后的野生大象。虞氏最早可能是以象为图腾的氏族，主要职责是保护大象，避免野象受到伤害，随着氏族的发展，象变成了可以驯化的动物。而这个版本与太平有象最早传说是吻合的，在我国古历书上也绘有舜驯服大象耕地犁田的佐证。在神话中，舜与象的关系，犹如兄弟关系。因此就会出现舜的弟弟叫作象的记载。不过，无论哪一个版本，象为舜耕田都是吉祥嘉瑞的太平盛世的体现。除此之外，以象驮插戟（吉）宝瓶为“太平吉祥”；以童骑（吉）象为“吉祥”；以象驮如意，或象鼻卷如意为“吉祥如意”；喜象升平（瓶）象征河清海晏，物阜民康。

除了纹饰，在民间工艺品中，象牙雕作为名贵的工艺品具有极其特殊的位置。象牙雕刻历史久远，浙江余姚河姆渡文化遗址出土了最早的象牙雕，距今七千多年。河南殷墟同样也出了象牙和象骨制作的器物，从这里可以看出原始氏族部落酋长已经有了将象牙作为贵重装饰品的意识，象牙也有了地位高贵的含义。在封建时代，与象有关的名贵之物品种多样。如一品到五品朝臣的朝笏为象牙制作。象箸、象簟、象觚、象栉、象管、象环、象床等皆为名贵之物。2006 年，象牙雕刻技艺入选第一批国家级非物质文化遗产名录，成为我国传统文化的组成部分。

象牙还具有很高的经济价值，有“有机宝石”和“白金”之称。正因如此，引来了非法盗猎分子对大象疯狂的杀戮。国际社会及有关国家对此高度重视，中国也积极支持对大象等濒危野生动植物的保护，并于 2018 年 1 月 1 日实施了“象牙贸易禁令”，全面禁止象牙及其制品的加工和销售，为保护野生动物做出新的贡献。

在节日期间，古代产象的地方有许许多多与象有关的习俗，比如说，跑象拾物、大象拔河、大象跳舞、象阵作战等表演项目。在新春元宵的灯会中，象灯也是万兽灯中十分重要的彩灯。如果你看到有人提着一只纸扎的大象，象背上端坐着一个手持如意的孩童，这就是“太平如意灯”。有的人举着一个白象灯，白象背上驮着万年青，叫作“万象更新”。这些象灯给民间花灯会增色不少，深受人们的喜爱。

四、金钱“豹”吉祥

说到豹，在吉祥寓意中相较于上述三个祥兽，要稍逊一筹，但是，这并不能掩盖豹在吉祥文化中的光辉。

1. 豹文化

豹，与狮子、老虎、大象被称为我国古代的四大神灵。豹，哺乳纲猫科，平均身长 2 米左右。豹是敏捷的猎手，身材矫健，动作灵活，在猫科动物中，奔跑速度最快，短跑时速可达到 110 公里。

现实中，豹性情孤僻，喜独自活动，白天潜伏于山洞或树上，夜间出来觅食。因为豹子极其善于隐蔽，就有了豹隐一说。豹隐来自黄老道家经典《六韬》中的《豹韬》。《豹韬》有八篇，之后成为用兵之术的代称。其实《豹韬》的名字也暗合了豹本身体型不如狮虎，捕食猎物时常使韬略的特性。“豹隐”是《豹韬》最为精彩的一部分，描述如何隐蔽而避害的用兵之术。因为豹子如果感觉到危机，可以长达七天不去觅食，藏于深山，绝不轻易出去捕杀猎物。在这一段时间内，豹不断润饰自己的皮毛，使身上的花纹变得更加舒朗涣散。俗语有云“君子豹变”说的就是这种豹文化的演化。《周易·革卦》：“上六，君子豹变，小人革面。”孔颖达疏：“……亦润色鸿业，如豹文之蔚缛。”后来君子豹变逐渐演绎出润色事业，韬光养晦，迁善去恶，总有一日一飞冲天，破茧成蝶的意思，形容人的事业像豹纹那样变得夺目斑斓，大展宏图。古代文献中也多能找到描述豹变的文字，如南朝梁学者刘峻的《辨命论》：“视彭、韩之豹变，谓鸷猛致人爵。”《三国志·蜀书·后主传》：“降心回虑，应机豹变。”清朝黄景仁的《杂咏》：“陈平未豹变，乃在委巷居。”彭越、韩信、陈平，有才能出身低微，像豹子一样韬光养晦，后受到重用，大展手脚。豹变也是人走向显贵的表现。

豹既会游泳，又会爬树，性情机敏，嗅觉听觉视觉都很好，智力超常。豹与虎有几分相似，汉语中因此常常虎豹合称。《说文解字》中称：“豹，似虎，圜文。”豹子因为斑纹不同而种类不同。明朝张自烈撰的《正字通》曰：“豹，状似虎而小。白面，毛赤黄，文黑如钱圈，中五圈，左右各四者，曰金钱豹，宜为裘；如艾叶者，曰艾叶豹，次之；色不赤，毛无文者，曰土豹；《山海经》载天玄豹，黑文多也；《诗》载赤豹，尾赤文黑也；又西域有金钱豹，文如金钱。”

原始时期，豹子曾成为动物图腾被崇拜。在《山海经》中描述的西王母形象里多处能看到豹的身影。《山海经·海内北经》中：“西王母其状如人，豹尾虎齿而善啸，蓬发戴胜，是司天之厉及五残”。《山海经·大荒西经》记载：“有神——人面虎身，有文有尾，皆白——处之。其下有弱水之渊环之，其外有炎火之山，投物辄然。有人，戴胜，虎齿，有豹尾，穴处，名曰西王母。”西王母的形象跃然纸上：人的面貌，虎的身躯，豹的尾巴与老虎的牙齿，这些记载，为西王母半人半兽的传说提供佐证。近代朱芳圃先生考证，西王母是属于上古时代原始豹动物崇拜和图腾氏族部落的首领。在中原地区，纹有豹纹的西王母女神获得民间的一致认同。

封建时代，豹作为百兽中的佼佼者，纹饰多彩绚丽，身姿威猛英武，成为彰显荣誉、爵位的表征。因为，豹在捕食过程中，长长的尾巴在奔跑时可以帮助豹保持平衡，有稳定平衡作用。于是乎，古人根据其这一习性做起文章。秦汉时期，皇帝的车排在队伍的最后方，就有了所谓的豹尾车。皇帝外出巡视时，常在他浩浩荡荡的车队中的最后一辆车上，插上绣有豹纹图案的橘红色的旗幡，古人称这种豹纹旗为神旗，这辆车也称“豹尾车”。随行仪仗队伍还持有豹尾幡、豹尾枪。韩愈《沂国公碑》中有“豹尾神旗”之句。隋唐时期，形容勇猛威武的将军的坐骑为豹骑。宋朝，节度使的衙门外，常常看到高悬的两面旗帜，一面是虎旗，一面是豹尾旗。明清时期，帝王的侍卫组成的部门叫作豹尾班，持豹尾枪，时刻听命于皇帝，保卫皇帝的人身安全。在这一时期，文武百官均穿“补服”，也叫“补褂”。补服的前胸、后背上均缀有方形“补子”，补子上文官绣鸟，武官绣兽。明代三、四品武官绣虎豹，清代三品武官则绣豹。古代还有所谓豹头枕，多见于南方，一般以瓷质作为原料，有明快的图案，放于床上有辟邪作用。《新唐书·五行志》记载：“韦后妹尝为豹头枕以辟邪。”在古代文献中，或杜撰人物，或确有其人，有用豹作名，也有作号的，如神话中的帝喾的第八个儿子元叔豹，战国时期的西门豹。文学作品中，《水浒传》中的豹子头林冲、金钱豹子汤隆，《封神演义》中的申公豹等。

还有一个有趣的命名，就是豹子号。其实豹子号就是尾号相同的号码。由于概率很小，延伸到车牌、手机号等有数字的事物中，出现了豹子号是十分吉祥好运的文化现象。

豹不仅仅是文化瑰宝，现实中，它也浑身是宝。还有句俗话——吃了熊心豹子胆。说到豹浑身是宝，自然不能绕开豹浑身上下最珍贵的豹皮了。豹皮呈现金黄色，有黑色花纹，五彩缤纷，我国有句俗话：

“豹死留皮，人死留名”说的就是豹皮的珍贵与华美。

2. 向您报喜

豹，作为吉祥动物中的一员，不仅仅因为它的习性，还得益于谐音，豹的谐音有四个“保”“报”“宝”与“抱”。

首先，与“保”字同音，加之豹子本身是猛兽，有保护、护卫、护佑的寓意。

其次，豹的同音“报”，常常与喜鹊连用，在玉器、画稿、什器、文具、建筑等处都能看见，有的采用彩饰，有的采用雕镂，风格多变。豹作为报是四个音中最常见的，这得由于民间广泛流传《报喜图》。图上画着一只斑斓的坐豹，怒目而视，画面上部停留着一只或多只喜鹊。豹谐音报，喜鹊采用其喜意，寓意向您报喜。

第三，豹与“宝”谐音，有招财进宝之意。说到这一层意思，民间会借用特定的金钱豹作为其招财旺财的象征。豹子本身是辟邪神兽，凶猛异常，有抵挡邪祟、逢凶化吉寓意。加之金钱豹最大的特点是通体颜色鲜亮，在棕黄色毛上遍布着黑色的斑点和环纹，形成古钱形状的斑纹，因而得名。金钱豹很早就被人们作为招财旺财的吉祥物，取其金钱两字。同时，在前文说过豹敏捷异常，矫健，这就附会了豹能很快地把财富招过来的寓意。凶猛，敏捷，招财，成就了豹之为“宝”。

第四，豹还与“抱”谐音，有保佑祈求子嗣的夫妻能够如愿得子的寓意。

综上所述，豹有进宝、报喜、保平安、抱子等吉祥寓意。

五、金猴献瑞

中国人说到猴首先会想到两个猴子，一个是十二生肖中以十二年为一周期的排第九位的属相——申猴，另一个是吴承恩写的神话长篇小说《西游记》中的孙悟空，他神通广大、聪明伶俐、敢于同恶势力斗争。下面不说在中国人们心中光辉熠熠、疾恶如仇、七十二变的美猴王，也不说与我们息息相关的十二生肖猴，这里要讲猴的文化，尤其是猴文化中的吉祥文化，看看猴子是如何成为吉祥动物大家庭中的一员的。

1. 于瑞猴文化中探宝

现实中，猴是一个通称。灵长目中很多动物我们都称之为猴，他们是动物界最高等的类群，大脑发达。

聪明伶俐、行动敏捷、活泼机警可以说是猴子的主要特点，猴子，人们给其多种美称，例如金猴、灵猴等。而这些美称并不是随意称呼。比如金猴，按照阴阳五行之说，申属于金，十二生肖中申为猴，正因为此，常常被人誉为金猴。早在汉代，陶制猴玩具便已在民间出现，盛唐时期巩县（今巩义市）的黄冶已批量烧制小型三彩釉玩具“母子猴”，宋代禹州青釉瓷猴憨态可掬（现藏河南博物院），明清时期各种彩釉瓷猴更为多见。20 世纪 90 年代中期有关学者曾做过一次调查，显示在中国传统节日出售的儿童玩具中，猴子玩具最多，出现的地域也最广泛，表现形式更是多种多样。如山东高密，河北蓝田，河南淮阳、浚县的“泥塑猴”；北京的“蝉塑毛猴”；江苏南京、南通的“绒花猴”；河南镇平的“玉雕生肖猴”；河南方城“好石猴”；陕西宝鸡、岐山，山西侯马、晋城，河南灵宝、浚县，甘肃千阳等地的“布制玩具猴”；贵州贵阳的“木雕猴”；遍及中原各省的“剪纸猴”；还有“面塑猴”“吹糖猴”“皮影猴”“木偶猴”“木制牵线爬杆猴”“耍刀猴”“风筝猴”“棕叶编结猴”“面具猴”等，现今塑料、皮毛、陶瓷玩具猴更是数不胜数。玩具猴在民间为什么这样普及？这是崇猴意识的一种潜意识的延伸。在老百姓心目中，猴子即“孙猴子”，是万能的精灵，可以求得平安，学得智慧。对于孩子们来说，不同材质、不同式样的玩具猴形神兼备、幽默风趣、功能多样，给他们带来快乐，是亲密的小伙伴。

猴子一直是喜庆、吉祥的形象。猴子一直被看成人类的近亲，而这一说法从生物学、遗传学角度看也是最接近科学的说法。因此它在一些地方被当作始祖进行尊奉。河南淮阳地区有一个太昊陵，每年二月初二到三月初三，这里要举行盛大的庙会。在庙会期间，这里有许多出售泥泥狗的商贩。泥泥狗又称“陵狗”，为庙会所有玩具的总称。那么泥泥狗为何与猴有关系？你千万不要被它的名字所误导，其实泥泥狗最主要的造型就是猴，包括人面猴、猴头燕、虎驮猴、双面猴、猴驮猴、两头狗等。泥泥狗的由来，当地人说是与女娲抟土造人的神话有关，当时的造型与猴子相似，在过去这些泥泥狗还可以作为除邪祛病的表征物，当下主要是工艺品和玩具，有一定的喜庆作用。[①] 丽江的纳西族，也有以猴作为祖先尊奉以求庇佑祥瑞的风俗。当地人称自己的祖先为“余”，即猴子；称岳父、公公为“余胚”；称呼婆婆、岳母为“余美”。这里不仅仅有猴文化而且有猴的吉瑞文化。每当小孩出生的时候，当地人就会在婴儿帽子上缝制一条猴尾，认为能避邪祈吉。[②]

自古以来繁育后代是人们孜孜以求的夙愿，人们会观察大自然中动植物习性、名讳等特质，并与繁育关联，以求子孙后代生生不息，瓜瓞绵绵。猴子具有较为旺盛的繁殖力。虽然猴子自然生长在山林中，但人类在漫长的历史发展中对其有了一定的了解与认识，并对其通过丰富的想象力进行夸张与神化，使其变得日益神奇。虽然在当下民俗中，与猴子相关的生育方面的习俗消失了不少，但是依然能从某些现存的习俗中看到一些痕迹。在过去，陕西宝鸡一带，姑娘出嫁，她的嫂子要做一个布猴，藏在姑娘陪嫁的衣箱中，抬到婆婆家，这个过程中不能让别人看到。有人认为，这个布猴，就是象征新娘丈夫的繁衍象征神。[③] 陕西一些地区在庆贺生日的礼品中，有一种名字叫作双猴吃桃的布玩具，是母猴公猴坐在一起吃桃的造型。[④] 这样的物品会通

---

① 参见安德明，杨利慧：《金猴献瑞》，陕西人民出版社，2007，第 132 页。
② 参见和志武：《中国原始宗教资料汇编·纳西族卷》，上海人民出版社，1993，第 37 页。
③ 参见靳之林：《抓髻娃娃》，中国社会科学出版社，1989，第 32 页。
④ 参见李辛儒：《民俗美术与儒学文化》，中央民族学院出版社，1992，第 80 页。

过夸张的手法来突出猴子的生殖器官，用在贺生或者新婚的习俗中，明显具有祈愿多子多孙、人丁兴旺之意。上文说到的淮阳太昊陵庙会有一种求子的活动,泥泥狗最初就可能是被当作求子的吉祥物来使用。猴子不仅仅用于祈愿生育,而且有的地方还用来庇佑孩子。我国山西、陕西等地区，农家的炕头上，都有一个用青石雕刻的小石猴（也有炕头狮），是专门用来拴七八个月刚学会爬行的婴儿的。母亲用一根红绳子穿过石猴腿部的圆孔，再把红绳的另一头拦腰拴住娃娃。据当地人说：猴能保佑娃娃平安，保佑娃子长大以后精明能干。

猴子还被用来镇邪。猴子相对于狮子、老虎来说并不凶猛，但是人们赋予猴子神圣的企盼，所以猴子就有了祛除邪祟的神力。北魏贾思勰《齐民要术》记载“常系猕猴于马坊，令马不畏，避恶，消百病也”。还有人们熟知的孙悟空被封为弼马温的故事，这其实就是源自民间所谓的猴子可以祛除马瘟的观念。也因为这一点，人们把猴子驱邪避祸的本领进一步扩大，猴子成为可以祛除所有邪祟、震慑魑魅魍魉，从而实现迎祥纳吉的“神物”。陕西渭北农村，在过去，有不少的人家门口会立着一个由青石打制成的拴马柱，拴马柱的顶部会雕刻着各种浮雕和造像，包括各种动物，植物还有人物等。动物造型中，最常见的就有猴子，当地人认为这个拴马桩不仅仅有着拴住牲畜的实际作用，同时还有吉祥与富裕的寓意。[①]河南灵宝地区的黄河古渡太阳渡与茅津渡一带的渡船，通常有一些在桅杆头上刻着一个猴子。根据老船工说，它具有避邪镇妖的作用，能够让渡船在波浪凶险的黄河中免于翻船，吉祥顺遂。无独有偶，在当地的冯佐村，过去每家每户有在春节的时候张贴剪纸猴子的习俗，目的是为了辟邪驱瘟。[②]豫北地区浚县大山上，除有巨型泥塑彩绘生肖猴神像外，所有寺院的石雕

① 参见王厉子：《陕西渭北的拴马桩》，宁锐等：《中国民俗趣谈》，三秦出版社，1993，第718–719页；戴刚毅等：《陕西民间美术》，新民主出版社，1988，第18页。

② 参见靳之林：《抓髻娃娃》，中国社会科学出版社，1989，第32页。

栏柱上均雕有各种不同造型的猴，每年一度的正月古会上会出售大量泥猴玩具，人们尊称其为“灵猴”；南阳地区方城的小顶山，每年农历三月三有古会，会上出售一种石雕“好石猴”，当地俗称“好时候”（谐音），香客踊跃购买，奉为吉祥物。南阳伏牛山一带，山林茂密，多猕猴出没，当地人敬猴，供奉猴神，南阳镇平的玉雕饰品中亦多猴子造型，取“平安护身、多子丰产”的吉兆。

2. 生活处处有灵猴

猴子所具有的各种吉祥寓意还被运用到各种民间艺术品中，通过艺术品来表达迎祥纳吉的祈愿。工艺美术作品是人们内在的思想观念、思维情感、审美趣味等“动于中而形于外”的一种重要外在显现。[①]如玉饰瓷器、剪纸绘画、儿童玩具、石雕泥塑等，都不乏以猴子祥瑞寓意为表现旨归的艺术作品，形式多样，内容丰富，蔚为大观。

比如，猴年春节临至，会有一些借猴子的吉祥寓意赞誉美好生活的对联，在当下广为流传“遍地接金猴家家献瑞，群山披绿竹处处生辉”“猴献仙桃祝万福，日临大地发千祥”“天增岁月人增寿，猴献蟠桃鹿献芝”等。民间玩具、剪纸、年画中能看到猿猴与某种动物或植物组合成的吉祥图案，题材丰富，形式多样，通过猴子来暗示或传达喜庆的意蕴。比如，两只猴子捧着一个大蟠桃，或一只猴子双手捧着一只大寿桃，或母子猴共同享用一只桃子。桃子本身就是猴子喜欢吃的食物，而且它在中国吉祥植物中又具有延年益寿的功用，所以猴子捧着桃子除了表现猴子的自然习性外最主要是象征金猴献寿，寓意人长寿；在剪纸艺术形式中，其图案常表现为一只猴子蹲在桃树上，猴子两只手臂弯伸在耳朵两侧，宛似一对蝠的形状，（“蝠”与“福”同音），构成“福寿双全”的画面。桃为五木之精，天上的神物，是增寿的瑞果，有长寿的寓意。猴与桃的结合，恰应了民间谚语“猴桃瑞寿”，表示

---

① 参见安德明，杨利慧：《金猴献瑞》，陕西人民出版社，2007，第142页。

吉祥如意。诸如此类，还有猴子逗狮子、猴子拉车、猴子推磨、猴子摘葡萄、猴子摘石榴等。在年画中，有一幅流行于山东、河北一带的与猴子有关的地方特色年画《猴子抢帽》，画面上一个老汉推着装有草帽的独轮车，路过花果山，猴子们看到老汉戴着草帽，于是一拥而上，把草帽抢了个精光，有的戴上草帽后，得意地在车上拿起了大顶，有的甚至头上戴着一顶、两手各拿着一顶草帽，站在老汉的肩膀上，开始搞怪耍起了杂技。由于猴子多而灵活，老汉无可奈何。山东平度有一幅清代的年画，画面中老汉的草帽已经被抢得所剩无几，甚至他的扁担、烟袋、烟袋包、褡裢、褂子和一只鞋子都被抢走了，这时候猴子还在扯他的裤子。让人哭笑不得。[①] 这种年画不仅仅是表现有趣的故事，其实还附会了祈求买卖兴隆以及商品大销的寓意。从平度年画中的文字中可见一斑："来此山道，猴抢草帽，无法也治，一场好闹，买卖风快。"还有猴子举着"千出万入"的牌子也在祝愿着商人生意兴隆。

还有一种以猴为主的艺术形式，即"猴戏"。猴戏多取材于神话小说《西游记》，在中国各省的地方戏曲中屡见不鲜。据说早在唐代就有"白猿献寿"（又称"白猿救母"）之类的猴戏，故事源于晋人葛洪的《抱朴子》和唐人的《续江氏传》。猴戏除京剧外，在豫剧、徽剧、秦腔、晋剧、河北梆子、清平戏、越调、川剧、吕剧等各地方剧中均占据重要位置。宋、明以后，民间流行一种木版水印画（清以后始称年画），批量印刷，流行大江南北，其中以"猴戏"为主题的占了很大的比重。如《求真经》《狮子洞》《花果山》《通天河》《孙猴成精》《辟瘟猴》《马上封猴》《猴耍杂技》《西游记全图》《三打白骨精》《过猴山》《毛猴夺桃》《白猿孝母》《三猴烫猪》《花果山猴王开操》，等等。

猴子的形象在艺术创作中能受到如此青睐，还因为猴与"侯"谐音。

---

① 参见安德明，杨利慧：《金猴献瑞》，陕西人民出版社，2007，第 144 页。

侯是中国古代的高等爵位之一。《礼记·王制》中记载："王者之禄爵，公、侯、伯、子、男，凡五等。"自此以后，五爵虽有变化，但历代都有侯爵。人们希望获得这个爵位，平步青云，摆脱贫困，于是用"猴"来暗指"侯"，随即出现了表达"加官封侯"这种寓意与祈愿的艺术品。比如，一只猴子骑在马上，旁边一只蜜蜂，表示"马上封（蜂）侯（猴）"；还有一只猴子在另一只猴子的背上，借助谐音取名"辈辈（背背）封侯（猴）"。在绣花鞋的鞋样上，猴子举着棍子，似乎在捅着马蜂窝，一只鹿昂首站在梅花树的下面，表示"封（蜂）侯（猴）得禄（鹿）"，还有的是画一只猴子做出托印、捉蜂等的动作，谐音"封（蜂）侯（猴）挂印"等。也有画九只猴子攀牵或坐在一棵松树中，因松树被人视为常青之木，有延年益寿、常青不老的吉祥寓意，而九（久）猴（侯）又可以表示长久富贵的意思。猴子与侯位产生了联系，使得猴子在中国人心目中在喜庆、吉祥的道路上更进一步，心理上更加与猴亲近。

我国古代有一种用来辟邪的东西叫作"压胜钱"或者"厌胜钱"，就是用吉利话或者图案装饰在铜钱上，认为它有驱邪纳吉的功能。古人常常会把这种压胜钱佩戴在自己身上，或挂在家中，以求得平安顺遂。清代以来这种压胜钱在民间最常见的是一种十二生肖铜钱的形式，不同生肖的人选择不同的铜钱佩戴。据说，最早的生肖钱出现在宋代，这里以猴的压胜钱为例，形制为：右方是本命星官，左方云端端坐着一只猴子，伸出手臂握住一支笔，寓意着必定封侯，背后有铭文"申生人，钱四万贯，合纳第三库"，意思是属猴子的人一生可以获得钱财四万贯。[①]

猴子不仅活跃在山林野郊，还以其喜庆、吉祥的形象活跃在岁时节日、装饰建筑以及民间风俗中。总的来说，猴子是充满喜庆与吉祥色彩的动物，人们说到猴子引发的多是轻松、愉快与欢乐的情感。

---

① 参见孙仲汇：《生肖文化·猴》，上海古籍出版社，1991，第6页。

上述动物，诸如狮子、老虎、大象、豹子、猴等虽然离我们生活很远，多生活在山林、荒漠、草原，或凶猛、或神秘、或庞大，但渴望吉祥的中国人民运用智慧与想象力把它们描绘成祥瑞之物，让它们充满了希望，深受人们的喜爱，构成了我国动物吉祥文化不可分割的一部分。

第五章　栖居身边的福泽

说完远方的动物，再说说我们身边的动物朋友，与我们现实生活息息相关的动物，既有地上跑的还有水中游的。现实中它们是人类的朋友，公鸡报晓，牛耕田地，狗看护门院，羊、猪、兔提供人类必要的营养，满足人类基本生存需求，鱼则是观赏与食用价值并存的动物。同样，在文化层面，这些动物依然以各自独有的福泽栖居在人们的精神世界中，庇佑着人们的生活，安抚着人类的心灵，更加地被民众所接受。

一、酉鸡有吉

鸡，家禽，与“吉”谐音，可谓最贴近吉祥文化的音韵，不过，鸡表达吉祥的寓意，可不是这么简单，只有探其源，梳其流，才能得其果。

1. 闻鸡鸣知吉祥

鸡，家禽，六畜之一，是十二生肖中的酉鸡。大家都知道，法国的精神象征是鸡，同样，在中国，鸡因其祥瑞之意，一样拥有十分高的地位。鸡，自古就是吉祥鸣禽，五德的象征等。古文记载，华夏先祖舜和黄帝都对其称赞有加，鸡被民众贴满了“军功章”。而出现民众美化甚至神话鸡的现象的重要原因之一，就是鸡也承载着人们诸多的吉祥诉求。

中国鸡文化源远流长，内涵丰富多彩。鸡是亿万年生物进化的产物，我国甲骨文中就有“鸡”字，说明我国早在 3600 多年前生活中就常见到鸡。养鸡在我国有文字可查的历史至少已有 3000 多年，我国是世界上最早养鸡的国家之一，也是最早发现鸡有多种药用价值的国家。汉代刘向撰写的《列仙传》:“祝鸡翁者，洛人也，居尸乡北山下，养鸡百余年。鸡有千余头，皆立名字。暮栖树下，昼放散之。欲引呼名，即依呼而至。卖鸡及子，得千余万。”陶渊明的《归田园居》说“鸡鸣桑树巅”，记录了东晋田园中家鸡鸣晨的景象。宋代诗人陆游有名句“丰年留客足鸡豚”，范成大《晚春田园杂兴》之三亦有与鸡有关的恬静生活描摹：“鸡飞过篱犬吠窦，知有行商来买茶。”此类与鸡有关的描写不仅描述了当时的生活场景，渗透出对生活的美好期许，鸡成了古代人生活美好的象征物。

鸡除了肉可以食用，母鸡能生蛋外，公鸡打鸣啼晨也是它能介入人们生活的重要因素。《韩非子·扬权》:“使鸡司夜，令狸执鼠，借用其能，上乃无事。”在古代人们没有计时器，喔喔啼声成为人们日出而作的生物“闹钟”。《诗经·郑风·女曰鸡鸣》:“女曰鸡鸣，士曰昧旦。”大意是妻子说鸡叫了，丈夫说天快亮了。于是鸡又名“司晨”“司晨鸟”。宋代陆游有诗《新买啼鸡》有云：“明朝春黍得碎粒，第一当册司晨功。”晋代陆机《拟今日良宴会》有云：“譬彼伺晨鸟，扬声当及旦。”《本草纲目》记载：“鸡者，稽也，能稽时也。”鸡还被叫作知时畜、长鸣都尉、烛夜。古代人赞誉鸡守时，为了翌日准时一鸣，放弃了夜晚安眠之福。宋代《清异录·兽》:“长鸣都尉，鸡。”清代《事物异名录》引《尔雅疏》:“鸡者，知时畜。”晋代《古今注·鸟兽》云：“鸡，一名烛夜。”觉得鸡像蜡烛一样，照亮黑夜，一个“烛”字，极为传神。在《拾遗记》中描写山鸡——雉：“帝尧在位，……幽州之墟，羽山之北，有善鸣之禽，人面鸟喙，八翼一足，毛色如雉，行不践地，名曰青翟，其声似钟磬笙竽也。《世语》曰：‘青翟鸣，时太平。’”翟，《尔雅》解释为“山雉”，就是俗称的山鸡。《拾遗记》接着写道：“自上古铸诸鼎器，皆图像其形，铭赞至今不绝。”主要意思是这个称为翟的鸟，鸣叫预示太平盛世，是吉祥之鸟，历史上铸于鼎器上。而那形若家鸡的鸟，能逼退魑魅，是辟邪之禽，门户上都摆置其形，以迎祥与辟邪，形成了元日画鸡的习俗，并且新岁元旦因此而被称为鸡日。

在中国的传统文化中，鸡是一种身世不凡的灵禽，例如凤的形象来源于鸡。《太平御览》："黄帝之时，以凤为鸡。"传说鸡为日中乌，鸡鸣日出，鸡带来光明，能够驱逐妖魔鬼怪。宋吴淑撰《事类赋》曰：

> 伊雏鸡之彩质，实沦英于玉衡。取《巽》之象，禀火之精。翰音见号，烛夜为名。宾孟既观于断尾，州绰亦效其先鸣。……季平既炫于芥羽，郈氏亦夸其金距。或养之而攘火，或画之而帖户。孟尝效之而获免，燕丹为之而得度。至如三尺曰鹍，正旦磔门，性惟司夜，职在鸣晨。候天星而肆赦……

短短的一段话积累了许多与鸡有关的文化与典故，里面谈到了居家养鸡攘火，门户贴鸡辟邪，鸡的雅号，古俗正旦磔门，"候天星而肆赦"，古代放赦，要立金鸡竿，用来预示天意。这种磔鸡驱邪的方式不少古文中皆有记载。《晋书·礼志上》："岁旦常设苇茭桃梗，磔鸡于宫及百寺之门，以禳恶气。"《南齐书·魏虏传》记载北方民俗："蜡日逐除，岁尽，城门磔雄鸡、苇索，桃梗，如汉仪。"

鸡文化有一个重要的内容，就是鸡有五德。鸡被誉为德禽。汉韩婴《韩诗外传》中有段话："头戴冠者文也，足傅距者武也，敌在前敢斗者勇也，见食相呼者仁也，守夜不失者信也。"亦即概括为文、武、勇、仁、信五德。以信德为例。鸡的信德指的是，它一年 365 天，天天早晨啼鸣报晓，从不懈怠、误时，人称"报晓的号手"。在中国古代，没有报时的钟表，人们日出而作，日落而息。以天亮作为一天工作的开始，而何时天亮却是以公鸡报晓来确定，人们信赖公鸡，是因为公鸡有信德，而公鸡报时从不会报错，古人说这是"守夜不失时"，是信德的表现。俗话说"三更灯火五更鸡"，按今人的话说，就是鸡有勤奋、准确、守纪律、不误时、认真负责的好品德。

上述仅涉及与鸡有关的美好文化、历史以及吉祥文化的间接功能，而鸡与吉祥产生的最直接的关系，就是"鸡"与"吉"谐音。清代周亮工《书影》云："正月一日，贴画鸡。今都门剪以插首，中州画以悬堂，中贵人尤好画大鸡于石，元日张之。盖北地类呼'吉'为'鸡'，俗云室上大吉也。"石上画鸡，名为"室上大吉"，石同室，鸡即吉，鸡要画得很大，表示大吉。陕西神木有传统门画《大吉有余》，顾名思义，突出吉祥，大吉——大鸡，门画贴上时可以两只鸡相对，驮着摇钱树。而公鸡的"公"，民众还认为和"功"同音。传统绘画中，牡丹雄鸡图叫作"功名富贵"，富贵出自牡丹，牡丹是富贵花；功名来于公鸡，因为公鸡打鸣（名）。无独有偶，以汉代典故为主题的《四世三公图》的吉祥画，图上四只柿子，寓意四世；三只公鸡，寓意三公。有的人会取雄鸡的雄做文章，例如斗鸡图，两只鸡鸽得羽毛乱飞。但这幅画醉翁之意不在酒，并不是要表达斗鸡的场面，而是来体现英雄斗智斗勇的寓意。

2. 酉与鸡避邪纳吉

为何鸡可以辟邪？有的人说雄鸡能够报晓，鬼怪只能在夜间行动，害怕光明，而太阳是光明之源，鸡为阳精，所以鬼最害怕鸡鸣，鸡只要啼叫鬼就回到窝里面。报晓啼晨成为鸡能够辟邪俗信的现实依托，而呈现在习俗中的形式则是各种性质的鸡或与鸡相关的门饰。这些以鸡为主题的门饰被民俗赋予了辟邪的使命，融合鸡的吉祥文化。

最初的门饰来自神荼、郁垒两位门神以及画虎的形式，已经在虎吉祥一节中论及，在此不再赘言。而画虎作为门饰的习俗这一虎的"荣誉"在大约魏晋的时候被鸡分享了。从这时，鸡也具有了守门辟邪的作用，成为门上的神物。南朝宗懔《荆楚岁时记》记载，正月初一"贴画鸡户上，悬苇索于其上，插桃符其傍，百鬼畏之。"晋代郭璞《玄中记》记载："东南有桃都山，上有大树，名曰'桃都'，枝相去三千里，上有一天鸡。日初出，光照此木，天鸡即鸣，群鸡皆随之鸣。下有二神，左名隆，右名突，并执苇索，伺不祥之鬼，得而煞之，今人正朝作两桃人立门旁，以雄鸡毛置索中，盖遗象也。"《拾遗记》中记载："今人每岁元日，或刻木铸金，或图画为鸡于牖上"。正月初一，人们用铸金、刻木、绘画的方式，请来重明鸟即鸡，守卫门户，驱除魑魅。

民间习俗：正月初一为鸡日，正旦画鸡于门，成为四川成都一带春节的习俗。过去在桃花坞年画中也有《鸡王镇宅》的年画，图案上是一只大公鸡口衔毒虫。甘肃庆阳民间剪纸，大公鸡口衔着毒蝎，足踏鬼头，图样虽然出自自家的剪刀，但张贴出来，照样能带来心理上的慰藉。山西临汾一代贴鸡于门窗上，寓意“新年大吉（鸡）”。江南农村贴的年画，以苏州传统年画《鸡王镇宅》为例，画面中，一只大公鸡，金距花冠，一身正气。如若周边有着珍宝花卉的簇拥，则表示祈福；如若雄鸡昂首衔着昆虫，那么寓意辟邪。

除了鸡本身可以辟邪，我们都知道十二生肖中鸡称为酉鸡，酉与鸡在这里互相成就，共同或各自起到辟邪的作用。民间有着贴酉的风俗，在春节的时候，有的人家会把酉字贴到门框上，建房、改门的时候人们也会贴酉。建房的时候为什么要贴酉，是有个传说的，说的是姜子牙是白熊转世，他出生的时间为酉时，他的爹妈就给他取名酉。据说姜子牙出生时就带着封神榜，后来姜子牙封了诸神，天地所有鬼神都敬畏他。于是，便有“姜太公在此，诸神让位”的说法。除了酉和姜太公有关，“酉”还谐音“有”，寓意不受穷，有祈福意。再有就是它和这节说的鸡有关。酉的文化含义丰富了鸡的吉祥文化，鸡的吉祥文化与酉互为印证，强化传承。秦代，酉就以雉为属相。以后由雉过渡到鸡，从酉单独对应雉到酉对应鸡与雉。东晋葛洪《抱朴子·登涉》记载：“申日称人君者，猴也；称九卿者，猿也。酉日称将军者，老鸡也；称捕贼者，雉也。”这里酉对应的是老鸡和雉。接着，东汉王充《论衡》：“酉，鸡也。”关于鸡配酉，1931 年《岭南学报》二卷第一刊中刊载的邓尔雅的文章《地支与十二禽》，将十二支和十二生肖古字对比，认为字形有联系，酉疑似鸡冠，盖鸡之特征在冠。

3. 吉礼、吉品中求“鸡”祥

鸡，与“吉”谐音，传说能够驱除鬼怪妖魔。除了画鸡贴于门上有避邪的作用外，鸡的其他部位、形式、特质也具有辟邪的作用。比如，在河南淮阳一带至今还流传着“三月三吃鸡蛋”的民谚，当地人每当农历三月三必吃鸡蛋，祈求人丁兴旺。在浙江金华一带，端午节民间用鸡心形红白袋挂小孩胸前，据说可以祈福辟邪，且谐音有“记性”的意思，希望自家孩子学习取得好成绩。农历十月一日，河南一些地方杀鸡吓鬼，当地人相信鸡血具有辟邪的作用，并有谚语“十月一，杀小鸡儿”作为佐证。陕西扶风一带流行带布鸡的岁时风俗。每年正月二十日以后，母亲用花布缝制小布鸡，给孩子戴在胳膊上，以为如此能使孩子一年不生病。现代人们赞美鸡，主要是赞美鸡的武勇之德和守时报晓之信德。关于鸡能辟邪，李时珍在《本草纲目》中就有记载，比如说到鸡冠血，“鸡冠血用三年老鸡者，取其阳气充溢也”。“鸡能避邪，则鸡亦灵禽也，不独充庖而已。”著名学者周汝昌在《鸡年赞语》中曾谈道：“我这个津沽人，孩童时候听过很多民间故事，在人与鬼妖斗智斗勇中，大公鸡总是一员重要的角色——它一出现，必定是‘咕咕根儿——大天亮！’于是，鬼怪妖精或是仓皇逃遁，或是就地‘化为一摊脓血’。小时候想，大公鸡真了不起，真可爱。”

除了辟邪驱魅，在传统节令中，人们也用不同的艺术形式以鸡的表征来提防或对付害虫毒蝎。谷雨时节，万物复苏，许多毒虫出现。过去，人们缺乏有效的对付毒蝎害虫的方法，于是把对付它们的希望赋予一些有灵性的动物。陕西凤翔一带的禁蝎的符咒是用鸡来制伏害虫。符咒的画面中雄鸡衔着虫子，爪下还有一只大蝎子。画面上写着符咒：“谷雨三月中，蝎子逞威风。神鸡鸽一嘴，毒虫化为水……”甘肃天水一带的《谷雨贴》，画面上两只硕大的公鸡相对，各自衔着一只蝎子，两个儿童骑在鸡上，各自持着字幅，分别写着“满门吉庆”与“天官赐福”。图上写着“敕令雷神”符咒，并有着“天上金鸡一声叫，地下玉鸡次声鸣”的字样。此类图专门用在谷雨前后，在当时颇受人们喜爱。

在婚俗方面。湖北《来凤县志》载：“女至婿门，婿家陈香烛、酒醴、鸡一，祀护送神于门外，曰‘堵煞’。”这里的禳煞的形式取

"堵"，堵煞的方式之一就是用鸡。鸡的角色，化凶为吉。山东一些地方，至今还流传着结婚抱鸡的习俗，出嫁时，女方选一个男孩抱一只鸡，随花轿出发，前往送亲，鸡与"吉"同音，抱鸡就是图个吉利。布依族嫁女迎亲吃"鸡八块"，把鸡作为吉祥的外在表征作用发挥到极致。鸡头寓意雄鸡报晓，以示吉祥如意；鸡尾寓意杰出翘首，出类拔萃；鸡翅寓意欣欣向荣，鹏程万里；鸡肋寓意胸有成竹，深谋远虑；鸡腿寓意脚踏实地，不务虚名。河北、山东等地婚姻习俗中，以长命鸡为象征吉祥如意的聘物。临近新娶，男方备红公鸡一只，女方备肥母鸡一只，母鸡表示新娘为"吉人"。出嫁时，女方所备的鸡一定要由自己未成年的弟弟或其他男孩抱着，随花轿出发，并要在公鸡未啼鸣之前赶到男家，俗信公鸡还在睡觉，母鸡未睡，寓以气势压倒公鸡，今后不受男方欺侮之意。男家将公鸡交给抱鸡人，把这两只鸡一起拴在桌腿上，并不时打公鸡，直到公鸡有气无力。民间以为这是妻子婚后压制丈夫的象征。这两只鸡不得宰杀，故称长命鸡。长江三角洲一带流行"合啼鸡"的婚姻风俗。新郎迎娶时，以一只用红绸系挂的大公鸡作礼，女家不能将此鸡留在家中，新娘前往新郎家完婚时，需将此鸡带回男家。西北有喜花的风俗，姑娘出嫁时，母亲要剪喜花陪送。喜花的图案隐喻阴阳结合，男女婚配，子孙繁衍。对于喜花中的最常见的鸡，杨学芹、安琪在《民间美术概论》中认为，"剪纸中的公鸡，不是我们感觉的物质的实体，而是抽象的古代阴阳哲学观念中的阳性，也暗示着'乾坤'中的'乾'，也是暗示生殖崇拜中观念中的男性"。[①]剪纸图案，鸡中套鸡，鸡中套钱，那钱的形状为天圆地方，也有阴阳的意思。

育子方面的习俗。鸡作为生殖崇拜的象征动物，在语言中，用语体现鸡寓意着期盼子孙绵延，早得贵子的祥意。民间在说开裆

① 参见吴裕成：《酉鸡有吉》，陕西人民出版社，2007，第45页。

裤的男孩露“小鸡”的时候，带有嬉戏、关爱的意思，绝没有猥琐污秽的意思，是纯洁、透明而且清亮的。陕北凤翔传统年画《人过七十古来稀》体现了鸡作为吉祥象征物的一面。画面中一个老翁抱着一个小孙，画面上有字：“人过七十古来希（稀），抱着孙孙手摸鸡。”爷爷如此逗自己的娃娃，毫无猥亵的嫌疑，十分契合我国传统祈子的风俗。此画立意是晚年幸福，温饱无忧，含饴弄孙，其乐融融，更有家族传宗接代，后继有人之意。有的地方还会出现通过泥塑的形式塑造鸡来产生生殖的联想。在河南浚县，每逢正月十五和七月十五，庙会上能看到泥塑鸡售卖，并伴有一首儿歌流传：“给个咕咕鸡儿，生子又生孙儿。”

民间美术中也有很多以鸡或酉鸡为素材创作的艺术品，在潘鲁生编著的《中国民俗剪纸图集》中，一些地区会在孩子出生的那一年剪一个图案，比如，鸡年剪一个鸡，鸡首人身，着长袍，一副雍容华贵的气派。有的剪纸以“喜”字或者“福”字为背景，可作为贺喜、祝寿的礼品。例如，山东民间剪纸《酉鸡图》，随“福”送给酉年出生的人，带着美好祝福。山西民间剪纸酉鸡的构图采用生肖与宝瓶组合，宝瓶上一对相视的鸡代表了生肖酉鸡，寓意平安大吉。

当下，鸡的吉祥文化虽然随着时代变迁发生改变，但是依然保持自古以来的鸡的吉祥文化因子。比如，我国发行的生肖邮票《辛酉年》，原画是画家张汀创作的，他采用夸张和浪漫的手法，描绘出一只五彩缤纷、英姿勃勃的花公鸡。它引颈昂首、振奋抖扬、雄视而立，是一位勇士，仿佛一位英雄吹响时间前进的号角！我国各地启用的纪念邮戳也大多以昂首挺胸的“金鸡报晓”为主图。

“名参十二属，花入羽毛深。”鸡如同一个奇特的音符，融入了吉祥动物的大家庭，以自己的形式讲述着自己代表的吉祥文化，孵蛋、打鸣、斗鸡、谐音、辟邪、五德等特质保持了鸡的吉祥文化长盛不衰。

二、三羊（阳）开泰

羊，性情温顺。有着非凡智慧的民众对吉祥的诉求怎能错过身边如此温顺的动物！

1. 羊，祥也

羊为六畜之一，人类历史上最早驯化的动物之一。我国驯化及养羊的历史可追溯到8000年前母系氏族公社时期，那时，生活在我国北方草原地区的原始居民，就已开始选择水草丰茂的沿河沿湖地带牧羊狩猎。《说文解字》：羊，象头角足尾之形。孔子曰："牛羊之字以形举也。"凡羊之属皆从羊。汉代许慎释字义说："美，甘也。从羊从大。羊在六畜主给膳。"明末清初屈大均套用许慎的模式，在《广东新语》中说："东南少羊而多鱼，边海之民有不知羊味者，西北多羊而少鱼，其民亦然。二者少而得兼，故字以'鱼''羊'为'鲜'。"北方尤其少数民族牧羊极为常见，苏颂在出使契丹的时候，曾描绘当时北方牧羊情况："羊以千万为群，生息极繁"。不仅仅北方，西南地区养羊也十分繁盛，《滇海虞衡志》中有记载："羊于滇中为盛……省城每日必封数百，四季无间，时亦有大尾羊，皆来自迤西者。"

《说文解字》："羊，祥也。"吉祥多写为"吉羊"。"羊""祥"通假。西汉大儒董仲舒有云："羊，祥也，故吉礼用之。"《汉书·南越志》记载："尉佗之时，有五色羊，以为瑞。"李孝定《甲骨文字集释》中对"祥"字做出注解："此不从示，羊字重文。汉洗铭云：'大吉羊'，亦不从示。"王国维《观堂集林》中写道："祥，古文作羊。"在"祥"字出现以前，人们都使用羊来传达吉祥与幸福的概念。即使祥字出现了，羊作为表达吉祥的重要动物依然深深地扎根于人们的脑海中，羊与吉祥分不开，这从与羊有关的谐音祝福语中可见一斑，比如，耳熟能详的三羊（阳）开泰是吉祥的代名词，喜洋洋用来形容幸福开心的状态。

在民间神话传说中，羊是仙人的坐骑，有"仙人伴羊"的年画。

“羊”与“阳”谐音，民众就在岁首借用年画、剪纸等民艺方式呈现“三羊开泰”的形式，羊为主导表达辞旧迎新、安泰吉祥的寓意，所以几乎历朝历代都能见到。三阳开泰源自《周易》，《周易》中组成卦的符号连的为阳爻，断的为阴爻。十月是坤卦，纯阴之象；十一月为复卦，一阳生于下；十二月为临卦，二阳生于下；正月为泰卦，三阳生于下。而正月是一年之首，冬去春来，万象更新。《周易·泰》曰：“泰，小往大来，吉，亨。”乃吉亨之象。所以，以后人们就用三阳开泰来称颂岁首，寓意辞旧迎新，平安祥瑞。又因为羊与阳有着神秘的联系，古时候，羊与阳是相通的，而羊与祥也是相通的，所以三羊开泰也可以表示三阳开泰。于是，许多艺术家纷纷以三羊开泰为题材创作艺术品，表达美好愿望。

羔裘在古代被当作朝服。《埤雅·羔》：“羔性群而不党，又皆跪乳，象礼其德，宜施于朝，故古者以为朝服。”因为羊羔的美德，人们用以彪炳同样穿有此图案或衣饰的人。古代除了宫廷喜欢以羊毛皮为制品的衣服，羊毛毡还是北方民族不可或缺的物品。民间有着专门做羊毛毡的毡匠，东乡族有着民谚：“毡匠三件宝，弹弓、竹帘、沙柳条”；并有擀毡的民歌：“沙柳条伴的长弹弓，竹帘上铺上羊毛哩；心里头喜来欢欢地干，擀一条雪白的毛毡呢。”羊自古就与艺术结缘，新石器时代的彩陶以羊纹为题材，殷商时期以四羊方尊为代表的青铜器皿得到发展，秦汉时期的画像石、墓室中，羊形象屡见不鲜，唐三彩中的“三彩陶羊”堪为精品。现在许多艺术载体中也都能看到羊，比如以邮票为代表的现代艺术载体中经常看到羊图案。羊在民间也是财富的象征，有趣的是，人民币货币符号“¥”就与“羊”相似。

2. 羊于民俗中体现的祥瑞

羊作为与吉祥如此亲近的动物，自然会渗透到民众与民俗的关系中，透过与民众息息相关的习俗寄托其中的祥瑞。

一些日常礼俗中体现了羊和祥的关系。

生育方面：生儿育女的喜庆筵席上用羊，盛大的节日宴会中用羊。

有的地方民众会用羊来表达生子的喜讯。在过去，河南新乡县妇人第一胎不论男女，女婿要向岳父岳母报喜，报喜的时候除了拿一些常见的米、面、酒等之外，还必须要送一只羊。与此同时，女方家要回送给男方家一只羊，或者是给够买一只羊的钱，用来表示同喜同贺。河南林县等地，头胎报喜的时候仪式尤为隆重，人们抬着礼盒、酒坛，赶着两只褐山羊，山羊颈上绑着铜铃，一路上叮当作响。

婚俗方面：郎瑛《七修类稿》引《晋书》曰："羊者，祥也。然则婚之用羊，自汉末始。"青海土族结婚之时，男方送给女方一只羊留在女方家中，预示着在女方家继续繁衍生息，借用羊的吉祥的外在表征传递两家祥瑞之意。不像对老鼠的复杂感情，不像对老虎的敬畏之情，对于羊，民众是完完全全，从内到外地喜爱它，像跪乳之恩，像羊皮衣作为朝服寓意纯洁的德行，由于民众对羊的喜爱发自内心，有关羊的吉祥寓意就顺理成章了。长江中下游地区，婚礼之日，男方遣人担上礼品若干，送往女家，女方称这个礼品为"辞家担"。礼品中一般会有整羊一只，取吉祥的寓意。裕固族婚礼，羊有着该族特有的吉祥寓意。"瑶达曲戈"是裕固族语"羊小腿"的意思。这个瑶达曲戈是婚礼上新娘送给新郎的见面礼和结婚凭证。在举行婚礼的时候，新郎新娘要向长辈和客人磕头致谢，司仪给新娘新郎喂食一块酥油，祝他们婚后生活甜蜜、幸福。这时候，新娘将一块抹着酥油并系着一绺羊毛的羊干巴骨(就是羊小腿骨)交给新郎，表示二人从此结为夫妻。仪式结束后，婚礼上的民间艺人开始一问一答式的说唱，大体意思是：羊干巴骨上的一撮毛象征着皮毛相连，夫妻亲密无间等。唱完后，用一点酥油涂在新娘的额头上，并把羊干巴骨挂在她的腰带上，表示牛羊兴旺。在新疆的察布查尔锡伯自治县和霍城等地锡伯族的婚礼上羊则是能带来好运喜庆的吉祥物。锡伯族新娘新郎行过白头偕老的婚誓后走进新房，坐在炕沿上，这时双方兄弟姊妹都要聚集在新房内。新郎与新娘之间会放置一根羊大腿骨。接着，新人们要饮酒，饮到第三杯的时候，双方的兄弟姊妹开始抢羊骨头，如果说新娘的兄弟姊妹们抢到了羊骨头，则寓意新娘今后能持家有方，并且事事顺心，家庭幸福和睦；若新郎的兄弟姊妹抢到了羊骨头，则寓意婚后新郎勤劳能干，疼爱妻子，并能给妻子带来美好的生活。

冠礼方面：蒙古族孩子一落生，就要被包在温暖的羔皮中。根据《夷俗志·生育》记载："产时即裹以皮或毡，越三日方洗。"在孩子进行剪发的时候，人们常常用羊作为礼物。剪发是孩子长到一定年龄的成年礼，被剪之后就标志着此人成为社会成员，所以人们会赠予被剪者牲畜，说明他具备了占有生产资料的资格。这个牲畜绝大多数情况下为一只羊，特别是为孩子剪头的人（与孩子属相相合、年纪大、子孙多或者弟兄多的人）更要送羊。如果送的羊是母羊，那么不能售卖，被人们视为产业的根基，代表绵延、繁殖与发展。行剪发礼节时候，主人还要进行盛大的整羊席来招待客人①。

除了人生礼俗，羊还在一些传统吉日中发挥着祥瑞作用。民间以每月初六、初九为羊日。山东、湖北、江西则有谚语："六月六日阴，牛羊贵如金。"民间流传着"黄羊能致富，青钱可通神"之说，祭灶是腊月二十三全国比较普遍的祭祀习俗，这一天灶王爷要上天，为了让灶王爷"上天言好事"，从而"下界降吉祥"。各地民众通常会在这一天在灶王爷神像前供奉一些糖瓜蜜饯。有的地方这时最好的祭祀为黄羊，这要从一个传说说起。《后汉书·阴识传》记载：有一个叫作阴子方的人，在腊月二十三早上做饭的时候，灶神忽然现出真身，阴子方于是连忙稽首叩拜，祈求灶王爷保佑。他家里正巧养着一只黄山羊，阴子方赶快将其杀掉，祭祀灶神。从那以后，他的家中就人丁兴旺，滚滚财源，甚至三辈以后还是财运亨通。从那以后人们认为用黄羊祭祀，能带给自己财富与平安。民国进步人士林同也有诗云："祀灶令人富，相传阴子方。安知田至孝，非在荐黄羊。"

① 参见邢莉：《游牧文化》，北京燕山出版社，1995，第230—234页。

民间艺术中，羊更是民间艺术家乐于表达的对象。在诸如年画、剪纸、刻制描绘的器皿、面花等艺术中比比皆是。民间剪纸中与羊有关的内容不少。比如西北窗花中，《羊羔》《大山羊》是经典题材。陕西定边《母羊与羊羔》的剪纸，为母羊嘴中衔着苜蓿，羊羔在母羊肚子下面吃奶，表达了母子情深的美意。在甘肃庆阳民间剪纸中，巧手魏桂花所剪双猴献羊，充满了喜庆与吉祥的气氛。在中国寺庙建筑、古典园林中，常会搭配一些吉祥动物的图案，羊作为与吉祥紧密相关的动物，自然不能少。四川成都有一个叫青羊宫的道观。根据《太平御览》引《蜀本纪》记载，老子将千言《道德经》传授给尹喜，让尹喜修道千日以后，去成都青羊肆中找他。后人根据这个传说修建了青羊观，后来更名为青羊宫。殿内供奉着一对铜羊，其中一只是单角铜羊，形象十分怪异，鼠耳、牛鼻、虎爪、兔背、龙角、蛇尾、马嘴、羊须、猴头、鸡眼、狗腹、猪臀，集十二属相于羊一身，有点唯羊独尊的意思。另一只是双角铜羊。这两只羊被视为神羊。宫内道士以及游客都喜欢抚摸羊身，祈愿吉祥、幸福，祈求避祸。

3. 羊神佑八方

羊现实中是温润顺从的家畜，在文化层面中，羊由于在人们生活中十分重要的作用，受到先民的敬仰，被认为是拥有神力的动物，能庇佑八方。脱离于现实语境，羊变成了谷神、树精、雨神、岳神等，甚至能主持公道，分辨是非曲直。《山海经》中常常出现描写羊的场面：一半是羊，一半是其他动物的神；或半人半羊的神。《山海经·东山经》："凡《东次三经》之首……其神状皆人身而羊角。"《山海经·西山经》："钱来之山……有兽焉，其状如羊而马尾，名曰羬羊。"

其一，羊作为五谷神，有着仙人持穗骑羊传说，还有五羊衔谷降临的传说。据陶宗仪辑顾微《广州记》记载："广州厅事梁上，画五羊像，又作五谷囊，随像悬之，云昔高固为楚相，五羊衔谷萃于楚庭，故图其像为瑞。六国时广州属楚。"羊作为五谷神带来祥瑞，寓意五谷丰盛。广州号称羊城，源于美好的传说：周夷王时，五个仙人骑着口衔六穗优良谷穗的五只羊降临楚庭（传说广州最早的名字），将谷穗赠给人们，祝这里永无饥荒。仙人言毕隐去，羊化为石。

其二，羊还作为树精。《太平御览》引《玄中记》曰：“千岁树精为青羊，万岁树精为青牛，多出游人间。”千年的树精是青羊，人们从这里附会出食用羊须所化出的珠子可以长寿的传说。《法苑珠林》引《幽明录》中说过，晋时洛阳有个人误入一深不可测的洞穴。他赍尘为粮，历时许久，来到一处都城前，郛郭修整，宫馆壮丽，台榭屋宇，金碧辉煌。城中之人皆长三丈，身披羽衣，奏着奇妙的乐曲。所过之地如是者有九处。他到最后这个地方时，饥饿难耐。一个长三丈的人指着庭中一棵近百围的大柏树说：树下有一羊，你去跪捋羊须。洛阳之人饥肠辘辘，听后迅速照办。一捋得一珠，不想却被长人取走；次捋所得珠亦被取走；最后一捋，又有一珠，长人让他吃下这颗珠，即得疗饥。他问长人九处都城的名字。长人说：你回去后问那位知识渊博的张华吧，他应该知道这个地方。洛阳之人便随穴而行，回到洛阳方知此一往还，已是六七年过去了。他将所历之事告知张华，张华说：九处地方仙名九馆大夫，羊为痴龙。食第一次那颗珠可与天地等寿；第二次那颗可延年益寿；第三次那颗只可充饥而已。

其三，羊还与司雨发生着关联。《孔子家语·辩政》中有用羊命名的吉祥鸟，给人们报告雨的讯息。其文曰：“齐有一足之鸟，飞集于宫朝下，止于殿前，舒翅而跳。齐侯大怪之，使使聘鲁问孔子。孔子曰：‘此鸟名曰商羊，水祥也。’昔童儿有屈其一脚，振讯两眉而跳，且谣曰：‘天将大雨，商羊鼓舞。今齐有之，其应至矣。急告民趋治沟渠，修堤防，将有大水为灾。’顷之，大霖，雨水溢泛诸国，伤害民人，唯齐有备不败。”也有人说商羊就是雨师神者。《三教源流搜神大全》卷七记载：“雨师神，商羊是也。商羊神鸟，一足，能大能小，吸则溟渤可枯。雨师之神也。”这只叫作商羊的鸟拥有神力，为齐人传递及时的讯息，使得民众免于灾祸，国安家顺，鸟采用羊来命名不免让人联想到《异闻录》中放牧之羊能乘风雨的能力吧。

其四，古代羊还与“阳”相通。《史记·孔子世家》中孔子说文王“黯然而黑，几然而长，眼若望羊”。汉刘熙《释名·释姿容》对望羊注解为：“羊，阳也。言阳气在上，举头高，似若望之然也。”清毕沅的《释名疏证》：“古羊、阳字通。”羊还被作为山神、土神与石神进行供奉。比如，彝族有祭祀山伯的风俗，山伯被当作地方的保护神。人们献祭杀牲，对山进行祈祷，祈愿山伯庇佑此地，庇佑自己的部族人丁兴旺，家畜平安。

其五，羊被人们尊奉为能辨别曲直的神物。民众对羊的神化与夸大使得人们足以相信羊能像强有力的人物一样解决社会上的问题，有时人类难以做到的，它却能办到，其中就有人们常说的神羊獬豸。汉代王充《论衡·是应篇》中记载：觟觽，一角之羊也，性知有罪。皋陶治狱，其罪疑者令羊触之。有罪则触，无罪则不触。斯盖天生一角圣兽。”据传皋陶是尧时候的大臣，为大理，作五刑。他断案的时候，凡是怀疑对象就让一角羊去触之。神羊能判断曲直，有罪就触，没有罪就不触。皋陶为公正办案奉敬神羊，“皋陶敬羊，起坐事之”。随着历史的发展，神羊被赋予了一定的现实属性，演变为公正执法、辨别是非曲直的象征。于是在朝服中可以看到执法者以及吏官官服都会有着神羊獬豸的图案装饰其上。从秦代一直延续到清朝。清朝时御史以及按察使的补服前后均绣有獬豸图案。北周庾信《正旦上司宪府》有诗：“苍鹰下狱吏，獬豸饰刑官。”许多官员，尤其是执法者都会把独角兽放到案头，以提醒自己秉公办事、廉明清正。而獬豸传说中能辨罪罚，民众相信其也能识破邪祟，具有了辟邪的能力。《杂五行书》记载：“县（悬）羊头门上，除盗贼。”《本草经》记载“羖羊角，主辟恶鬼虎狼，止惊悸。”《说文解字》记载：“祋……或说城郭市里，高悬羊皮，有不当入而欲入者，暂下以惊牛马，曰祋。”这些民间以羊或羊的类似物来避邪的习俗来自原始图腾庇护的心理，因为原始社会中有用羊皮、羊毛去覆盖屋宇的习俗。社会在发展，原有的图腾以民间俗信保留，羊演变成为明了、辨别盗贼和不当侵入者、驱除邪祟猛兽的神物。

其六,从羊神无所不包的能力上可以看出,“羊”必然有特定含义。上文所知，羊，古为祥也，而祥的偏旁“示”为“神事也”。于是乎，祭祀羊就是一件神事。祭祀是沟通神与人的仪式，而祭品是传达神与人之间交流的纽带，所以，羊在这里成为幸福、吉祥的使者。

羊是人们心目中美好、善良、知礼、知义、知孝、避邪、纳吉的吉祥动物。我国的羊绝对不仅仅是普通的动物，它是融入了我国人民的宗教信仰、审美情趣、生产经验、生活感悟等的颇具人文意义的吉祥动物。

三、肥猪拱门

猪，作为十二生肖最后一位，六畜之一，在现实生活中发挥着举足轻重的作用，为人类提供营养，功不可没；那么，猪是否也在文化中发挥着作用？从下文中可以了解它在文化中是如何表达吉祥的。

1. 猪的文化含义

猪是人类非常熟悉的家畜，为十二生肖之末。猪（豬），按照许慎的“六书”造字理论来看，是个形声字。在甲骨文中，豕表示猪，豕是个象形字，主要突出了猪硕大的肚子。在古汉字中，不同的文字形态反映了不同品种、年龄、性别的猪。比如，彘和猪是我国东西部方言的差异所致，河北上谷的猪叫豭。大小、年龄不同叫法也不同，豟（e）为五尺大猪，豚、豘、豯亦指小猪，豵指六个月或一岁的小猪。在猪的性别上又有公母和阉割之猪之分，豭、豵（zòng）指公猪，豝、豱（lóu）指母猪，豮、豷（wěi）指的是阉割的猪。在猪的形态上，豨、豲指的是野猪，豥指四蹄皆白之猪。汉字有如此多关于猪的描述，可见猪从很早就体现出其重要地位。

猪不仅在古汉字的分类细多，而且在民间，猪也有许许多多的名字，诸如，刚鬣、糟糠氏、亥氏、乌将军、黑面郎、天蓬元帅、长喙将军、乌羊、乌金，等等。黑面郎是因猪的面部发黑而得名，糟糠氏是因为猪吃的是糟糠，故称。还有乌金，唐代诗圣杜甫有诗云："家家养乌金，顿顿食黄鱼。"唐代笔记小说集《朝野佥载》说，唐代洪州人养猪能够致富，叫猪为乌金。家家养"乌金"是因为人们相信养猪具有生财的含义。其称谓各有意义，不再赘述。十分巧合的是，在我国的乌蒙山与金沙江一带就有一种猪叫作乌金，形象、地域与习俗有机地在猪的身上融合了。可见在农耕文明的中国，猪文化内涵之丰富。

猪的吉祥寓意不像其他一些动物，借助谐音，简单明了，猪的吉祥文化更多来自它的生活习性、历史渊源中。

我国养猪的历史可以追溯到12000年前，早在新石器时期就有了被豢养的猪。早期的猪被赋予几分神性，中国的龙形象更多地相似于猪，可见猪的神圣性。汉代注重厚葬，在丧葬习俗中有着握玉的习俗，说的是死者手中要牢牢握住一块玉，而这块玉就是猪的形象。"握"是亲人不希望死者空手而去，而"猪"是富贵和财富的象征，因此"握猪"就是要在死后也带走"财富"。比较著名的如，中山靖王刘胜的墓中就有玉猪。由于玉猪价格昂贵，材质慢慢改变，但是猪形象依然保留，东汉以后出现了石猪、陶猪等随葬品。这时猪更多的是神性大于俗性。还有，徐显之在《山海经探源》一书曾提道：在《北次山经》中一共叙述了46座山，其中有26座山是崇拜猪的。古老的豕韦氏就是猪图腾民族。由此可见，猪在史前先民生活中作为图腾出现，这种崇拜随着社会的发展，结合猪本身繁殖力强、体型肥大、脂多肉多、蓄养快的特点很容易与丰乳肥臀、善生养的特质找到共通之处，人们让猪逐渐从神性往人性层面过渡，附会了猪一种多产、繁殖力强、丰收等文化渴望，猪成为其意的一种物化体现。即使当下，依然可以在东北的鄂温克族、满族等民族的一些装饰物上看到绘制的猪形象。

在社会不断进步中，猪慢慢从神坛走到民间世俗。浙江余姚河姆渡新石器文化遗址出土过陶猪，整个外形与现在的猪形象十分相似，可以说猪的驯化已初具雏形。这得益于中国人早早开始驯化野猪，精心培育，久而久之，形成了丰富多样的猪种资源，在古代文献中，就有描述猪种类多样的文字。汉代扬雄的《方言》记载："猪……关东西谓之彘，或谓之豕。南楚谓之狶，其子或谓之豚，或谓之貕。吴扬之间谓之猪子。"当时人们养猪不仅仅食用，还在一定程度上用牲畜多少来显示自己社会地位高低与富裕程度。也就那时开始，猪成为人们祭祀不可或缺的符应。尤其是家族祭祀，逢祭必有猪作为祭品，"陈豕于室，合家而祭"。这也就是现代汉字"家"上面一个宝盖头下面一个豕字的由来。也有人解释说，家是农耕社会居室之下养的猪。在古代的汉族还流传着一种"打母猪鬼"的民间驱邪活动。要是谁家遇到什么不幸的事情，家中长者便在家中设摆香案，以打母猪鬼的方式来祭祀，向神灵祈愿，驱邪避祸。祭祀的时候，要选定黄道吉日，杀老母猪，将肝、肺、蹄、肠等放在一个筐里，摆在堂屋中间，主祭人燃香祝拜，祭完后，将内脏煮熟后家人分吃掉。这是因为民间认为"杀死一母猪鬼，驱除一个邪"。

不光是家祭与猪密不可分，当时的社会活动也与猪有着千丝万缕的关系，例如，甲骨文中的"事"字，像是人用双手举着长柄来网捕猪或是野猪的样子。再比如"敢"字，有衡量人是否勇敢，就看他徒手捉猪时是否怯懦之意。猪也是勇往直前的代表词。可能我们印象中猪是温顺老实，憨厚可掬的样态，与勇往直前不沾边，这主要是因为猪是人类长期驯养后的产物。其实，野猪性情凶暴，善于搏击，所以，未驯化的猪、保留天性的猪具有"勇往直前"的特质。

2. 风俗处处"猪"吉祥

在我国传统艺术中，有着丰富多彩的猪形象，在刺绣、陶瓷、剪纸、刺绣、布玩、面塑等民间艺术品中都有其身影，这是猪真正走向民间的表现。

至今农家依然有给孩子制作猪头鞋、猪头帽、猪形小枕的习俗，以寄托大人对孩子的美好祝福。每逢年节之时民间精湛的面花馍馍中也不乏猪的形象。在民间一些窗格格上贴着不少憨厚的小猪窗花，喜庆节日约定俗成地在门上贴上猪宝宝，既庆祝当年的丰收，又祈求来年美满富足。陕西宝鸡一带有猪形布枕、布玩，制作精美，在丰满的身躯上绣着花朵、缀着彩线穗子，稚气满满，可爱至极。至今在我国大多数家庭中储存硬币的储蓄罐仍多是猪形。所有这些猪形象都丰满可爱，憨厚拙朴。

除了民间工艺美术，岁时节日与人生礼仪也无时无处不体现着猪的美好寓意。“小孩小孩你别哭，进了腊月就杀猪；小孩小孩你别馋，过了腊月就是年。”一个俏皮生动的俗语描述出了过年杀年猪的习俗。在春节前，人们紧锣密鼓地忙碌年，离不开猪的吉祥文化。传说女娲创造万物的时候，先创造了六畜，人们认为大年初三是女娲造猪的日子，那日叫作“猪日”，人们盼望着那天肥猪能够拱门，财富主动送到门前，日进斗金。在天津、河北等地有“肥猪拱门”的节日窗花。《客退记谈》曰：“猪入门，百福臻。”“肥猪拱门”用黑色蜡光纸剪成，猪背上驮一聚宝盆，窗花需左右各贴一份，表示福运临门、招财进宝的含义。猪生育能力强，一胎生多子，也寓意着人丁兴旺、丰收吉祥。

我国幅员辽阔，与节日、人生礼俗有关的猪文化在各个地区产生了不同的文化习俗表征。

华东一带在杀猪时讲究“一刀清”，一刀清的意思就是要一刀杀死，如果一刀没有把猪杀死是不吉利的预兆。在陕西地区，有这样的结婚习俗，在婚礼前一天，男方要送一对猪蹄、四斤猪肉，称“礼吊”，女方在收到“礼吊”后，还要将其中的猪前蹄退回给男方。在结婚后第二天，夫妻二人要带猪后蹄以及双份挂面回到娘家，娘家在留下挂面后，将猪后蹄退回，俗称“蹄蹄来，蹄蹄去”，借助猪文化的表征表达今后往来密切的美好寓意。无独有偶，在中原地区，男子娶媳妇的时候，要准备几十斤甚至上百斤猪肉给女方送去，这些猪肉当地叫作“礼肉”或“离娘肉”。别看它是普通的肉，在这时在选择和寓意上就变得十分讲究了，一般多为新鲜的生猪肋条肉和猪后腿。农户人家讲究吉利，送肋条肉时，肉块的大小以有六根肋骨为最好。山东沿海的渔民有杀猪祭海的习俗，这种仪式是祈求给自己带来财运，当地称为“杀发财猪”。云南西双版纳的布朗族，在婚礼的当天，男女两家要杀猪请客。除了请客吃饭外，还在猪肉上做文章：猪肉要切成小块，并用竹竿串起来分送到各家各户，表达“骨肉之亲”的美意。四川凉山州彝族逢年过节流行送猪脑壳，张家界土族祭祀祖先还要吃一种猪血饭，畲族还有抢猪节等。

猪浑身都是宝，中国可以称得上“猪宴之邦”，不光猪肉能成为人们饭桌上的美味佳肴，猪还有其他很多的功用。这方面的记载很多，如《肃慎国记》云：“猪放谷中，食其肉，衣其皮，绩猪毛为布。”猪的皮毛可做人类衣物、甲胄、茵鞬等的材料。明李时珍在《本草纲目》中列举了猪的几十种药用价值，奉猪为二十六畜之首。猪肠、猪脬可以用来防治柑橘虫害。南宋《鸡肋编》记：“用猪羊脬（膀胱）盛脂其中，张口置蚁穴旁，俟蚁入中，则持之而去”，以此防柑橘虫害。甚至猪的排泄物猪尿、猪粪以及猪骨汁等都是农家肥料的主要来源，它为农业的增收提供了保证。

总之，猪与猪文化深深地嵌入许多人的生活中，所以几千年来，吃猪，用猪，说猪，猪在许多大小祭祀事件中扮演了不可或缺的角色。人和猪共同生存，猪成了人们的好朋友。同时，猪带给了人们实实在在的好处，自然人们附会了猪以富贵吉祥的文化寓意。它带给人类的美好就如同它的形象一样憨厚朴实。

肥猪拱门，安定富足，祝福平安，人们用智慧赋予了猪各种美意，这种美意是人们内心追求真善美的体现。

四、兔寄吉瑞

“茕茕白兔，东走西顾。”兔，十二生肖之一，有家兔和野兔之分，而家兔与人关系密切，可观赏，可食用，兔毛可以供纺织用，毛皮可以制衣物。

1. 玉兔拜福

在民俗文化中，兔子的形象多种多样，有写实的兔子，有兔首人身的形象，有生肖兔的形象。早在新石器时代，兔子就成了人们狩猎的目标，在北京周口店北京人遗址一处 20 世纪 70 年代发现的洞中，洞穴上部与下部堆积了不少动物骨化石，通过辨认与鉴定，其中就有野兔的骨骸。要想深入理解兔子的吉祥文化而不失偏颇，首先整体观察兔子的习性，因为所有的吉祥文化都是起源于动物的特性或者谐音，之后从中抽象出符合求吉避祸主旨的因素并附会吉祥寓意才逐渐形成的。兔子，有着和善、敏捷、灵巧、生育能力强等文化基因。

十二生肖是我们最熟知的动物文化，牛、马、羊、鸡、狗、猪是中国人最早驯养的家畜，虎、蛇、猴是活动范围较广的野生动物，而龙是神话中的动物，兔子繁殖能力强，比虎、猴常见，本书把兔子分到栖居人身边的吉祥动物，是为了阐释的方便。而且兔子对人畜无害，使人们喜欢把它与其他生肖放置在一起，获得吉祥瑞意。比如，兔子和牛都是善良的化身。在旧时，湖北南漳、长阳一带以农历八月十五为牛王生日，这一天要诵经，祈愿耕牛健壮有力。那牛王生日与生肖兔有什么关系呢？因为，诵经时间要选在卯时，据说因为卯属于兔子，“兔”与“透”谐音，经文要诵透，才能如愿以偿。在有些地方，中秋节晚上祭月的时候，月中玉兔也会被供奉。再如，民间工艺品中有骑老虎的兔儿爷。在青海省河湟地区，民间俗信认为兔子、猪与羊一起是“大相合”的组合，认为这三种属相的男女是吉祥的婚配。也有的地方说兔配羊姻缘美满，与狗婚配是“青兔黄狗古来有，万贯家财足百斗”。兔子还和鸡有着不解之缘，兔子属于太阴，为月魄，是月亮的象征；而鸡是阳精，唤起太阳升起的号手，太阴太阳相持相容。

其中最经典的组合要数蛇与兔子，以前人们就认为蛇机智、灵动、善于敛财，又俗信以为梦蛇兆财；而兔柔顺、温和、善于守财，故二者的结合是最理想、最吉利的属相配。在山西吕梁地区，对蛇盘兔的推崇可谓是代代相传，绵绵不绝，是凡婚丧嫁娶一定会贴有蛇盘兔的剪纸窗花，喻示朝气勃勃、多姿多彩、喜气洋洋。用这种窗花装饰喜房以表示婚配合成，美满幸福，子孙繁衍昌达。那蜿蜒的长蛇，中间盘着一只含灵芝的兔子，蛇代表龙，兔含灵芝代表将来生下的娃娃福禄吉祥。这仅仅是一种以吉祥寓意为祈愿的传统俗礼，并不是结婚者就要属蛇和属兔的，是人们通过剪纸这一艺术形式借助蛇与兔的吉祥寓意提出对婚姻的美好的企盼。除了在婚俗中有着迎祥的习俗外，蛇盘兔在尊老敬老发扬孝道方面也表现祥瑞之意。比如，在山西介休一带，人们每到清明节之时都要蒸面食，用面捏成蛇盘兔蒸熟，据说用蛇代表介子推的母亲，兔代表介子推，蛇盘兔表现了母子同心，儿尽孝道，后世永传。以上这些祥瑞的组合离不开兔子被民众认可是习性和善的动物，它还是广结善缘，左右逢源的代表动物。民风民情、现实生活中体现出了人们对兔子的情感与意愿。

兔子奔跑速度极快,所以古人在兔子身上寄托了快速前行的希冀。《说文解字》曰 :“㲨，狡兔也。”段注 :“狡者，少壮之意。兔之骏者。”因此兔子的快速奔跑能力被嫁接于古人出行的主要工具——马身上，附会出一种奔跑神速的马，飞兔，亦作“飞菟”。《吕氏春秋 · 离俗》：“飞兔、要袅，古之骏马也。”高诱注 :“飞兔、要袅，皆马名也。日行万里，驰若兔之飞，因以为名也。”《三国志 · 吕布臧洪传》：“布有良马曰赤兔。”裴松为《曹瞒传》注解曰 :“时人语曰 :‘人中有吕布，马中有赤兔。’”现在经常说的“动如脱兔”也体现民众对兔子奔跑极快，行动敏捷矫健的认可。

兔文化还和巧有着联系。1976 年发掘殷墟妇好墓，其中出土了三件玉兔，又出土了 26 件有“司（㚥）母”铭文的青铜器。甲骨文字“㚥”从㲋从丂，应以丂为声。“㚥”读为“巧”。“巧”和“好”古韵同部，意义相近，《释名 · 释言语》：“好，巧也，如巧者之造物无不皆善，人好之也。”古人名好字巧母，是非常自然的①。巧母，郭沫若指出：“古人女子无论已嫁未嫁均称某母。”兔子为何与巧母产生联系？其一得益于兔子机警灵活的习性；其二，兔子属于相对柔弱的动物，从古至今，人们总认为柔弱者往往巧，至今民间还流传着“巧女多病”的说法。

兔子繁殖能力很强，现实中兔子几乎一个多月就可以生育一窝小兔子。家养的母兔一年可以生育 180 只以上。就是如此的生育能力，使得兔子受到生殖崇拜。早期科学并不发达的时候，巫术思维引导着民众，民众相信雌兔只要望望月亮就能怀孕。于是就有了如下的描述，王充《论衡·奇怪篇》记载：“兔吮毫而怀子，及其子生，从口而出。案禹母吞薏苡，卨母咽燕卵，与兔吮毫同实也。”雌兔添吮了雄兔子的毫毛怀孕，想象“感而不交”就能生育。陆佃云：“兔，吐也。明月之精，视月而生，故曰明视。咀嚼者九窍而胎生，独兔八窍，五月吐子而生。”《尔雅·释兽》：“兔子曰娩。”认为兔子的孩子就是分娩的娩。久而久之，兔子在人们心目中成了容易孕育，多子多育的动物代表，有了求子繁育的吉祥寓意。

从现实中附会出兔子的种种美好特质后，人们开始神化兔子，进一步提高兔子的地位，这就有了兔子与月亮的关系。柳宗元《天对》说：“玄阴多缺，爰感厥兔，不形之形，惟神是类。”认为兔子是月亮中的神。洪兴祖认为：“菟与兔同。”并引用《灵宪》云：“月者，阴精之宗，积而成兽，像兔阴之类其数偶。”苏鹗《演义》记载：“兔十二属配卯，住处望日月最圆，而出于卯上。卯兔也。其形入于月中，遂有是形。”引《古今注》曰：“兔口有缺。”《博物志》进一步注解：“兔望月而孕，自吐其子。”从这些引文中可以看出兔子与月亮的联系，兔子是穴居动物，阴处，月为太阴，二者都属于阴之类。兔子三瓣嘴，口有

① 参见李学勤：《论“妇好”墓的年代及有关问题》，《文物》，1977（11）。

缺，而月亮除了望日以外也是有缺口。又描述说兔子望月能怀孕，月中的兔子为雄性，地上的雌兔只要望月就会怀孕，就这样，历史不断地演绎与附会，兔子就被凿实了生活在月宫中。不仅有文字演绎兔子与月亮的关系,考古中也发现了反映古人对兔子在月中的认同的实物。成都市郫都区新胜镇东汉晚期墓石棺画中，有一幅伏羲捧日，女娲捧月,日中有金乌,月中有玉兔的图画。东汉时期的武威磨咀子 23 号墓，墓中棺盖覆盖着画面朝下的铭旌。铭旌上部是日月图像。月中有玉兔和蟾蜍，兔子在上面，长长的耳朵竖起，大眼睛，短尾微翘，四足腾空，正在向左方狂奔。唐代铜镜中常有一个圆月的图案，月中有一株桂树，树下的左方是一只玉兔，长耳，短尾，像人一样直立着，前肢持杵，杵下一药钵，玉兔正在捣药。汉代的《乐府诗集》中有："白兔长跪捣药虾蟆丸。"晋代傅玄在他的诗中说"兔捣药月间,安足道"，"月中何有，玉兔捣药"。

月中玉兔捣药的传说，说月亮之中有一只兔子，浑身洁白如玉，所以称作"玉兔"。这种白兔拿着玉杵，跪地捣药成虾蟆丸，服用此等药丸可以长生成仙。久而久之,玉兔便成为月亮的代名词。古时候，文人写诗作词，常常以玉兔象征月亮，后来人们不仅仅相信玉兔捣的是长生药，而且有了捣药的玉兔长生不老的说法，在老百姓的想象中，天天捣长生不死药、玄霜之药的玉兔终会有品尝灵药的机会，结果就也沾了仙气，长生不老了。唐代诗人杜甫写过"入河蟾不灭，捣药兔长生"的诗句，辛弃疾的《满江红·中秋》亦以玉兔表示月亮。晋代葛洪《抱朴子·内篇·对俗卷》记载："……虎及鹿兔，皆寿千岁。寿满五百岁者,其毛色白。能寿五百岁者,则能变化。"《极言卷》记载："又彭祖之弟子，青衣乌工、黑穴公、秀眉公、白兔公子……七八人皆历数百岁,在殷而各仙去。"民间有"嫦娥奔月,玉兔拜福"的传说，传说不外乎有一只在桂树下不停地捣药的玉兔，捣的是长寿不死药，捣药的动作又如同拜寿时作揖的动作；同时，月亮是仙宫的象征，自然兔子也沾上了仙气，因此兔成为福寿的代名词，民众自然而然在佳节把求吉避祸的愿望寄托于月宫中的玉兔。后来，玉兔捣药的形象或图案常出现在绘画、铜镜、食品中，十分地流行。因为兔子本身形象可爱，不仅仅象征圆满、长寿，而且还代表着善良、和平、机警、敏捷等美好意象。

2. 兔子的俗信

旧时，京津地区中秋那天供桌上会供奉“兔儿爷”，天津人叫作“兔二爷”，山东济南称“兔子王”。兔儿爷是融人、神与兽三者于一体的集合物。最早出现于明末，开始的时候只是中秋祭月仪式的专用之物。《燕京岁时记·兔儿爷摊子》云：“每届中秋，世人之巧者，用黄土抟成蟾兔之像以出售，谓之兔儿爷。有衣冠而张盖者，有甲胄而带纛旗者，有骑虎者，有默坐者。大者三尺，小者尺余。”这里的黄土是黏性很强的黄土胶泥，兔儿爷就是以此为原料，然后用石膏模具扣出。明代纪坤在崇祯三年（1630）作《戏题》诗：“布席陈瓜果，俨然东郭毚。向来闻捣药，此日竟为神。狡计怀三窟，清光借一轮。韩庐休侧目，长近月中人。”并在诗前写一小序注解：“京师中秋节，多以泥抟兔形，衣冠踞坐如人状，儿女祀而拜之。偶题一诗，时崇祯庚午岁也。”与兔儿爷相配的兔儿奶奶，形象模仿妇女，发型多样，有两把儿头、平三套、元宝头、苏州撅等。两者在一起共同烘托着节日的氛围，表达和谐圆满的瑞意。兔儿爷人身兔面，虽然已经拟人化，但是兔子的形象清晰可辨，比如嘴还是三瓣嘴，嘴角下垂，小眼睛，两颊抹红，面如傅粉，一双长长的耳朵在售卖的时候会现场插上。左手端着捣药钵，右手把持捣药杵，脚着厚底靴，这就是最为正统主流的兔儿爷形象。

以前只要一过了七月十五，北京东四牌楼一带的兔儿爷摊子就蜂拥而现，售卖兔儿爷的商贩如约而至，在那里目光可及之处都是卖兔儿爷摊子，大街小巷，高高低低，大大小小，五花八门，好不热闹，至今还流传着“兔儿爷打架——散摊子”的歇后语，可见其影响深远程度。随着历史更迭，社会发展，习俗演变，到了清代，这种泥制的兔首人身的偶像的功能已由祭月转变为儿童的中秋节玩具，其形象经过民间艺人的大胆改进，已经拟人化了。大的受人供奉，小的既能当孩子们的玩具，又是孩子们祀拜的对象，“小儿女祀而拜之”。兔儿爷中造型比较奇特的就是兔儿爷骑虎的，称为卯兔驭寅虎。“兔子请老虎——寅吃卯粮”这个歇后语说的是在十二地支中，寅排在前面，卯排在后面，而寅属于老虎，卯属于兔子，前一年的老虎吃了后一年兔子的粮食，是入不敷出的意思。而兔儿爷骑着老虎寓意恰恰相反，是卯吃寅粮，前一年成为后一年的基础，表达吉祥有余的瑞意[①]。

之后，喜爱兔儿爷的受众群体的范围不断扩大，带来了制作方面的精致追求，出现了一种下颌和肘关节都能活动的兔儿爷，俗称“吧嗒嘴”，形象更讨人喜欢。也有骑着狮象等猛兽，仙鹤、麒麟、孔雀等祥禽瑞兽的，特别是兔儿爷骑虎，格外新奇。随着兔儿爷受欢迎程度的增加，更多的艺术形式附会其中。除了金甲红袍、端坐莲花之上的主流的兔儿爷外，常见的兔儿爷大致分为戏曲角色型与生活型两类。前者脸谱穿戴、身段神气，或头戴盔甲，身披戢袍，或背插纸旗，有立有坐。后者更加人性化，也更趋社会时尚，如剃头师父、卖馄饨、卖茶汤小贩、缝鞋匠人……社会群像应有尽有。现在还出现了风俗性兔儿爷，这类兔儿爷安排在特定的环境中，每组可以多达百十件，神态各异，十分好看。有烧香拜佛的、迎娶媳妇的、看杂耍的、逛庙会的、办满月的等活动与场面，红红火火，热热闹闹。

除了尊兔，还用兔祭祀。周代祭祀有时候用兔子，汉代的时候亦然。汉班固《东都赋》：“于是荐三牺，效五牲，礼神祇，怀百灵。”李贤等注解：“《左传》郑子太叔曰：‘为五牲三牺’。杜预注云：‘五牲，麋、鹿、麏、狼、兔也。’三牺，祭天地宗庙之牺也。”周代祭祀祖先时也有兔子，《礼记·曲礼下》云：“凡祭宗庙之礼，牛曰一元大武……兔曰明视。”孔颖达疏：“兔曰明视者，兔肥则目开而视明也。”其中以

① 参见吴裕成：《十二生肖与中华文化》，天津人民出版社，1992，第279页。

兔子为主的祭品有兔醢，兔醢就是兔肉酱。《周礼·天官冢宰·醢人》曰："醢人掌四豆之实……加豆之实：芹菹、兔醢……凡祭祀，共荐羞之豆实。"《金史·志第九·礼三》记载祭祀宗庙的场景："光禄卿帅其属，入实笾豆……豆之实，芹菹、笋菹、葵菹、菁菹、韭菹、酏食、鱼醢、兔醢……以序为次。"对于"事死如事生"的古人来说只有美好的东西才会献祭给祖先，获得美好寓意的兔子一直是历代祭祀的首选，可见兔文化祥瑞。

3. 生活、艺术与兔子

我们的生活也与兔子息息相关，引导或规制我们生活的习俗中多处体现着兔文化，而这些文化都有着或多或少，或明或暗的祥瑞之意。

兔子被称为"月精""月魄"，以赏月、祭月、品月为主题的中秋节自然离不开兔子。旧时中秋节祭拜月神，要摆放香案，上边供奉着印有"太阴星君"的"月光码儿"（月亮神码）和玉兔捣药的纸像，或者有月光菩萨的神像，祈祷和善、平和、祥瑞。有的地方"男不拜月，女不祭灶"。这种祭拜仪式其实从上文可知，也暗含着生育崇拜的美好祈愿。因为，月亮中的兔子为雄兔，生殖能力又强，妇女认为祭拜月亮就会尽早有身孕。供月的时候必然有月饼，我国各地都有在中秋节制作月饼食用的习俗，而有些传统的月饼纹样上面会有兔子的形象。此景多见于古籍文献中，如清彭蕴章的《幽州土风吟》记载："月宫饼，制就银蟾紫府影，一双蟾兔满人间。悔煞嫦娥窃药年，奔入广寒归不得，空劳玉杵驻丹颜。"清代富察敦荣《燕京岁时记》曰："至供月饼，到处皆有，大者尺余，上绘月宫、蟾兔之形。"北京早年间有直径一尺大的月饼，立在硬木座上作为神位，大月饼上面刻画着广寒宫前的玉兔捣药的图案。山东民间制作月饼，饼上面捏出了兔子或者兔子捣药的造型。

除了中秋节，其他传统节日也会有瑞兔的身影。春节前，会剪窗花，兔子是窗花之一。元宵节也叫灯节，兔灯是极为常见的一种灯，因为玉兔是月亮的象征。山东有的地方还塑面灯，其中就有豆面兔灯的生肖灯。这种面灯是由孩子的奶奶或者母亲来做，盛油的灯盏由面捏的生肖动物驮着或者由捧着，到了晚上一齐在桌上点燃，表示祛病消灾，又表示阖家团圆，祈求一家人兴旺发达。此外，兔子和狗相配的彩灯为“六合”灯彩之一。农历九月九日，华北一带有吃“迎霜兔”的习俗，即为吃兔肉，以求得长命百岁。因兔子繁殖力强，故民间有赠兔画作添丁之贺的习俗。

兔子不仅见于我国传统生活中，在民间艺术、精英艺术中也表达着祥瑞之意。我国黄河流域的民间年画、剪纸中会经常看到兔与蛇同时出现，这与民间俗语“蛇缠兔，必定福”的吉祥寓意有重要关系。陕北地区也有以“蛇盘兔”为主题的剪纸题材，蛇身盘绕，中央有一只兔子，蛇头和兔头相对，寄托着生活富裕的愿望。这也来自陕北地区“男属蛇，女属兔，男女婚配好姻缘”的说法。剪纸中的兔子有的坐在那里，大眼长耳，身上用精湛的工艺剪制出锯齿纹点缀。有的造型洗练，强调动态感，生动质朴，从生活气息中解读出生活美好的意味。年画中会常见嫦娥奔月或月中嫦娥的表现主题，也必然会有一只小兔子在旁。齐白石大师 1951 年创作了一幅《仙桂玉兔》立轴画。画中上半部分是仙桂树枝叶，下半部是三只兔子，一只黑兔，一只灰兔，还有红眼睛的白兔。三只兔子聚在一起，黑、灰兔仿若在窃窃私语，白兔也想参与其中。侧题款：“月中仙桂兔应娇。秀仪女弟属。九十一岁白石。”画家把通人性的兔子描画得栩栩如生，借助兔子表现对生活、生命的无限热爱。兔子的玉雕、石雕、陶塑自古有之。汉代画像石刻和砖画中，常有玉兔、蟾蜍、三足乌、九尾狐等灵兽并列在西王母旁边。传说中，它们是供西王母差遣的。西王母神台下面有一只玉兔，圆眼、竖耳、短尾，单膝跪于地上，拿着棒杵在碓臼中捣药，捣的就是西王母制作的长生不老之药。还有兔子生肖俑，形象为兔首人身，穿着阔袖长袍，1990 年 9 月，安徽省安庆市望江县一座北宋墓葬出土的 6 件生肖人物俑中，就有一件是兔生肖的人物俑。人为男性，面部方方正正，头戴着发冠，穿着阔袖长袍，胸前还捧着一只兔首，兔子两只眼睛圆睁，宽大的两只耳朵、有须、尖嘴。俑高约19.5厘米。①

兔子在中国传统文化中有着很强的生命力和重要的地位，兔走乌飞，岁月悠悠，吉祥文化中的兔子以它旺盛的生命力与当代的传统文化载体保持着千丝万缕的联系，未来兔吉祥文化将依然以在吉祥动物中独有的位置与人类共同传续下去。

五、骐骥乘运

马是中国民间主要的役畜，对于农牧作用甚大，寄托了人们的情感与精神，承载着人们的运气与福泽。它是人类重要的伙伴，是人们狩猎、出征、畜牧、行旅和农耕生活中不可或缺的帮手。马有着顺服、强壮、有力、善走的特性，人们自然希望马的优点能够转移到人的身上。

1. 以马及人

早在人类社会出现以前，马就在地球存在了。新石器时代，我国畜牧业已经十分发达了，从考古上看，猪、狗驯化得最早，羊、牛稍晚，马的驯化相较其他家畜最晚。仰韶文化中有马骨发现。②到了父系社会，男人成为“畜群的主人”，马的驯养成为可能。如甘肃永靖马家湾、河南汤阴白营、南京北阴阳营、吉林扶余北长岗子等新石器晚期文化遗址中都有大量马骨发现，这些马骨极有可能是家养马的骨骸。东汉许慎《说文解字》中有云：“怒也，武也。象马头、髦尾、四足之形。”高昂的马首、颀长的脖颈、飘逸的马鬃、高大的身躯、光滑的马皮、洒脱的马尾、健壮的四肢，充分展示出一种彪悍雄武、气势强劲的气质与精神。古代有许多良马，有骏、骁、骥、骝、骅骝等。

---

① 参见程霁红：《安徽望江发现一座北宋墓》，《考古》，1993（2）。

② 参见山西省文物管理委员会：《晋南五县古代人类文化遗址初步调查简报》，《文物参考资料》，1956（9）。

古代交通工具匮乏，马成为最好的代步与运输工具之一，《易·系辞》曰："服牛乘马，引重致远，以利天下。"是马作为交通工具最好的概括。十二生肖中午马相配一种说法是因为《小雅·吉日》有记载："吉日庚午，即差我马。"大意是庚午这一天是用马的吉日，可以选择健壮的马匹外出狩猎。《孔颖达疏》云："必用午日者，盖于辰，午为马故也。"

中国地大物博，许多地域与马形成千丝万缕的联系，在有的地方马的重要性甚至超过其他家畜。比如，我国北方的游牧民族，被称为"骑马民族"或"马背上的民族"，也催生了灿烂多彩的马文化。夏商周是我国的青铜时代，就与马的关系而言，这个时代可以用"金戈铁马"来概括。由于战争的需要，马的重要性被提到了一定的高度。随后因为战争、贸易等一系列因素，马成为各民族重要的骑行工具、身份代表。如以"弓马之利取天下"的蒙古族；以"天马来兮从西极"的大宛和乌孙；"人不弛弓，马不解勒"的匈奴等。

2. 信马、崇马与祭马

马是气势强劲、彪悍雄骏的动物，正因如此，人们认为马具有神性，就有了信马、崇马以及祭马的风俗。古人心目中，马能上天入水，纵横驰骋。《山海经·海内经》："北海之内，……有钉灵之国，其民从厀已下有毛，马蹄善走。"《三国志·魏书·乌丸鲜卑东夷传》裴松之引《魏略》注："乌孙长老言：北丁令有马胫国，其人音声似雁鹜，从膝以上身头，人也，膝以下生毛，马胫马蹄，不骑马而走疾马，其为人勇健敢战也。"《山海经》中还记载着长着马首的神祇，比如《中次九经》有"马身龙首"的神、《西次四经》有"马身鸟翼"的神，《大荒北经》有"马状无首"的神，此外，还有《中次二经》有"马腹"的神祇等。即使到了近代，在我国一些少数民族中还依然保留着崇马、信马的信俗，比如白族、傈僳族、彝族、阿昌族等。

因为对马的尊奉，封建君主会把一些马的出现奉为自己政权稳固的吉兆。比如《艺文类聚》引《瑞应图》天马："鸣声九音，有明王则见。"

把天马与明王进行联系，恰似所谓真龙与天子的关系。诸如此类，《太平御览》引《洞冥记》：“马如龙，腾虚逐日，两足倚行，或藏行于空中。”将飞驰的骏马比作游龙。古人对马的推崇与信奉在一定程度与认为龙和马有着重要的关系，龙是一种想象出来的动物，而马是人间具体化的龙，所以古人有云：“在天莫如龙，在地莫如马”，“行天莫如龙，行地莫如马”。民间谚语还说：“是马三分龙。”时至今日，龙马精神一直还挂在人们嘴边。

中国民间文化的主体意识就是生命意识，所以，生命力强大，繁殖能力强，在科技、医学并不发达的古代，民众愿意将所有有此特点的动物来奉祀，自然不会错过在此方面出类拔萃的动物——马了。古代马是性象征，乾为天，为良马，为老马。马代表阳性，象征男性。《周易·乾》：“天行健，君子以自强不息。”《周易·坤》记载：“元，亨，利牝马之贞。”以牝马为牲祭以利女性生殖。① 马具有健壮、高大、生殖器硕大、有力等特点。公马的生殖器硕大无比，经常垂于腹下，让生殖崇拜意识的初民们惊羡不已。所以民众自然会联想与附会到男性生殖器官，就有了祭祀马祖。1987 年，新疆出土了耐人寻味的“对马”形象。对马图形一共两幅，对马即头与四肢相对的两匹马，其中一组对马不但头和四肢是对称的，而且生殖器也对称，构成了一组造型优美的图案。宁夏中宁县余丁乡黄羊湾《舞者与马》的岩画，上面雕刻两匹马，上下叠落，裆腹部生殖器突出，长尾下垂。马背上站立着一个人，上肢屈肘上举，屈膝下蹲呈现舞之蹈之的状态。贵州长顺县平寨乡傅家院红洞岩画中的《舞蹈》，描绘了一位头戴尖顶帽，身穿短裙的人在两匹马之间舞蹈，左下有一匹马呈现仰视的状态。以上主题的马从表现手法到内容上都有许多相似的地方，都是通过表象的图案来完成马祀以求获得生育的美好祈愿。这种马祀求子的吉祥诉求在秦

① 参见赵国华：《生殖崇拜文化论》，中国社会科学出版社，1990，第 322 页。

砖汉瓦中亦能发现踪迹。山东临淄出土过许多以马为主题的瓦当。汉代画像石、画像砖多有扶桑树下系着一匹马的图案，这些图案是人们求子得福思想的外化与物化。

中国古代还祭祀马祖，并伴有种种祭祀仪式。而仪式的背后依然是求吉避祸的民间思维为主导。马祖，马的祖神，掌管马匹的繁殖。祭祀马祖，一是祈求马匹丰收；一是祈求人马平安。马祖是战神，在战争、田猎的时候会祭祀马祖。一年四季也都有祭祀马祖的时辰。春天祭祀马祖有定期的日子，《周礼》："春祭祖。"《周礼·夏官·校人》："春祭马祖，执驹。"《诗·小雅·吉日》："吉日维戊，既伯既祷。"既伯既祷，《说文解字》引《诗》记载，伯等于祃，伯就是马祖。毛传："伯，马祖也。"等到夏天，《周礼·夏官·校人》："夏祭先牧，颁马攻特；秋祭马社，臧仆；冬祭马步，献马，讲驭夫。"先牧、马步、马社都是与马相关的名字。郑玄注："先牧，始养马者，其人未闻"；"马步为神之灾害马者"。冬日祭祀马步神，以求让马匹免受灾疫。

除了马祖，中国民间还有马王诞生日，各地举行各种敬神活动。马王的生日，各地日期不同，汉族民间有的地方是正月初六或七月十五，而其他少数民族也有自己的马王生日，比如，畲族三月二十三是白马王生日。《荆楚岁时记》记载："正月一日为鸡，二日为狗，三日为羊，四日为牛，六日为马，七日为人。"这个马不是一般意义的马，是马神。这一天禁忌打马、骂马，更不能杀马。民间有"六日不杀马"的说法。在此日，人们面对着马厩，大声呼喊："牛马鸡畜令来！"祈求马业兴旺。汉族许多地方七月十五日这一天是马王生日，这一天要停止一切奴役家畜的活动，还要喂食它们好吃的东西，并伴随着各种祭祀的活动。否则，就会得罪马王，不吉利。河南林县一带，农历七月十五只要有牲口的农家晚上都会烹制一锅炒米饭给牲口吃。民谚说："打一千骂一万，七月十五吃顿炒米饭。"还要燃放鞭炮，庆贺六畜兴旺。

3. 习俗与文学艺术中的瑞马

北方游牧民族有一种坐鞍的婚俗。马鞍是重要的骑乘工具，它是从最初马背上褥垫之类的东西逐渐发展而成的。坐鞍，又称跨鞍。它是胡族的习俗，之后被汉人沿用。唐苏鹗《苏氏演义》记载："婚姻之礼，坐女于马鞍之侧，或谓此北人尚乘鞍马之义。"《唐历》云："国初以婚姻之礼皆胡虏之法也。谓坐女于马鞍之侧，此胡人尚乘鞍马之意也。"《酉阳杂俎》记曰："今士大夫家婚礼，新妇乘马鞍，悉北朝之余风也，今娶妇家新人入门跨马鞍，此盖其始也。"

坐鞍最初是北方民族抢婚的一种仪式，之后被汉族所沿用，因为译作汉语为"坐鞍"，"鞍"与"安"同音，于是就有了平安的祝福之意。唐苏鹗《苏氏演义》曰："夫鞍者，安也。欲其安稳同载者也。"明沈榜《宛署杂记》有云："新妇及门，初出舆时，婿以马鞍置地，令妇跨过其上，号曰平安。"这个习俗并未直接与马有关系，但马鞍属于马重要的配件，亦带有马的祥瑞之意。这个习俗今依然在汉族流行，有些地方会用马杌替代，有些地区坐鞍的时候新娘怀里还要抱着花瓶，亦是多重平安的寓意。婚礼中还有男人坐马鞍的，称为坐高座。宋代欧阳修在《归田录》卷下记载："今之士族，当婚之夕，以两椅相背，置一马鞍，反令婿坐其上，饮以三爵，女家遣人三请而后下，乃成婚礼，谓之上高座。"这里的坐鞍就有了做高官的意思了。

剪纸是民间艺术重要形式，剪纸的图案多采用中国的吉祥动物，具有了吉利、驱邪与祥瑞的寓意。以马为题材的吉祥剪纸有《八骏马》《马上封侯》《马上平安》等。《八骏马》是以姿势不同的八匹骏马为主题的图案。《穆天子传》中描述周穆王曾驭八骏西巡，登昆仑山，见西王母。晋王嘉《拾遗记》对八骏重新命名并且勾勒出"天马"的传神形象："(穆)王驭八龙之骏：一名绝地，足不践土；二名翻羽，行越飞禽；三名奔霄，夜行万里；四名越影，逐日而行；五名逾辉，毛色炳耀；六名超光，一行十影；七名腾雾，乘云而奔；八名挟翼，身有肉翅。"《山海经·北山经》也对天马进行了形象地刻画："其状如白犬而黑头，见人则飞，其名曰天马。"这或许就是"天马行空"

一词的来源。人们往往把德才兼备的人比喻成千里马，八骏马也叫作八马，比喻德才兼备的人，当下许多经商人士等往往会互相赠送这种剪纸或者十字绣。《马上平安》画面画的是一骑飞马送平安信的信使，画中的马奋首扬蹄，如行在空中，背景有弯月和远山，象征着昼夜兼程用飞马给家人送平安信，寓意马上平安。唐代诗人岑参《逢入京使》中有句诗描写："马上相逢无纸笔，凭君传语报平安。"

虽然，马作为吉祥动物不是特别"称职"，但这并不能阻挡民间对马这一题材的喜爱，而且艺术作品至今延绵不绝。许多吉祥动物也常和马组合，使得吉祥动物的祥瑞来得更早、更快、更稳。马以其独有的魅力在人们心目中完成喜爱、尊敬、崇拜的积淀过程。

六、瑞牛辟地

我国是传统的农业大国，农耕文明根深蒂固，田地自然是百姓维持生计的根本。有田就要耕，而牛是耕田的主力动物，牛与人的感情就显得十分深厚。

1. 以农立国，人人爱牛

牛，在十二生肖中位居第二，叫作丑牛，为何叫作丑牛呢？"地辟于丑，而牛则辟地之物也，故丑属牛。"（清代刘献廷《广阳杂记》）开天辟地之初，世界一片沉寂，万物生机都蕴含于大地之中。牛拉动犁划开沉睡的大地，唤醒了蕴藏其中的生命种子，由此，万物萌芽，繁衍生息，形成了姹紫嫣红的世界。

同时，牛为哺乳动物，六畜之一，有"仁畜""神牛"的美称，是重要的吉祥动物，也是民间的保护神。中华民族是以农立国的民族，民众自古就有敬牛、养牛、爱牛的传统，牛是人类最亲密的伙伴之一，与人感情深厚。这就催生了丰富多彩的牛文化，涉及日常生活方方面面，成为中华民族文化的重要组成部分。

牛种类繁多，名称叫法极细。《说文解字》曰："牛，大牲也。牛，件也；件，事理也。象角头三寸、封尾之形。凡牛之属皆从牛。”“牡、特、犍”为公牛，“牝”为母牛。犍指阉割过的公牛。年龄上分，犊为小牛，犕为两岁牛，犙为三岁牛，牭为四岁牛。品种与毛色不同，叫法也不同，牷指纯色的牛，犉指黄毛黑唇的牛，犈指黑脚牛，犦就是封牛、犎牛、峰牛，一种颈上有肉隆起的野牛，犥指黑白杂色的牛，犚指黑耳牛，犥指黄白色的牛或苍白色的牛，犤指矮小短足的牛，犗指短头牛。荦指杂色牛，即驳牛，犏指的是牦牛、黄牛与奶牛等普通牛种通过种间杂交产生的后代等。犡指的是旄牛、公牛，犪指的是夔牛等。还有表示与牛有关的动作和事物的汉字，如牵、犁、牧、哞等，在此不一一赘述。从上面各类与牛有关的文字中也可以看出人们对牛的认可与重视程度。

在原始社会早期，牛是古人图腾崇拜的主要对象之一。《孝经纬·援神契》：“神农氏……宏身而牛头，龙颜而大唇，怀成铃，戴玉理。”神农氏是我国古代的一位超凡而伟大的英雄，人们把他幻想成“宏身牛头”“龙颜大唇”的形象。可见，牛是人们图腾崇拜的对象，在人们心目中具有举足轻重的地位。不仅仅牛的整体意象作为图腾崇拜，牛尾也被当作法器使用。大小凉山彝族男性青年在祭祖时就有背牦牛尾而歌舞的习俗。这可能是模仿图腾的舞蹈形式，叫作牦牛尾巴舞，反映了对图腾的信仰和颂扬。这种图腾崇拜的文化并没有随着刀耕火种时代的结束而消亡，反之，在随后丰富多彩的牛文化中不断传续和发扬，牛像其他家畜一样也慢慢从神性走向世俗。从浙江余姚河姆渡以及桐乡罗家角两遗址挖掘出了水牛头盖骨、颊齿骨和残肢骨等三百多件兽骨中，可以考证出那时人类已进入驯养牛阶段。驯养时代，人类以农耕为主，生产力水平低下，农民借牛力开垦，拉车拓荒，牛成为耕耘田地的主要辅助工具。丁惟汾的《俚语证古》中也有“一俱，一耦也。两牛服一犁谓之一俱”的记载，也说明了牛与农耕文化有关。时至今日，我国部分农村仍有用牛拉犁种田的传统习惯。所以说，牛是中国传统农耕文化的一个符号，敬牛具有祈求平安祥和、风调雨顺的意思，代表着人们对和谐生活的憧憬与向往。

也是在这一时期，牛与人们朝夕相处，融入人们的生活中，世俗化愈趋明显。不过，牛即使走向世俗，人们食牛，用牛耕田，也不妨碍民众对牛的崇拜，祭牛神的活动在中国历史上许多民族中都流行过。我国近现代许多少数民族也依然保留着崇拜牛的习俗，如黎族、柯尔克孜族、布依族、傣族、傈僳族、藏族等。牛已然幻化成民间神灵——牛王神，护佑在人们左右。

除了民间俗信，牛也是民间艺术中的常客，它的温厚性情和劳动景况成为人们创作的主题，在诸如岩画、壁画、版画、国画，陶器、铜器，画像石、泥塑、面花、石雕、布艺品等艺术形式中都能看到其身影。我国陕北传统耕牛剪纸《牛耕图》，主要反映人们的牛耕生活，牛耕图用质朴简洁的方式表现了牛拉犁耕种的劳作场面。苗族的传统剪纸《龙牛图》，源自苗族传统服饰腰围上的刺绣图案。在苗族，龙和牛是不分的，这是因为牛是苗族主要劳动力，自然把它提到很高的地位。山东高密剪纸作品《金牛奋蹄》被用于 1997 年牛年生肖邮票《丁丑年》中。这就是民间艺术家借助牛的特性结合艺术形式表达吉祥寓意。

2. 神牛祥瑞传万代

与牛有关的神话传说和民俗故事可谓多如牛毛，如《神牛镇水》《老子骑牛》等。牛不仅仅是耕田拓土的主要牲畜，也是神话中从天上盗取稻谷的神牛。牛的神性是各民族共同认同的。

苏州市长青乡流传这样一则神牛盗取稻谷的传说。古时候，有一年苏州适逢大旱，禾稻枯死。辛勤播种依然颗粒无收，耕农怨声载道。顺风耳听到后跑到玉皇大帝面前告密，玉皇大帝盛怒，命令管理谷仓的神牛不准撒一粒谷种到人间，断绝人间口粮，惩罚“刁民”。善良的神牛甘愿冒着违旨的风险，打开谷仓金锁，把金闪闪的谷子全部倒向人间，铺天盖地的稻谷像雨一样抛洒下来。当地传说“谷雨”节气出典与此相关。

天上的神牛给凡间普降吉祥，带来丰收，民间的神牛同样给人带来幸福喜乐。我国各地流传着歌颂牛造福人民的传说故事，诸如《金牛山》《金牛岗》《金牛湖》《金瓜打金牛》《金牛洞》等。《金瓜打金牛》讲述了金牛，惩治贪得无厌的小人的故事。

相传济南东郊牛旺村有一片苇子湾，每年仲秋季节都有一头金牛来到水湾中喝水沐浴。村里的人们自从看到金牛后，都想得到它。但金牛十分机灵，稍有风吹草动它便化成一道金光，转瞬即逝。

当时，苇子湾旁住着一对善良的老夫妇，生活十分贫苦，只有一头老黄牛相依为命。一天，突降严寒，老黄牛冻得奄奄一息，它含着眼泪对老两口说："等我死后，你们将我埋到东墙下，七七四十九天，便会发芽、开花、结瓜。等到八月十五，摘下金瓜去打湾中金牛，金牛就会跟你们回家，陪伴二老安度晚年。"说完，老黄牛就断气了。

夫妻二人伤感之后按照黄牛所说，将它埋在东墙下，果不其然，不久长出一棵小苗。随着时间小苗迅速长大，开花结果。到了中秋节夜晚，老两口前去摘瓜，可是来到瓜藤前却怎么也不见那个金瓜了，只得无奈地嗟叹。

瓜藤上的金瓜怎么会没有了呢？原来，当地有个无赖，当初在老黄牛临死前嘱咐老两口的时候，他偷听到了黄牛所说的话，知道用金瓜可以制服金牛。他算好时间在结瓜前一个夜晚将瓜偷走了。无赖得意扬扬地拿着那个偷来的金瓜来到金牛出没的地方，使出吃奶的劲把瓜投在了金牛的身上。哪曾想到，由于那个瓜是提前偷摘的，功力不足，没有制服金牛。被激怒的金牛"哞"的一声怒吼，径直冲向他，一头将他顶死了。随后金牛化作一道金光向西北方向跑去，跑了好久，实在跑不动了，就变成了今天的金牛山。

牛有着善良、朴实、勤劳、奉献、牺牲、勇敢等诸多可贵品质。于是，它不仅仅是民间传颂的对象也成为文人墨客借物言志的宠儿。如陆游《昨非》诗曰："温饱从来与道违，书生只合卧牛衣。"南宋陈与义《题牧牛图》："犊儿狂走先过浦，却立长鸣待其母。母子为人实仓廪，汝饱不惭人愧汝。”清朝吴伟业的《卖刀耕陇上》：“卖刀耕陇上，执矧犒军中。”鲁迅的《自嘲》中的“横眉冷对千夫指，俯首甘为孺子牛”，等等。

3. 传统节日与牛

每年的 2 月 4 日通常是二十四节气中的“立春”，这一天寒冬结束，人们准备迎接春天。有“春打六九头，七九、八九就使牛”的说法。

在这一天有一个古老的习俗就是鞭春牛。这个习俗早已有之，到了两汉固定为立春之际举行的土牛迎春仪式。立春清晨，京城文武百官都戴青帽、着青衣、立青幡，送土牛于城门外，官员执鞭击土牛，以示劝农。各郡县也举行同样的仪式。随后老百姓哄抢碎牛的散土，说是“土牛之肉宜蚕，兼辟瘟疫”。抢来争去，形成一个热闹的节日习俗，叫作“鞭春”“鞭牛”。唐代诗人元稹有诗《生春》描述：“鞭牛县门外，争土盖蚕丛”，正是这一盛况的写照。经两汉入唐至两宋，这一节日习俗越来越丰富。汉时“立土牛六头于国都郡县城外丑地，以送大寒”说的是，土牛立于丑位为最佳方位，有送走大寒，祈求来年丰收之意。这里丑的方位指的是北方偏东。到宋代，四门同时开放，各方皆立土牛，牛身饰彩，鼓乐相迎，人装扮成主管草木生长的“句（gōu）芒神”鞭打春牛，地方官行香主礼。该仪式一方面宣告包括农事在内的一年劳作的开始，一方面祈祷当年的丰收。与此同时，街市上多有泥制小春牛兜售，于是，春牛不仅是迎春仪式上的主角，也成了新春之际的吉祥物。清代时，迎春仪式发展成了全民参与的重要民俗活动。《燕京岁时记》云：“立春先一日，顺天府官员至东直门外一里春场迎春。立春日，礼部呈进春山宝座，顺天府呈进春牛图。礼毕回署，引春牛而击之，曰打春。”

除了汉族，少数民族立春之日也是十分热闹。立春当天，侗族人用竹篾编制春牛，两个青年人藏在牛肚中舞牛，后面跟随模拟操犁耕地或提篮挑筐的寨民，到各家各户送祝福，主人则鸣炮摆茶表示谢意。除了传统节日立春与牛有关外，人们为了表示对牛的尊崇，单独设立了相关的牛王节。每年农历四月初八，布依族举行牛王节，这一天，各寨举行隆重的祭典，家家用五色糯饭、米酒喂耕牛，敬牛王。土家族则每年农历四月十八为牛王过生日。仡佬族的牛王节叫作敬牛节，在农历十月一日。这一天，人们要杀鸡备酒敬奉牛王，祈求它保佑耕牛。牛不用劳作，喂好饲料，有的地方甚至还鸣竹放炮，给牛披红挂彩，嘉奖一番。侗族每年农历六月六日以美食供奉牛神，家家牵牛去河边洗牛，用黑糯米饭喂牛，是谓洗牛节。贵州苗族的祭祖仪式——牯脏节，是苗家最隆重最独特的节日，在农历九月十四日（“丑”日）举行。仪式分为斗牛、宰牛祭祖、用牛皮制鼓、祭鼓等一系列宗教礼仪。宰牛祭祖后，人们会把祭祀用的大牯牛杀掉分食。在苗民看来“吃牯脏”不是对神灵的不尊重，相反，吃了牛的肉可以获得神性及力量。

民间的传统节日大多是喜庆、吉祥的日子，因此，在传统节日当天人们极尽能事借助许多吉祥之物来驱灾去祸，以此保佑人类及牲畜的平安。牛在一些节日中就充当了这类吉祥物。每年正月初一，广西壮族地区有让小孩到河滩边牵“石牛”回家的习俗，“石牛”实际上就是有洞的石块，小孩就把串着牛绳的“石牛”牵回家中，“养”在牛栏，当地人认为这样可以求得一年中牛畜兴旺，免病消灾。我国民间还有端午节在大门贴“神牛”剪纸以辟邪的节日习俗。在山西，人们出于对牛的重视，农村历来有祭牛梓的习俗。当地管牛叫“牛王爷”。过春节时，一般人家要设牛神牌位，贴赞颂牛的对联，诸如“牛如南山虎，马似北海龙”之类，并供祭食物、焚香点烛。

不仅仅岁时节日，牛发挥着驱灾避祸的作用，在人生礼仪中，牛同样充当了辟邪的角色。比如，在江浙一带的汉族姑娘如果出嫁，你会看到在轿子前，新郎牵着一头黄牛给新娘开路。因为当地认为牛是吉祥的化身，用牛开路可以去除邪恶、保护新娘。少数民族畲族的婚俗中，两家姑娘倘若赶巧在同一天出嫁，走同一条路被认为是“喜冲喜”，破解的办法就是后走者要在前面牵一头牛，牛角上还要扎块红布、戴着红花，只有被牛踏过的路才算是新开辟的路，新娘才可以继续走，这在当地俗称“牛踏踏”。

中国传统文化奥妙精深，牛在历史和现代生活中表现出多重文化镜像，并不同于某些特殊动物那样指代性十分明晰。不过，从积极层面上探究，无论牛的指代多么多元，皆是各民族吉祥文化中福禄寿喜财等因素的提炼，体现出中国文化宽容、兼收并蓄的特点。

七、年年有“鱼”

鱼，自古是我国民间喜闻乐见的富裕、幸福、祥瑞的象征。鱼，经常出现民间吉祥画中，如《年年有余》《双鱼吉庆》等。在长期的历史进程中，鱼文化形成了涵盖面大，涉及领域广的特性，深刻反映在我国岁时节令、生产生活、婚丧礼仪、祭祀信仰等民俗活动中，渗透在我们生活的方方面面。

1. 鱼的历史文化

鱼，一类水生生物的总称，在长期历史发展中，形成了领域广、内涵深的鱼文化，鱼文化渗透到了我国民众物质与精神生活的方方面面。在吉祥文化层面，鱼以一种吉祥的符号象征，成为人们纳吉祈福，安泰平和的表征。在我国，鱼有幸福、富裕的吉祥寓意自古皆然。如若进一步探究鱼的吉祥文化，势必要对鱼的历史有一定的认知才可。

鱼与人的互动最早可以追溯到旧石器时代。考古学方面有诸多佐证。譬如，在辽宁省海城市的小孤山仙人洞遗址中出土了一枚属旧石器晚期的鱼镖头；再如，河北省唐山市大城山遗址出土了新石器时代的两枚鱼钩和一枚鱼镖；又如，在黑龙江省宁安市牛场遗址中，考古人员发现新石器时代的一枚鱼钩，等等。

在人烟稀少的远古时代，初民逐水而居，捕鱼就成为他们重要的谋生方式。《尸子》有云：“燧人之世，天下多水，故教民以渔。”先民长期从事和鱼类有关的活动，又因为鱼繁殖能力极强，相较其他猛兽，猎捕起来危险与困难小得多，满足了先民的饮食需求。人们自然而然对鱼产生了图腾崇拜，把其作为生命的象征。从半坡人把对鱼的神化与推崇描绘在陶器上的人面鱼纹可以看出原始先民对鱼的崇拜。仰韶文化时期，鱼文化曾在当时的社会中占据主导地位。从出土于半坡时期的大量食鱼、捕鱼、鱼信的用具，以及当时出现的变体鱼、连体鱼、鱼鸟图、人鱼、异鱼、鱼物等具有文化母题性质的鱼图中，我们可以找到鱼文化盛行的佐证。

到了奴隶社会，商周时期的铜盘、铜鼎等餐具和青铜礼器上出现了鱼饰和鱼形铭文，这一时期有别于其他时期最显著的特点就是鱼文化与丧葬文化产生了联系。玉鱼、蚌鱼作为几乎是必备的随葬物品大量出现在墓葬中。这一时期，鱼文化在承继中推陈出新，并具有了强烈的礼俗化倾向。

漫长的封建时代中，秦汉时期的鱼文化以金石为主要载体，涉及铜案、铜鼓、铜洗、铜熨、铜壶、铜盆、铜灯和墓雕、壁画、画像砖石、帛画、岩画等，尤其是画像石中的鱼图数量巨大，内涵丰富。到了唐、五代至宋这一时期，既保留了上古文物图式，又注入外来文化因素，鱼文化的发展迎来了春天。在朝礼国律、金银饰件、婚丧习俗、建筑构件、鱼钥骨器等多方面，鱼纹鱼饰层出不穷。其中，双鱼瓶与人首鱼身墓俑鱼是传统的复兴，而银盘、铜盘、摩羯纹鸱吻等是文化融合、中外交流的实证。最后，元、明、清及至近现代，中国鱼文化慢慢由朝野转入了民间，它在庶民生活中得到了广泛的应用，并成为中国乡土文化中的活跃因素。鱼文化因此活跃在织绣、瓷器、砖雕、文具、玩具、剪纸、刻纸、纸马、印染、年画、地画、家具、建筑、灯盏、歌舞、传说、故事、歌谣等有形与无形的民俗空间中。可以看出，从这一时期始，鱼文化虽在文物制度方面衰减与弱化，然而，在民间文化领域，其因子却得到重新聚合与传继迁化的机遇。

我国民众在长久的生活与生产实践中，与鱼发生着千丝万缕的联系，生存、繁衍中早已离不开鱼，自然而然附会出鱼的生殖信仰、自然图腾崇拜、民丰物阜的追求，这些成为鱼文化的始生之义，并成为一切鱼图、鱼信、鱼物、渔事等文化镜像的原始推力。

2. 鱼的吉祥象征

鱼文化像一股涓涓细流融到历史的长河里，形成了既可高置庙堂，又能融入民间的精神符号。本节细叙鱼文化的历史渊源，揭示鱼文化富足、喜瑞、美满、自由的吉祥文化蕴含。

首先，“鱼”与“余”谐音，这就不难理解为什么从古至今，人们喜欢用鱼来代表丰饶之意。古书《诗浀》中载：“美万物盛多。但言鱼者，在下动物之多莫如鱼也。”直接说明很早以前，鱼就作为一种极为丰富的资源获得人们的认可。《诗经·小雅·鱼丽》还对鱼的富饶的文化象征进行了赞美：“鱼丽于罶，鲿鲨。君子有酒，旨且多。鱼丽于罶，鲂鳢。君子有酒，多且旨。鱼丽于罶，鰋鲤。君子有酒，旨且有。物其多矣，维其嘉矣。物其旨矣，维其偕矣。物其有矣，维其时矣。”此诗借助鱼的种类多来表达菜肴之丰盛，描绘了丰收之年的宴会场景。

其次，“鱼”与“雨”谐音，而且，有鱼就预示有水，有水才有生命的光芒，农作物才会生长旺盛。所以在古代鱼被奉为主雨水之神，信奉鱼神有司水职能。《帝王世纪》描述了向鱼神求雨习俗：“(黄)帝游洛水之上，见大鱼负图书，杀五牲以醮之。天乃甚雨七日七夜”。大鱼即为洛水水神，黄帝杀牲祭之祈雨，反映古人认为鱼神与丰收密切相关。《山海经·西次三经》也有描述：“泰器之山，观水出焉，西流注于流沙。是多文鳐鱼，状如鲤鱼，鱼身而鸟翼，苍文而白首赤喙，常行西海，游于东海，以夜飞。其音如鸾鸡，其味酸甘，食之已狂，见则天下大穰。”大穰，就是大丰收。文鳐鱼是神话中的鱼，先民神化出来的鱼，它的出现能使得农作物生长有充沛适量的雨水，预示天下大丰收。所以，鱼又成了风调雨顺的象征。

第三，“鱼”与“育”谐音，即生育，繁衍后代，自古是人类的头等大事。鱼如何与生育扯上关系呢？究其原因，在母系氏族社会，人丁稀疏，临水而居的人们发现鱼这种生物有着极强的繁殖能力，在原始思维与巫术引导下，人们将鱼与生育联系到了一起。自此，用鱼祭祀和吃鱼就有了求子的象征意。半坡彩陶上的人面鱼纹口边衔鱼就是祭祀时吃鱼的证明。

第四，鱼还与婚姻有关联。《东京梦华录·娶妇》中写道："以络盛酒瓶，装以大花八朵，罗绢生色或银胜八枚。又以花红缴檐上，谓之缴檐红与女家，女家以淡水二瓶，活鱼三五个，筋一双，悉送在元酒瓶内，谓之回鱼筋，或下小定、大定。"回鱼筋说的便是娶妻礼节中，男方赠酒，女方回鱼的仪式，借用的就是鱼强大的生育能力。闻一多先生指出鱼是匹偶的隐语，捕鱼、钓鱼等行为是求偶的隐语。又说："以烹鱼或吃鱼喻合欢或结配。"除此之外，鱼还是性爱的隐语，生殖崇拜的符号。我们常说"鱼水之欢"形容的就是夫妻感情生活和谐。所以，无论是用鱼表示婚姻、爱情，抑或是隐指性爱，都是由鱼与生育的关系而来的。

第五，鱼在古时还曾有爵禄之意。这个象征意主要在唐朝最为盛行。唐朝鲤鱼被奉为国鱼。这是因为唐朝君主姓"李"，与"鲤"同音，由此鲤鱼有了预示王朝兴盛的意思，统治者制定一系列制度，禁止捕杀鲤鱼，捕得的鲤鱼必须放生。还有一个原因，东晋葛洪在《抱朴子》中说："夫得道者，上能竦身于云霄，下能潜泳于川海。是以萧史偕翔凤以凌虚，琴高乘朱鲤于深渊，斯其验也。"这说明鲤鱼为道教圣物，乘坐鲤鱼是升仙得道的标志。唐朝十分推崇道教，由于道教崇鲤，这也加强了唐朝对鲤鱼的尊崇。自此，鲤鱼成了权力和身份的象征，这从唐朝许多文化现象中可见一斑。比如，推行鱼袋，鱼袋就是鲤鱼形状的袋子。君王将相多佩戴鱼袋，并且只有五品以上官员才能佩戴鱼袋，用以辨别尊卑等级，而且鱼袋还被当作进宫的凭证。唐代用的锁也设计成鱼形，大到城门宫闱，小至首饰箱匣，都有鱼形的锁，寓意鱼目日夜不闭，可以防盗。

3. 鱼的风俗民艺

鱼有渊源的历史脉络，丰广的吉祥寓意，人们自然离不开鱼了。

在民间，从捕鱼、养鱼、吃鱼发展到写鱼、观鱼、说鱼、唱鱼，民众谈鱼乐此不疲，形成了许许多多的风俗民艺。

建筑构件上，不管是宫廷官府，还是民居，都会看到鱼的意象。北京圆明园有“鸢飞鱼跃”，北海有“濠濮间”，承德避暑山庄有“濠濮间想”“石矶观鱼”等胜景；苏州留园有“濠濮亭”，无锡寄畅园有“知鱼槛”，上海豫园有“乐榭”，这些皆是人鱼相乐的景点。中国传统建筑两侧的山墙面上会看到悬鱼装饰，它用木板雕刻而成，安装于博风板的正中间。因为初期雕成鱼形，从山墙面顶端垂悬，所以也叫作悬鱼。后来，有些虽已看不出鱼的造型，但仍称为悬鱼。山墙面装饰悬鱼，象征主人廉洁清正。古建筑经常使用阴阳鱼八卦镜作为辟邪物，认为它具有祈雨、避邪、通天地、转阴阳的功能。而且，中国传统建筑多为木构造，十分怕火，五行中水克火，于是人们在屋顶戗脊上用剪贴手法制作鱼和水草以保平安。

鱼，还能经常在民间吉祥年画与剪纸中看到。现在经常看到的《年年有余（鱼）》年画由爆竹、童子、莲花和鱼组成主要内容，象征生活富足有余。还有《双鱼吉庆》，画的是相亲相爱的两条鱼和一个磬，寓意喜乐欢庆、普天同庆。《连年有余》由莲花与鲤鱼组成，借莲与“连”、鱼与“余”的谐音，表示对生活优裕，财富有余的企盼。《金玉满堂》描绘了一群鱼在池中悠闲自得，寓意儿孙绕膝，富贵祥瑞。《如鱼得水》主要是两条鱼在水中嬉耍，象征夫妻生活和谐。《双鱼戏珠》画的是两条鱼、浪花和宝珠的组合，“珠”是财富的象征，浪花比喻财源滚滚来，这幅图多置于商家店堂，有财源滚滚，生意兴隆的寓意。《年年大吉》由两条鲶鱼和几个橘子组成，以鲶谐音“年”，橘谐音“吉”，表示年年吉祥如意之愿望。《双鱼富贵》画的是两条鲤鱼与盛开的牡丹花组合，寓意勃勃生机，给人们带来幸福美满，昌盛和谐的美意。《鱼跃龙门》画的是鲤鱼、龙门和浪花的组合，展现鲤鱼跃龙门的传说，旧时比喻科举金榜题名者，光宗耀祖；后来比喻人的事业与希望，寓意只要努力奋斗，不懈拼搏，定能获得成功。

人生礼俗、岁时节令中，也能看到与鱼相关的风俗。有些地方新媳妇下花轿时，要随手撒些铜钱，铜钱也叫“铜子”，人们把这个习俗称为“鲤鱼撒子”，意为希望新娘多生子，多子多福，儿孙满堂。春节期间，每年除夕晚上吃团圆饭，家家户户饭桌上必须有鱼这道菜，而且晚上不吃，要等到大年初一才吃，就是为了讨“年年有鱼（余）”“去年鱼（余）到今年”的好口彩。因为，“鲤”与“利”谐音，所以民间也常把鲤鱼视为“财神”。每年新春之际，村里就会有人挑着装有鲤鱼的担子，嘴里喊着“财神爷来了”，每家每户听到这个都打开屋门热情迎接，给来人一个红包，来人就会留下一条鲤鱼。鱼作为灯饰也常常出现。鱼灯舞是一种举着各种鱼灯进行表演的喜庆民间舞蹈，用以表达人们“吉庆有余”的美好愿望，把灯做成鱼的形状是取鱼的吉祥之意，在元宵节，也就是灯节上，鱼灯舞经常会看到。鱼灯舞表达了两方面的意思，一方面是舞者们尽情挥动鱼灯来表达自己的欢快心情，另一方面是祝愿观看的人们顺风顺水，连年有余。鱼灯舞极其精彩，南朝梁元帝《对灯赋》这样描写到：“本知龙灯应无偶，复讶鱼灯有旧名。”宋代元宵节时，儿童也玩鱼形灯。

4. 鱼的文学文献

鱼丰富深邃的吉祥文化，自然是浩如烟海的历史文献的活水，丰富多彩的口头文学的源头。

历史文献方面，由于鱼同人们生产生活的关系密切，因此中国文字中出现了许多以鱼为部首的文字，在《说文解字》中共收“鱼”部字 103 个，在《康熙字典》中共收“鱼”部字 632 个。我国历史上第一部诗歌总集《诗经》，在 305 首诗中有 24 首写到鱼，占到 8%，涉及的鱼类名称多达 15 种。其中有一部分描写鱼的词句被赋予高贵、美好、吉瑞等象征寓意，用来献鱼祭祖、礼赞婚恋、占卜圆梦，抑或命名奇异良马，或装饰箭囊和车辆。比如，《尔雅·释地》：“鱼丽，言太平、年丰、物多也。”说鱼有丰饶、物阜的意蕴。《诗经·小雅·无羊》：“牧人乃梦，众维鱼矣，旐维旟矣。大人占之，众维鱼矣，实维丰年。旐维旟矣，室家溱溱。”鱼亦是丰年的象征。可以毫不夸张地说，鱼的意象为形象思维的诗歌艺术推波助澜。

鱼的吉祥文化涉及的民间文学体裁有神话、传说、故事、歌谣等，在历史文化发展中，关于鱼的神话传说“鱼跃龙门”“鱼雁传书”“鳌鱼托大地”等渐渐成形。比如，先民们把鱼当作水神的化身来敬奉，这与上古以来流传的鲧禹治水深有渊源。在民间神话中，鲧出类拔萃，他的才能旁人是无法企及的，但他治理洪水九年毫无效果，反而使得洪水更加泛滥。为什么会如此？鲧的神像为我们提供了答案：鲧本身就是鱼，而鱼是不可能离开水的，所以尽管他才华出众，却不能治理好水患，只能让水势更加凶猛。

“鲤鱼跃龙门”是鱼文学中最为著名的“鱼化龙”传说。

很早以前，龙门还未凿开，伊水流到龙门山被挡住了，就在山南积聚了一个大湖。居住在黄河里的鲤鱼听说龙门风光好，都想去。于是它们从河南孟津的黄河出发，游过洛河，又沿伊河来到龙门山，但龙门山山上无水路，上不去，它们只好聚在了龙门山的北山脚下。“我有个主意，咱们跳过这龙门山怎样？”一条大红鲤鱼对大家说。“那么高，怎么跳？”“跳不好会摔死的！”伙伴们七嘴八舌拿不定主意。大红鲤鱼便自告奋勇地说：“我先跳，试一试。”只见它从半里外就使出全身力量，像离弦的箭，纵身一跃，一下子跳到半天云里，带动着空中的云和雨往前走。一团天火从身后追来，烧掉了它的尾巴。它忍着疼痛，继续朝上飞跃，终于越过了龙门山，落到山南的湖水中。山北的鲤鱼们见此情景，被吓得缩在一块，不敢再去冒这个险了。这时，忽见天上降下一条巨龙说：“不要怕，我就是你们的伙伴大红鲤鱼，因为我跳过了龙门，就变成了龙，你们也要勇敢地跳呀！”鲤鱼们听了这话，受到鼓舞，开始一个个挨着跳龙门山。可是除了个别的鲤鱼跳过去化为龙以外，大多数都过不去。凡是跳不过去的鲤鱼，从空中摔下来的，额头上就落一个黑疤。据说直到今天，这个黑疤还长在黄河鲤鱼的额头上。

这则传说早已深入人心，表达的是人们对美好生活的向往和希冀，也能看出来在人们心中，龙与鱼文化有不可分割的关系。

还因为鱼能迁徙，且常沉潜于水底，因而被古人认为是信使。我国民间流传甚广的鲤鱼传书的故事即是一例。传说，以绢帛写书信装在鱼腹中传递的，谓之“鱼传尺素”。所以，书信又有鱼符、鱼笺、鱼契的称谓。当下，人们仍然以“鱼雁往来”来指称彼此书信联系。可见，鱼在中国文化中早已成为了一个信息沟通的符号。

除此上述经典的鱼故事外，还有很多脍炙人口的“鱼报恩”的民间传说，汉族的《汉武帝放鱼得珠》《叶限养鱼得报》，维吾尔族的《金鱼》，藏族的《小金的宝箱》，达斡尔族的《鲤鱼报恩》等。清人蒲松龄根据民间故事整理编写的《聊斋志异》中就有言辞风雅的于子游、重情爱才的白秋练等，他们是才华横溢、能知未来的鱼精。但不同于其他民间故事中妖精的是，鱼精绝大多数是淳厚善良的，极少危害人类。从这一点，我们不难看出先民们对于鱼的感恩情结以及集体认同。

第六章　祥禽翩翩

祥禽，北周庾信《周祀五帝歌·白帝云门舞》："瑞兽霜耀，祥禽雪映。"唐沈亚之《上李谏议书》亦记载："故祥禽之类，凡羽而混之；神芝之类，腐菌而混之"。祥禽，即吉祥的禽类，有上文说到的吉祥四灵中的虚拟的凤凰，也有家禽鸡，还有本章集中阐释的鹤、鹊、鸳鸯、鸿雁、鹭鸶、孔雀等。

一、仙鹤祝寿

1. 鹤类特质体现出的吉祥文化

鹤类体型大、举止高雅、形态优美。鹤是有着长颈、长腿和宽翅的大型涉禽，嘴直而长，后趾短而高。鹤体型匀称修长，曲线优美，神态高洁。自古以来被誉为"鸟中皇后"。例如，丹顶鹤的头顶鲜红色，飞翔时，除了额部、颈侧和三级飞羽和脚为黑色，其余的体羽和初级飞羽均为白色，有"雪裳朱冠"的美称。唐代诗人白居易在《池鹤二首》中赞美丹顶鹤"低头乍恐丹砂落，晒翅常疑白雪消"。白鹤，从额至头顶及两颊的裸皮皆为鲜红色，初级飞羽黑，其余的体羽为白色，所以被称作"白裳黑袖"。因其举止高雅，体态优美，人们认为鹤是超凡脱俗的代表动物。宋代王安石《相鹤经》，记载了鹤的生态环境是"行必依洲渚，止不集林木"，故鹤被称为"湿地之神"。其与世隔绝、神秘莫测的特质与古人尚隐与独立的个性相似。李娇的《鹤》对鹤的雄姿与豪情进行了歌颂："翱翔一万里，来去几千年"。再者，鹤的鸣声清脆嘹亮，据测试能传到 3 ～ 5 公里[①]。3000 年前《诗经》中就有了“鹤鸣”的描写了，“鹤鸣于九皋，声闻于野”;《淮南八公相鹤经》引《群芳谱》描写鹤：“鸣则闻于天，飞则一举千里。”宋代范仲淹为鹤题写的对联云：“岳湛有仙姿，钧韶无俗音。”明代名将于谦的《夜闻鹤唳有感》记载了“双鹤向我鸣，鼓翅复引领。灵风振缟衣，露华浥丹顶。清响彻云霄，万籁悉以屏。”唐玄宗编排的宫廷乐舞《霓裳羽衣曲》，表现了想象中仙界的生活，结尾部分以翔鸾收翅的舞姿和唳鹤引声的音响，引导人们进入对乘鸾驾鹤的神仙世界的无限遐想当中。明代宫廷画家吕纪《泉石双鹤图》描绘了两只丹顶鹤立于梅树下泉边的山石上，其中一只鹤低首整理翎羽，另一只则昂首啸天，声震于野。吕纪借鹤这一吉祥动物与松组合形成的吉祥祝福，以“鹤唳于野，声闻九天”的图式意境，传达了对吉祥如意的希冀。

鹤类多为终身一夫一妻制，因此被人们认为是爱情坚贞的象征，宋代欧阳修在扬州建有“平山堂”,后人修葺后放双鹤于堂前池内饲养，一鹤因足疾死，另一鹤“巡绕哀鸣，绝粒以殉”。星悟和尚感而葬之，并立碑记《双鹤铭并叙》，盛赞双鹤“生并栖兮中林，死同穴兮芳岑，相彼羽族兮而贞烈其心，世之不义愧斯禽。”[②]《渚宫旧事补遗》有其特性的相关描述，新阳太守将雌鹤和雄鹤分开，雌鹤送给湘东王，雄鹤就飞赴雌鹤身旁，“双鹤相逢，以舞共欣，可见其情”;鹤在孵卵时期，雌雄鹤轮流孵卵，轮岗时会互相对鸣。五代十国西蜀画家黄荃的《六鹤图》壁画，据传是为皇家的婚事而画，借助鹤的形象寓意美好的爱情。明代宫廷花鸟画家边景昭的《竹鹤图》，画面描绘三棵老竹苍劲有力地耸立于两只仙鹤之间，其中一只转项整理着翎羽，另一只垂首下喙觅食，把难以传达的抽象的幸福、温馨的意象可视化，使其跃然

---

① 参见杨兆芬：《鹤文化之探究》，《武夷科学》，2006（12）。
② 莫容主：《中国的鹤文化》，中国林业出版社，1994。

纸上。鹤在感情上不畏艰辛和忠贞的特质被统治者拿来当作对官员的清廉、忠诚的期许，认为拥有鹤品质的官员可以委以重任。比如，明清两个朝代的一品文官补服上的补子就是丹顶鹤。有幅《一品当朝》的吉祥图案，画面中的丹顶鹤，扬颈昂头，面对着一轮骄阳，此图是借着鹤的“一品鸟”的雅名来象征仕途顺利以及君臣关系和谐。鹤在特殊的时期还具有生子的象征。在一些古文献中能找到梦鹤生子并暗含着出生之人不同凡响的记载，如《玉芝堂谈荟·仙释将相诞生梦徵》记载：“张九龄母梦九鹤自天而下，飞集于庭，因生九龄。”

据科学调查，鹤在鸟类中算得上是老寿星了，因此被民间作为长寿的象征。野生鹤正常情况下可活 20 ～ 30 年；人工饲养条件下，鹤的寿命更长。在仙道传说中寿星身边总伴有一鹤，也有西王母乘鹤的神话，这些文化积淀使得人们形成了鹤是神仙的观念，鹤自然也就有长生不老的象征。寿星最为常见和标志性的形象是硕大无比的脑门儿，而丹顶鹤的头部也是高高地隆起，这一特征无形中增加了鹤成为长寿代表动物的筹码。《相鹤经》亦对鹤的长寿做了描述：“鹤，阳鸟也。因金气，依火精。火数七，金数九。故十六年小变，六十年大变，千六百年形定而色白……盖羽族之宗长，仙人之骐骥也。”崔豹的《古今注·鸟兽第四》曰：“鹤千岁则变苍，又二千岁变黑，所谓玄鹤也。”这里玄鹤也是千年长寿的象征。《淮南子·说林训》也明确地写道：“鹤寿千岁，以极其游，蜉蝣朝生而暮死，尽其乐。”

基于诸多鹤长寿的特性和有关附会，上到王侯贵胄，下到黎民都把鹤作为能带来长寿的祥禽。皇室中，鹤是希冀国家昌盛不衰人长寿的象征。比如，考古发现，春秋早期的青铜器“莲鹤方壶”，形象为鹤站在壶顶圣洁的莲花内，表明鹤自古以来就享有崇高的地位。宋徽宗赵佶的《瑞鹤图》，以变化多端、各异姿态的 20 只仙鹤的优美形象，运用了“瑞鹤”这种吉祥的意义，传达了他对宋王朝能够昌盛不衰的期盼。明代唐寅的《王母蟠桃图》，画面是手捧蟠桃、神态安详的王母，与王母相对的是一只仙鹤伸展双翅，表达祝寿的寓意。清代冷枚的《麻姑献寿图》，画面为美丽端庄的麻姑，手中捧着装有祝寿仙桃的果盘，她的身旁伴行的是一翩翩起舞的长寿仙鹤，有着“苍松白鹤，天地同寿”的瑞意。清代院扬州画派的华岩、宫廷画家沈铨等也画有松鹤祝寿的作品。虚谷的《松鹤延年图》，画中仙鹤与黄菊、古松都是长寿延年的吉祥征兆。近现代一批精英画家也以鹤祝寿作为主题创作过，比如，吴昌硕、高剑父、徐悲鸿、潘天寿、孙其峰、陈之佛等。

鹤超凡脱俗的个性被隐逸之士、文人雅士用来标榜自己，自诩仁人君子、超逸清高。例如，宋朝诗人林通隐居在西湖孤山，无子无妻，以养鹤种梅自娱自乐，称它们“梅妻鹤子”。宋朝隐士张天骥养两只鹤，在徐州云龙山顶建“放鹤亭”。苏轼还在《放鹤亭记》中抒发其高洁情怀：“山人有二鹤，甚驯而善飞，旦则望西山之缺而放焉，纵其所如，或立于陂田，或翔于云表；暮则傃东山而归。故名之曰‘放鹤亭’。”白居易曾养鹤，后去京城做官，于是好友唐代文学家裴度写《白二十二郎有双鹤留在洛下，予西园多野水长松》曰：“闻君有双鹤，羁旅洛城东。未放归仙去，何如乞老翁。且将临野水，莫闭在樊笼。好是长鸣处，西园白露中。”白居易将鹤送给了裴度，并赋诗《送鹤与裴相临别赠诗》一首，诗为：“司空爱尔尔须知，不信听吟乞鹤诗。羽翩势高宁惜别，稻粱恩重莫愁饥。夜栖少共鸡争树，晓浴先饶凤占池。稳上青云勿回顾，的应胜在白家时。”

因其高洁、神秘的特性，仙风道骨、超凡脱俗的气质，鹤总被赋予鲜明的神仙意象，长久以来与宗教有着千丝万缕的联系。相传上古时代丹朱氏族就以鹤为图腾，他们在祭礼中要踩着高跷拟鹤跳舞（孙作云《说丹朱》）。道教最早兴起于东汉，魏晋时期，社会主流思想受到方术、神仙信仰的影响转向“求长生，度世人”的旨趣。那么道教如何与鹤结缘呢？传说鹤能往返于仙凡之间，在凡间它是通往仙界的灵物，在天界它是神仙的伴侣。成都大邑县鹤鸣山因山石似鸣叫的鹤而得名，它是汉代张天师（张道陵）学道创教的发源地。相传张天师在鹤鸣山服气炼丹，这种至诚的行为感动了太上老君，然后下界亲授秘籍，张天师于是得道成仙，驾鹤上天。所以古人常把鹤称为“羽族之宗长,仙人之骐骥”。道家的仙人在《述异传》中也是“驾鹤之宾”，能够“跨鹤腾云”，道教观念中鹤是出世的动物，这从道士的道服叫鹤氅，道士的别称是羽客、羽人，道士得道成仙称为羽化、鹤化中可见一斑。到了唐代，道教化鹤成仙的说法广为盛行。在墓葬壁画中鹤成为最为常见的素材。比如，乾陵永泰公主墓在第四、五过洞顶部、甬道顶部绘有云鹤图；淮南大长公主墓后甬道西壁绘有云鹤图；随后薛儆墓、节愍太子墓、韦泂墓、宗室李宪墓中均发现以鹤为题材的图像。新疆阿斯塔那第38号唐墓的前室藻井周围也绘有云鹤图像，四壁上部绘有飞鹤衔花草、童子驾鹤等图像①。这些鹤形象之所以出现在陵墓的顶部，是因为在这一位置首先象征着天界，其次最为重要的是鹤与仙人、祥云、瑞兽、神禽等共同组成吉祥图案，以祥瑞之意的主题出现。

隋唐到宋元这段时期，民间信仰以追求仁寿、平安、富贵的吉祥寓意为主。这就意味着仙鹤从神圣空间走向世俗空间，这一转变过程也意味着仙鹤把福泽带给人间。这一时期，仙鹤文化从墓室壁画中转移到了花鸟画中。经过历朝历代艺术家不断地发展与创新，鹤除了作为墓室中认可的动物神外，还附会了更广的吉祥含义。在唐代，咏鹤、画鹤、宠鹤成为时代风尚，在这样的大势下，白鹤成为厅堂居室中绘画的题材。自唐以降，鹤在文化的交融中变得不再高高在上，而是流行于民间，寄寓着人们美好的吉祥期盼。

2. 瑞鹤于民俗中现祥瑞

鹤，有“仙鹤”的美称。在我国传统观念中鹤龟是同寿的，后世常用鹤寿、鹤算、鹤龄作为祝寿的吉祥词汇。民间迷信观念，人死升天，仙鹤是通往上天的神鸟，是故去的人去往福寿之地的交通工具，所以，

① 参见董梅：《论中国古代绘画作品中鹤文化的精神内涵》，《管子学刊》，2013（4）。

老人离世，常会说“驾鹤西去”。中国人形容长寿白叟为“鹤发童颜”。由于鹤有祥瑞之意，各地建筑常用鹤来命名，如丽水青田的鹤城，武汉武昌的黄鹤楼，杭州孤山的放鹤亭等。相传仙人子安为酬谢辛氏酒店的款待，遂于墙上绘出一只鹤，“后客至饮，鹤果翩跹而舞”；一天，子安又乘鹤自壁而下，跨之乘云而去。辛氏于鹤飞升处建楼，名（武昌）黄鹤楼。

在老百姓的心目中，鹤还是吉祥、幸福、忠贞与长寿的象征，比如著名的《松鹤延年图》便是最好的例证。剪纸中常见的一种图案是“鹿鹤同春”，又称为“六合同春”。“六合”，是指“天地四方”（天地和东西南北），亦泛指天下。“六合同春”寓意天下皆春，万物欣欣向荣。鹤常为仙人所骑，老寿星也常以驾鹤翔云的形象出现。剪纸中因此常用鹤作为题材，旨在寄托老百姓的祝福与情感。鹤纹是寓意延年益寿、吉祥如意的纹样。鹤纹肇始于唐代，越窑青瓷上就有绘制的鹤在云间飞翔的图案，俗称“云鹤纹”。虽然这些纹路多为帝王大臣服务，但手艺人多是民间工匠。宋代耀州窑青釉瓷器上有仙人骑鹤纹样、群鹤穿行飞舞云间、双鹤展翅上下翻飞等图案。明、清时期瓷器上会描绘丹顶鹤，这在景德镇窑五彩瓷、黄釉绿彩瓷及青花瓷上多见，有云鹤纹葫芦瓶，为寿字和鹤纹相配，寓意长寿；有黄绿彩鹤纹碗，鹤衔葫芦穿云翩翩，寓意福禄寿；还有仙鹤衔筹飞向海上瑶台祝寿，称作“海屋添筹”纹[①]。

民间以各种吉祥鸟组合成吉祥图案，借助祥禽这一吉祥的外在表征通过相关艺术手段使得吉祥感表达得更为强烈，吉祥诉求更现实化。如有单用鹤的《双鹤图》《团鹤》等，更多的是配合其他动植物一起呈现吉祥瑞意，如《松鹤长春》《松鹤遐龄》《龟鹤延年》《鹿鹤同春》《一品当朝》《群仙献寿》等。松是百木之长，长青不朽，是长

① 参见孙奥博，赵忠山等：《艺术创作中“鹤”元素的应用及其审美寓意》，《理论观察》，2013(12)。

寿和有志节的象征，以松鹤为主题的《松龄鹤寿》等图画除寓意着吉祥外，还衍生出其他吉祥祝寿的图画来，成为民间纹饰中重要的吉祥题材。鹤常与松、竹、灵芝配在一起，称为“松鹤延年”。另外，红日是当今中国最为人接受的象征之物，将鹤与红日组合起来，蒸蒸日上、吉祥如意的希冀满溢于画。

鹤是一个蕴含丰富内涵的文化符号，鹤的超脱飘逸、淡然处世和其生命意识被文人雅士所喜爱,这是与其他吉祥动物较为明显的区别。但它同时也没有脱离民间。它是具有仁寿坚贞品格的瑞禽，具有颂德祝福寓意的祥鸟，是民间百姓求吉避祸的吉祥动物之一。

二、喜鹊登枝

鹊，是我国民间百姓最喜爱的一种吉祥鸟。它那嘹亮的鸣叫，自古以来就受到人们的欢迎，博得人们的赞美。《禽经》中说“人闻其声则喜”，说的就是喜鹊。

1. 吉祥鸟

喜鹊，是华夏大地分布极为广泛的留鸟，雀形目鸦科，群居杂食，大多营巢于村舍的高树间。它善良温顺，非常喜欢和人生活在一起。在吉祥文化中，有些动物因地域、时代不同，代表的吉祥寓意多有变迁，甚至文化含义前后大相径庭，而喜鹊不同，它自古就有吉祥、喜庆、喜瑞、报喜、好运之意，有神女、灵鹊、报喜鸟等各种称谓。

早在原始社会时期，基于万物有灵的思维，人类崇尚喜鹊并认为其具有吉祥、喜庆、好运之象征意蕴，这也是最早的喜鹊文化。出土于青海省海东市乐都区的柳湾文化时期绘有喜鹊图案的彩陶就是最好的证明。《易卦》云：“鹊者，阳鸟，先物而动，先事而应。”古人发现喜鹊喜晴恶湿，晴则噪，故称阳鸟；“先物而动，先事而应”，认识到了喜鹊具有感应预兆的本领，“夫鹊先识岁之多风也”。（刘安《淮南子·人间训》）这种感应与预知气象的本领逐渐被后人附会为兆喜。

古人不仅发现喜鹊能预知气象，还发现“鹊巢门户避太岁”（西晋张华《博物志·物性》），说的是喜鹊能够感知太岁星方位之所在，鹊巢的出口总是背着太岁星的，喜鹊懂得趋利避害，躲祸得福。喜鹊还被古人视为相思鸟,并产生了相应的方术。《太平御览》引《淮南万毕术》称：“鹊脑令人相思。”唐代，崇奉喜鹊风俗大为盛行，“俗言见鹊上梁必贵”（唐人段成式《酉阳杂俎》）。也就是在这一时期喜鹊文化逐渐在民众形成思维定式。尽管这些说法是一些原始巫术的思维发酵与民间求吉避祸心理作用，但它所表达的对喜鹊的崇拜观念与向往美好喜乐的集体认同却是真实的。可见在中国的传统文化中，吉祥鸟喜鹊既是给人们预告喜庆的使者，又是家庭安全的守护神，还是男欢女爱的相思鸟。

从历史长河里，我们领略了喜鹊与喜的渊源，喜鹊不仅在喜文化方面资历老，而且涉猎广，广而精。可以说，它是福禄寿喜财中喜的最佳代言者。因为古往今来，喜是一个泛化的吉祥词，是一种情感，不可一言以蔽之，同时，中国又有喜神、喜事、喜物、喜兆、纳喜等诸多喜庆民俗及说法。这也促成了很难有哪一个事物能在这诸喜中游刃有余，皆能诠释。不过，喜鹊就是以一种吉祥鸟的姿态穿梭在不同的喜中，完美胜任各职能的喜鸟。喜神，满族有喜鹊的尊奉；喜事，喜鹊是婚礼上的常客；喜物，喜鹊是民间艺术的表征；喜兆，喜鹊有兆喜之能事；纳喜，民众自然要与喜鹊同喜同乐。

作为喜文化集大成的吉祥鸟，赞颂它的文人墨客、民间异士自然数不胜数。唐代李白《经乱离后天恩流夜郎忆旧游书怀赠江夏韦太守良宰》中就：“五色云间鹊，飞鸣天上来。传闻赦书至，却放夜郎回。”这首诗是李白因永王李璘反叛被牵连流放夜郎途中，忽然听说将被赦免时写作的一首诗。古人相信喜鹊能传喜讯，兆示吉祥，预示着心想事成后的欢喜。在这首诗的情境中，喜鹊的传信，自然是指赦免之喜了。周代师旷《禽经》有云：“俯鸣则阴，仰鸣则晴。”《开元天宝遗事》也提道：“时人之家，闻鹊声皆以为喜兆，故谓灵鹊报喜。”说的就是喜鹊具有兆喜功能。宋陆游《八月三日骤凉有感》:“佳客误占萤入户，远书空喜鹊鸣檐。”“有朋自远方来，不亦乐乎？”用喜鹊报客来完成情感沟通，达到心情愉悦，一定程度上相当于报喜。与此类似，还有元代王实甫《西厢记》五本二折：“疑怪这噪花枝灵鹊儿，垂帘幙喜蛛儿，正应着短檠上夜来灯爆时。”

这种灵鹊兆喜的俗信还在百姓间形成了祝鹊的风俗活动。古代，尤其唐宋，男子常因游谒、科举、行贾、征战等原因，长年在外，女子在家料理家务，饱受相思煎熬，就以喜鹊寄托自己的思夫、思亲、思乡之情，形成了祝鹊的民俗风情，同时这种盼归的民俗风情进一步印证了“鹊噪则行人至”的内涵。这里有韩愈、李正封《晚秋郾城夜会联句》为证：“室妇叹鸣鹳，家人祝喜鹊。”还有王建的《祝鹊》:“神鹊神鹊好言语，行人早回多利赂。”

2. 牛郎织女鹊桥会

《牛郎织女》是我国四大民间传说之一，最早是中国古代人们依据天空星象创造而来的，是与人间男耕女织的农耕文化相对应的产物。直到汉代《古诗十九首》中，才衍化成一对隔着天河脉脉相望而不得团聚的夫妻爱情故事。七月七日，是牛郎织女一年一度相会的佳期，为了让这对不幸的夫妻得以团聚，喜鹊充当二人的使者，不过，喜鹊却把相会日期传错，它为弥补过错，搭成鹊桥。宋晏几道有词云“当日佳期鹊误传，至今犹作断肠仙”，鹊桥的情节在这也应运而生，有文为证，《岁时广记》引《淮南子》曰：“乌鹊填河成桥而渡织女。”《风俗通》谓：“织女七夕当渡河，使鹊桥。”《全宋词·鹧鸪天》亦曰：“织女初秋渡鹊河，逾旬蟾苑聘嫦娥。”因为这个传说，银河也称之为鹊河。这一情节进一步丰满发展，连喜鹊每年立秋之时脱毛换羽头顶光秃的自然现象也附会到牛女爱情故事中去了。这就成为“相传七夕鹊无故皆髡，因以梁渡织女故也”。[1]

牛郎织女的传说也是喜鹊的喜文化多了美满爱情、夫妻相会、婚姻幸福的文化元素的重要功臣。传说中喜鹊为恋人搭建爱桥，让人们自然而然产生喜鹊有助于爱情婚姻的附会与联想。同时，喜鹊“成双入对，共筑爱巢”“居有常匹，飞则相随”以及一般为一夫一妻制的生活习性，更加落实了人们的联想与附会。

正是这极具艺术想象力的附会，使喜鹊的形象更显光彩，更富魅力，更增加了令人感动的力量。这群充满灵性而且非凡多情的鸟儿，勇敢挑战权威，宁可失去头顶的羽毛，也要为纯真永恒的爱情架起一座桥梁。这么美好的形象，能不震慑人心吗？因此，民众对喜鹊的情感，由喜爱而敬仰，由敬仰转崇拜，逐渐积淀为民族的文化审美心理。在绘画、刺绣、对联、谚语、剪纸、歌谣、诗词等艺术形式共同助力下，从民间艺术到文人墨客笔下，喜鹊的形象成为真善美的化身，鹊桥成了爱情的象征。

3. 鹊的民族传说

关于喜鹊的由来民间有许多传说，在民间，人们就对“喜鹊”一词有自己的解读和情感寄托。

相传，天地之间第一对鹊鸟是在腊月出生的。此时，万木凋零，只有梅花独自开放，它们不得已栖息于蜡梅树上。人们看到它们的羽翼是黑色的，于是叫它们为“黑鸟”，但“黑鸟”常在人们办喜事之时与鼓乐齐鸣，喳喳叫欢，为热闹的气氛增添了活力与生机，博得人们的欢心，于是被称为“鹊”，即蜡梅的“蜡”的半边与“鸟”字的组合。但古人为了讨个好口彩以给新人祝贺，所以与“喜”相连，称为“喜鹊”。

喜鹊不仅仅是世俗鸟，满族还推崇喜鹊为神鹊。满族关于神鹊的传说有许多，多见于《满洲实录》，比如《神鹊救驾》《喜鹊衔石助天》

---

① 袁珂：《古神话选释》，人民文学出版社，2017，第 162 页。

《天宫大战》《神鹊通天》《神鹊救水中生灵》《白云格格》等。

无独有偶，柯尔克孜人也有请喜鹊神的祭祀活动。彝族人把喜鹊称为“幸福鸟”，传说它由彝族罗娄姑娘神灵幻化而来，罗娄姑娘为了种族的存续牺牲自己，被全彝族看作是高于天界的神，当她献身于火海之时变成了一只喜鹊，所以彝族人对喜鹊鸟特别崇敬，不打不撵更不杀喜鹊，认为听见喜鹊叫声就意味着幸福降临，倍感欣喜。傈僳族男子的传统服饰“喜鹊衣”也体现着对鹊鸟的崇拜。传说，有个孤儿整天不开心，因为父母早亡，并且无法找到父母生前留下的猎扣，觉得无法生活。喜鹊见其郁郁寡欢，就飞来同他说话，男孩把心事告诉了喜鹊，于是喜鹊引领他寻找到了猎扣和猎物，使他得以存活谋生。为了纪念喜鹊，他用兽皮做成如同喜鹊羽毛颜色的衣服，取名为“喜鹊衣”。

4. 民间吉祥的鹊文化

民众始终尚喜，旧时，民间广为流行“四喜”：“久旱逢甘霖，他乡遇故知。洞房花烛夜，金榜题名时”。言简意赅地指出喜事之最。我们的吉祥鸟喜鹊，成为民众尚喜的寄托与希冀，随着尚喜情结的发展，喜鹊借助民间文学、美术、音乐、戏曲等形式，完成吉祥文化的筑巢与展翅。下面，让我们一同领略民间的喜文化吧。

首先是民间歌谣，喜鹊意象常常在民间歌谣中传唱。如，《喜鹊喳喳进了宅》:“喜鹊喳喳进了宅，早报喜，晚报财，晌午报，有人来。”《喜鹊叫》:“喜鹊叫，把信报。早报喜，晚报财，不早不晚有人来。”《喜鹊叫得好》:“喜鹊叫得好，爸爸进财宝，妈妈生弟弟，哥哥娶嫂嫂；新嫂嫂，好嫂嫂，给我一个‘搬不到’。”《给外孙女做媒》:“烘炉笑，外公来；喜鹊叫，外婆来。来做么嘞？给外孙女做媒……听不到娘家鸡公叫，看不到娘家有人来。”民谣言简意赅，通俗流畅，生动朴实，通过喜鹊意象把人们约定成俗的习惯风俗和观念信仰生动形象地体现出来，从根本上反映出民间的吉祥观念。

其次是剪纸艺术。剪纸是婚丧嫁娶、岁时节令等民间礼俗的重要表现形式，因此作为“喜”兆的喜鹊图像当仁不让地成为剪纸艺术的主题，无论是春节窗花、过年门笺、元宵灯花等节日剪纸，还是喜花、墙花以及绣花花样中，抑或是文具、家具、什器等器具上的贴花，喜鹊必不可少。以喜鹊作为主体或以喜鹊与其他吉祥物相配而成的图案应运而生。诸如，《喜在眼前》，图中一个天下太平铜钱寓意眼前，两边各一只展翅张嘴的喜鹊。类似的还有《报喜图》《鹊鸣蝶舞》《梅花喜鹊》《喜鹊登枝头》《梅鹊报春》《喜相逢》《双喜临门》《月月见喜》《欢天喜地》《喜鹊噪春》等。

最后，雕刻中也能看到喜鹊的意象。古代多是土木架结构的建筑，所以有喜鹊图案的建筑较多。雕刻技法主要以浮雕为主，或阳刻或阴刻，主要见于门额、门檐、床门板、飞罩、隔扇等较为显眼的位置，题材主要以“喜上眉梢”“喜鹊登梅”为主。

喜鹊不仅限于这三种艺术形式中，它表达的喜瑞之意就像飞来飞去的它，飞到寻常百姓家，生活处处可见可闻。

喜鹊作为喜文化的重要组成部分，在我国传统文化中筑起了坚实的巢穴，它栖息在芸芸众生的心田里，轻盈多姿的身影映射于人们脑海中，清亮明丽的鸣叫萦绕在人们耳边。喜鹊作为吉祥文化，深入民心，世代传续，绵延至今，已成为人们普遍认同的文化意象，声名“鹊”起。

三、恩爱鸳鸯

鸳鸯，自古以来就是我国民间象征夫妻和谐、幸福美好的吉祥物。

1. 鸳鸯的文化象征

中国的吉祥鸟不少，有鹊，有鹤，有鹭鸶等，但唯独鸳鸯是成双入对入围吉祥鸟的行列。鸳鸯，水中珍禽，一种野生鸭科类候鸟。雄鸟羽毛绚烂光彩，后头部有紫、铜赤、绿以及白色等长羽所组成的冠状羽毛。棕白色面颊上一对黑亮的眼睛，胸部羽毛呈亮紫褐色，两翼基部有扁形的栗黄色飞羽。雌鸟相较雄鸟，艳丽稍逊，上体灰褐，腹部纯白。元稹《有鸟二十章》一诗中道："有鸟有鸟毛羽黄，雄者为鸳雌为鸯。"明李时珍的《本草纲目》也有记载："终日并游，有宛在水中央之意也。或曰：雄鸣曰鸳，雌鸣曰鸯。"

自古以来，鸳鸯就是中国传统文化中的吉祥鸟。古人将鸳鸯视为珍禽，两千多年的西汉就开始了饲养。有文"霍光园中凿大池，植五色睡莲，养鸳鸯三十六对，望之烂若披锦"的记载为据，虽古时鸳鸯为吉祥鸟，但是，鸳鸯象征坚贞的爱情并不是自古有之。在古代，鸳鸯的象征意义并不局限于此。它有时象征夫妻，有时象征朋友、兄弟。而在两汉至魏晋期间，人们只把鸳鸯视为兄弟和好友的象征。

譬如，南朝《昭明文选》中《苏子卿诗四首》："骨肉绿枝叶，结交亦相因。四海皆兄弟，谁为行路人。况我连枝树，与子同一身。昔为鸳和鸯，今为参与辰……"诗的大意为兄之于弟的关系就如同树枝之于树叶，四海之内皆是兄弟，世间没有互不相干的陌路人。更何况我们是枝叶相连的亲兄弟，我和你同出于一个身体。从前我俩亲近得就像一对鸳鸯，现在呢，像是居于西方的参星与居于东方的辰星，彼出此没不相逢。魏人嵇康在《四言赠兄秀才入军诗十八首·其一》中写道："鸳鸯于飞，肃肃其羽。朝游高原，夕宿兰渚。邕邕和鸣，顾眄俦侣。俛仰慷慨，优游容与。"嵇康在诗中描述了自己与兄长陶醉于山水之间的自在与快乐，借景言情，用"鸳鸯"来比喻兄弟间友好和睦。可见，鸳鸯的文化象征是多样的。

早期也用鸳鸯比喻夫妻，汉代无名氏有诗云："南山一树桂，上有双鸳鸯。千年长交颈，欢庆不想忘"。这首咏鸳鸯的诗，赞扬鸳鸯恩爱千载，不啻是一曲歌唱恋人相爱相亲的情歌。但那时这种现象并未普及，鸳鸯象征意义杂乱，鸳鸯真正意义上指代忠贞爱情，走向专一性，要始于唐代。诗人卢照邻的《长安古意》："得成比目何辞死，愿作鸳鸯不羡仙。"鸳鸯真正成为民众指代爱情的新宠。从此，文人墨客竞相歌咏，于是，鸳鸯就成为夫妻的代名词。与此同时，也衍生出了许多与男女感情相关的词汇，譬如，"鸳侣""鸳枕""鸳梦重温"等。

鸳鸯不仅象征意义多元，而且其文化意义常被嫁接到多样的载体上，上到王公贵胄，下到黎民百姓的纺织品、日用品、工艺品等常用鸳鸯命名。唐代的织锦机称作鸳机，李商隐有诗证："几家缘锦字，含泪坐鸳机。"这首诗描写的是古代妇女在织锦机上编织锦缎的场景。古代宫殿成对的瓦片叫作鸳鸯瓦，寓意美好。皇宫中，更多鸳鸯形象出现在织绣品中，比方说，鸳鸯被，鸳鸯襦、鸳鸯衾[①]、鸳绮、鸳鸯褥等。民间也有，比如，鸳鸯剑、鸳鸯鞋、鸳鸯被、鸳鸯饺、鸳鸯菊等。它们多是成双成对或者被赋以双双对对的含义。

不过，不论是最初象征兄弟情义，还是后来附会出来夫妻恩爱和睦，鸳鸯的文化象征总是正向的，吉祥的。

2. 忠贞不渝的鸳鸯

民众为何用鸳鸯来比拟卿卿我我的伴侣，忠贞不渝的夫妻，称它为守情鸟、恋爱之鸟呢？因为鸳鸯的生活习性即是雌雄成双，"止则相耦，飞则成双"，古人又称它作"匹鸟"。晋崔豹撰的《古今注》有云："鸳鸯，水鸟，凫类，雌雄未尝相离，人得其一，则一思而至死，故曰雅鸟。"《康熙字典》亦曰："鸳鸯雌雄未尝分离，人得其一则一必思而死，故谓匹鸟。"《淮安府志》的记载更为神奇：成化六年（1470）十月间，盐城一渔夫戈一雄鸳，刳割置釜中煮之。其雌者随棹飞鸣不去，渔夫方启釜，雌鸳即投沸汤中死。

除了史料有关于鸳鸯夫妻美好和谐的记述，民间也流传了不少有关鸳鸯优美动听的神话传说，比如下面的"鸳鸯岩"传说。

西水河畔的尚家庄，有个叫作银格娜的土家族姑娘，聪明能干，美丽大方，绣花织布，样样在行。十二三岁时，上山砍柴，途遇一只恶虎，危急时刻一位英俊小伙林岩一箭射死老虎，搭救姑娘。两人一见钟情，很快坠入爱河。谁知道银格娜的父亲不愿意女儿嫁给放牛的

---

① 鸳鸯衾，指的是绣有鸳鸯的锦被，也指夫妻共寝的被子。

穷小子林岩，要把她许配给有钱人。于是，就把银格娜关到屋内，银格娜母亲见到女儿日渐消瘦，心生不忍，寻机把女儿放出。哪知，土司王的大儿子彭大胖子拦路堵截，调戏银格娜，银格娜怒扇彭大胖子两耳光后逃跑。彭大胖子穷追不舍，杀了她的父母，烧毁了她家房屋，绑着银格娜拜堂成亲。成亲那日，银格娜趁大家吃喜酒的时候，打晕媒婆，跳窗逃跑。她在天塘山找到了林岩。两人一路奔跑，还是眼看就要被土司王家丁追到了，两人走投无路，相拥一起，纵身跳入酉水河中。霎时，河中泛起惊涛骇浪，一会儿一对美丽的鸳鸯出现在河沿儿上。彭大胖子见状命令家丁朝鸳鸯放箭，鸳鸯一下子不见了，变成了一对绮丽的岩石，这就是鸳鸯岩的美丽传说。

鸳鸯鹣鹣喁喁，唼喋并游的神情，像极誓生死不相离的伴侣，这大概便是以鸳鸯喻夫妻恩爱、忠贞不渝，视鸳鸯为守情鸟的重要原因。所以，我国人民自古以来就以亲昵无间的鸳鸯比喻夫妻永不分离，相亲相爱，至死不渝。然而，鸳鸯现实中习性真是这样吗？科学家经过多年的观察发现，鸳鸯在繁殖期间，确实是情深意切的。可是，产卵后，雄鸳鸯就再也不露头了，雌鸳鸯从此就独自挑起了孵化和抚育后代的担子。而且，鸳鸯对配偶也不全是至死不渝，科学家多次将成对的鸳鸯拆散，不久，它们就各觅新欢了。

那么，假使我们古人观察错了，为何我们今人还是对鸳鸯的这份吉祥寓意"乐此不疲"，为何知道了鸳鸯的真实习性后仍然"不思悔改"呢？那是因为，科学与文化两者关注于不同层面。

科学上讲究的是求真，优秀的民间文化追求的是美与善，二者不是二元对立，相互抵触，相反，心怀美和善，科学的真才能造福于人，科学有了人文情怀，才不是冷冰冰的，才是有温度的知识体系。鸳鸯在历史文化变迁中成为人尽皆知的老牌专情鸟，正是来自优秀文化在文化沃土滋养下生根发芽的美和善，与其说民众对作为文化表征的鸳鸯的尊崇，不如说是对世间万物美与善的坚信，趋吉避祸心理的执着，求福得祥的集体认同。这份美好的坚守不会因为科学发现的革新而改变。比如，“鸳鸯于飞，毕之罗之，君子万年，福禄宜之。鸳鸯在梁，戢其左翼，君子万年，宜其遐福……”这段是我国最早的诗歌总集《诗经·小雅·鸳鸯》关于鸳鸯的精彩描述。诗描写鸳鸯卧息与飞行行为的为虚，实则运用借物起兴与比拟的手法，表达对人间幸福生活的祝福与期盼。

3. 文艺的灵感来源

鸳鸯色彩斑斓的美丽形象，朝夕相伴的爱情生活，在生产生活的实践中经过艺术家的加工创造，被赋予了诗情画意，成为文学艺术创作的重要源泉之一。

古往今来，鸟类成对入诗入画最多的，非鸳鸯莫属。画家和诗人往往将其作为恩爱相守的象征，民众对“守情鸟”也十分认同，说它对爱情坚贞不渝。唐诗、宋词、元曲、明清传奇都有对守情鸟的吟诵。诗仙李白曾发出过“常嫌玳瑁孤，犹羡鸳鸯偶”的感慨；杜甫有诗曰：“为报鸳旧行，鷛鷞在一枝”；孟郊以诗赞曰：“梧桐相待老，鸳鸯会双死”。崔珏更是以写鸳鸯著名，其“翠鬣红衣舞夕晖，水禽情似此禽稀。暂分烟岛犹回首，只渡寒塘亦并飞”一诗不仅写出了鸳鸯的甜蜜生活，也写出了它们柔情绵绵，难舍难分的情景，他因此被世人叫作“崔鸳鸯”。汉代乐府名作《孔雀东南飞》中“中有双飞鸟，自名为鸳鸯。仰头相向鸣，夜夜达五更。行人驻足听，寡妇起彷徨”，也以鸳鸯来比喻焦仲卿和刘兰芝坚贞不渝的爱情。鸳鸯不仅仅是诗词的灵感来源，也是戏曲歌谣的给养之一。黄梅戏《天仙配》中“你我好比鸳鸯鸟，比翼双飞在人间”的优美唱词，以鸳鸯为喻，歌颂了董永与七仙女的真诚爱情。无锡的情歌《荷花池里鸳鸯鸟》：“荷花池里鸳鸯鸟，勿怕无情棒来敲；荷花虽断丝牵连，兜个圈圈游一道。”女方借助鸳鸯直截了当地表达了对对方的爱慕之情。鸳鸯作为一种美丽的禽鸟，色彩斑斓夺目，自然成为画家们热衷表现的对象，以此创作了许多经典的作品，“鸳鸯戏水”更是中国民间常见的年画题材，诸如《荷花鸳鸯图》《鸳鸯贵子图》《鸳鸯戏荷图》《鸳鸯长安》等，不胜枚举。诗词歌赋画作中如此多的鸳鸯意象，足见人们对鸳鸯的喜爱之深。

4. 喜庆的代表

鸳鸯在中国人的心目中是永恒爱情的象征。所以，古代姑娘出嫁时所用的喜帕、喜被上都会绣上鸳鸯，期盼夫妻相爱相亲，执子之手，与君偕老。新人结婚都喜欢用喜庆、恩爱的图形装饰新房，床上用品有鸳鸯被，洗漱用品有鸳鸯脸盆等。这些用品大都采用鸳鸯戏水的图案，预示新人婚后幸福、恩爱。

说到喜庆，自然不能不说婚俗。在民间传统婚俗中，有的地方女子结婚前，要绣一对鸳鸯荷包给恋人，希望恋人待己始终如一，有道是“鸳鸯绣出从君看，不把金针度与人”。在庆贺喜庆的婚礼上，经常看到带有鸳鸯字样的婚联，诸如，鸳鸯比翼，夫妻同心。鸳鸯相戏水色美，琴琵谐弹福音多。缕结同心日丽屏间孔雀，莲开并蒂影摇池上鸳鸯等，还有横批，像鸳鸯比翼、鸳鸯对舞、鸳鸯深情等。除了婚礼，一些传统节日中也有鸳鸯的身影，如享有盛名的浙江海宁硖石灯会，民众提着手中纸绢扎成的鸳鸯灯，并肩而游，好不热闹。

四、其他祥禽

除了上述祥禽，还有许许多多祥禽，比如孔雀、鸿雁、鹭鸶等，它们也在吉祥动物大家庭中发挥着自己的一定的功用。

孔雀，又名为越鸟。关于它的形象，《花镜》中进行了详细的描述：“丹口玄目，细颈隆背，头戴三毛，长有寸许，数十群飞，游栖于冈陵之上……雌者尾短无翡翠，雄者五年尾便可长三尺，自背至尾末，有圆纹五色金翠，相绕如钱。”前文说到鸡有“五德”，孔雀则被人们称有“九德”。何谓“九德”？《逸周书·常训》中记载：“忠、信、敬、刚、柔、和、固、贞、顺。”所以被称为吉祥动物，象征着吉祥，又叫做文明之鸟。古代，孔雀的纹样被叫作“天下文明”，用处十分广泛，明清时期的补子纹样中，明代文官三品为孔雀纹样，而清代二三品是孔雀纹样。清代的官员以孔雀花翎为冠饰，因此孔雀花翎又是官阶、权势的象征。画有珊瑚瓶中插着孔雀花翎的纹图，象征加官晋爵、官运亨通。还有着孔雀开屏，有吉祥太平的寓意。

白头翁，头部黑白相间，老鸟头部有一点点鲜白，故此得名。旧时民间称白发老人为“白头翁”，因为这个鸟和白发老人发生联系，遂成为童颜鹤发、白头长寿的象征。作为飞禽，白头翁就是以昆虫、浆果和草籽作为食品的益鸟而已，由于它毛色的特点与鹤发童颜的老人相似，而鹤发童颜的老人又是长寿的代表，于是，白头翁自然而然成为吉祥的代称。民间吉祥图案寓意富贵和长寿的牡丹花与白头翁，多用于祝福新婚夫妇相濡以沫，相伴终生，又叫作“白头富贵”。

绶鸟，一种在巴峡和闽广一带生活的鸟，又叫作火鸟、吐绶鸟或珍珠鸟。因为嘴根部有绶，能伸能缩，并且时时变色，故得名。《太平御览》引盛弘《荆州记》曰：“鱼复县有鸟，时吐物长数寸，丹朱彪炳，行色类绶，因名吐绶鸟。”绶又叫作绶带，古代常用不同颜色的丝带标识官吏的身份和等级，《礼记·玉藻》记载：“天子佩白玉而玄组绶。”绶带既是官吏品级的标志，绶鸟也因此沾染了吉祥的意义；又因为“绶”与“寿”的谐音，绶鸟就被称为富贵与长寿的象征。古代人比喻夫妻互爱互敬为“举案齐眉”。梅花与眉谐音，竹子是祝贺的意思，传统吉祥图案中，梅花、竹子、绶鸟的构图寓意齐眉、祝寿，比喻夫妻互爱互敬，长寿健康。

鹭鸶，水鸟，尾短翼大，活动于江湖边或沼泽水田，因为羽毛洁白，又叫作白鹭、白鸟。鹭鸶飞翔有序，古代用鹭序寓意百官的班次，明清时候补子纹样中，鹭鸶排第七位，作为七品文官的补子纹样。因为“鹭”和“路”同音，所以经常能在吉祥图案中看到鹭鸶，比如与莲花、荷花、芦苇组成“一路连科”，寓意着应试连连中考，仕途顺遂。与牡丹花组成“一路富贵”，与芙蓉花组成“一路荣华”，寓意着行人此去能够交上好运，富贵荣华。

鹌鹑，又叫鹑鸟，《花镜》中有段描述：“鹌鹑一名罗鹑，一名早秋，田泽小鸟也。头小尾秃，羽多仓黄色。无斑者为鹌，有斑者为鹑。”因为“鹌”和“安”两个字谐音，所以寓意着吉祥。清代瓷画中有鹌鹑栖息到落叶上的纹图，是因为落叶和乐业是谐音，表示乐业安居。在官服中，明代八品、清代九品补子上绘制鹌鹑。

燕子是“失落的太阳鸟”，又为春天的象征，所谓“天命玄鸟，降而生商”说的就是燕子。燕子有“春燕”之称，民间视为灵物，春神，吉祥鸟。《诗经》有“燕燕于飞”的描写，燕子飞来，春到人间。燕子喜欢双飞双栖，又成为爱情的象征，“神柳栽柏春满户，春燕衔泥筑新屋”，成为婚庆的“喜联”。燕子一名天女，是生殖崇拜的物象，据《本草纲目·禽二·燕》曰：“人见白燕，主生贵女，故燕名天女。”宋罗愿《尔雅翼·燕》：“荆楚之俗，燕始来睇。有入室者，以双箸掷之，令人有子。”民间常用“燕侣”比喻夫妻和谐，还有着“并蒂莲开莲蒂并，双飞燕侣燕飞双”的婚联。吉祥图案常见以杏花和飞燕进行组合的纹图，在明清时候，二月进士科举考试，正是杏花开放的时节，因此称“及第花”；殿试中考者，皇帝赐宴，宴与燕谐音，所以杏林春燕有着进士及第的意思。又相传，三国时吴人董奉行医治病，不受报酬，只需要病愈之人种下几株杏树。数年以后，杏树蔚然成林，后人就用杏林春燕、誉满杏林来称颂医术高明、高尚道德的人。还有海棠、飞燕和荷花组合的《河清海晏图》，寓意天下太平。

鸿雁，与燕子一样也是候鸟的一种。古时候，鸿雁和燕子是不相同的。鸿雁每年秋分的时候飞往南方，次年春天回返。鸿雁可以指代书信，有雁足、雁书和雁帛之说。后世把来去有时的鸿雁与书信进行联系，同时，信笺、信封上绘制鸿雁，还把延年这两个字印制在信封上，有着飞鸿延年的寓意。古时候婚俗上也体现着鸿雁的瑞意，用雁作为贽（见面礼）。古代婚俗有“六礼”，除了纳征以外，所有的仪式用的礼物都有雁，叫作“奠雁”。使用奠雁是因为《仪礼·士婚礼》注：“用雁为贽者，取其顺阴阳往来。”大意是鸿雁南飞北归有着一定规律，体现出男女嫁娶不能违背规制，体现婚嫁长幼有序。此外，鸿字有着巨大的意思，出现了许多积极词汇，鸿业、鸿文、鸿图、鸿儒等，唐代科举新进士有题名雁塔的行为，后代用雁塔题名作为祝颂吉祥的语言。

当我们从民间艺术中寻找乐趣时，我们又不得不认识到一个严峻的现实，为什么那么多优秀的民间图案已经成为一种濒临绝迹的“遗存”。我们可以说现代化的生活必然要求一些符合现代生活的新民俗的产生，但新民俗的产生就意味着要将旧的民俗彻底抛弃吗？当我们家家开始悬挂奥运福娃的吉祥图案时，那些代表平安富贵发财长寿的图案为什么还是离我们的现代生活越来越远？我们可以用常见的理由去解说：我们的当代文明已经破除了过去的迷信思想，民间相信科学的意识已经普及，那些对万物盲目崇拜的年代已经过去。但艺术是直觉的又是表现的，当民间吉祥动物图案的功利性目的退居次席时，图案本身的艺术之美和所代表的朴素而丰富的人文内涵应该得到保护和继承。现代生活中人们内心或者说精神深处仍然保持对美好吉祥的长久追求，那么作为符号出现的民族的吉祥图案理应得到更多人的关注和理解。从某种意义上说，从民俗图案入手，表现民族的文化和艺术也是对传统文化最好的保护手段之一。故此我要引用阿兰·邓迪斯的一句话：“尽管民俗可能是打开过去的一把钥匙，但它同样反映了现在的文化，因而也是打开现在的一把钥匙。”我们在打开了过去的同时，如果还没有意识到那些民俗对现代文化的意义，以及它们可能的延续和生长力，那将是我们的过错。①

① 参见马知遥：《论民间动物图案中的吉祥情结》，《“当代民俗文化的传承保护与开发”学术研讨会暨山东省民俗学会成立20周年纪念座谈会论文集》，2007。

参考文献

[1] 费孝通．乡土中国　生育制度 [M]．北京：北京大学出版社，1998.

[2] 李亦园．宗教与神话 [M]．桂林：广西师范大学出版社，2004.

[3] 林耀华．金翼：中国家族制度的社会学研究 [M]．庄孔韶，林宗成，译．北京：三联书店，1989.

[4] 叶涛，吴存浩．民俗学导论 [M]．济南：山东教育出版社，2002.

[5] 张士闪．乡民艺术的文化解读：鲁中四村考察 [M]．济南：山东人民出版社，2006.

[6] 钟敬文．民俗学概论 [M]．上海：上海文艺出版社，1998.

[7] 庄孔韶，等．时空穿行：中国乡村人类学世纪回访 [M]．北京：中国人民大学出版社，2004.

[8] 乌丙安．乌丙安民俗研究文集：中国民俗学 [M]．长春：长春出版社，2014.

[9] 葛承雍．中国传统风俗与现代化 [M]．西安：陕西人民出版社，2002.

[10] 李然，姚传义．生肖蛇 [M]．济南：齐鲁书社，2005.

[11] 刘锡诚．吉祥中国 [M]．上海：上海文艺出版社，2012.

[12] 沈壮志．图说十二生肖之兔 [M]．西安：世界图书出版，2007.

[13] 沈壮志．图说十二生肖之羊 [M]．西安：世界图书出版，2007.

[14] 王华，高琼. 生肖鸡 [M]. 济南，齐鲁书社，2005.

[15] 王军云. 中国民间吉祥图典 [M]. 北京：中国华侨出版社，2006.

[16] 文运长，魏静泉. 中国一百吉祥神 [M]. 北京：民族出版社，1994.

[17] 殷伟，殷斐然. 中国福文化 [M]. 昆明：云南人民出版社，2005.

[18] 殷伟，殷斐然. 中国禄文化 [M]. 昆明：云南人民出版社，2005.

[19] 殷伟，殷斐然. 中国寿文化 [M]. 昆明：云南人民出版社，2005.

[20] 殷伟，殷斐然. 中国喜文化 [M]. 昆明：云南人民出版社，2005.

[21] 殷伟，殷斐然. 中国财文化 [M]. 昆明：云南人民出版社，2005.

[22] 尹笑非. 中国民间传统吉祥图像的理论阐释 [M]. 上海：上海书店出版社，2009.

[23] 于爱成. 祥瑞动物 [M]. 北京：中国社会出版社，2006.

[24] 张道一. 吉祥文化论 [M]. 重庆：重庆大学出版社，2011.

[25] 左汉中. 中国吉祥图像大观 [M]. 长沙：湖南美术出版社，1998.

[26] 顾雪梁，刘法公. 西文化对比：十二生肖寓意详解（文化篇）[M]. 北京：国防工业出版社，2006.

[27] 刘志雄，杨静荣. 龙与中国文化 [M]. 北京：人民出版社，1992.

[28] 顾希佳. 龙的传说 [M]. 北京：中国民间文艺出版社，1986.

[29] 王维堤. 龙的踪迹 [M]. 大连：大连出版社，1990.

[30] 吴正光．贵州“龙乡”的龙文化 [M]．中国文物报，1999-05-30.

[31] 王大有．龙凤图集 [M]．北京：朝花美术出版社，1998.

[32] 孙浩鑫，孙欣，孙建君．中国民俗文化书：祥禽瑞兽 [M]．天津：天津人民出版社，2001.

[33] 刘锡诚．吉祥中国 [M]．上海：上海文艺出版社，2012.

[34] 李露露．春牛辟地 [M]．西安：陕西人民出版社，2008.

[35] 曹振峰．神虎镇邪 [M]．西安：陕西人民出版社，2008.

[36] 何阿珺．羊致清和 [M]．西安：陕西人民出版社，2008.

[37] 安德明，杨利慧．金猴献瑞 [M]．西安：陕西人民出版社，2008.

[38] 马昌仪．鼠咬天开 [M]．西安：陕西人民出版社，2008.

[39] 吴裕成．酉鸡有吉 [M]．西安：陕西人民出版社，2008.

[40] 王迅．兔寄明月 [M]．西安：陕西人民出版社，2008.

[41] 宋长宏．骐骥驰骋 [M]．西安：陕西人民出版社，2008.

[42] 庞进．中国祥瑞：麒麟 [M]．西安：陕西人民出版社，2012.

[43] 庞进．中国祥瑞：凤凰 [M]．西安：陕西人民出版社，2012.

[44] 庞进．中国祥瑞：龙 [M]．西安：陕西人民出版社，2012.

[45] 乔继堂．中国吉祥物 [M]．天津：天津人民出版社，1990.

[46] 王俊．中国古代生肖文化 [M]．北京：中国商业出版社，2017.

[47] 张昆岭．生肖蛇的民俗与科学文化艺术 [M]．北京：金盾出版社，2016.

[48] 张玉海．生肖牛的民俗与科学文化艺术 [M]．北京：金盾出版社，2016.

[49] 王静波．生肖文化 [M]．北京：中国经济出版社，2010.

[50] 李淑琴. 生肖猪的民俗与科学文化艺术 [M]. 北京：金盾出版社，2016.

[51] 杨鸣园. 中国神秘的生肖文化 [M]. 杭州：浙江工商大学出版社，2018.

后　记

这是一本写了很久的书，今天就要出版了，非常高兴。在中国人的心目中，吉祥如意几乎是每个人心灵深处的渴求。附带着这样的深层精神镜像，我们发现传统文化中蕴藏着对福禄寿喜的追求，其外在的表现之一就是生活在我们身边被赋予了吉祥意义的动物。通过对动物不同的艺术表现形式，表达着一个主题：吉祥。

我已经在民俗学领域浸淫太久，深深爱上这个非常接地气的学科。十多年过去，我对吉祥文化又有了新的认识，经过再三考虑，也本着对文字的负责态度，我决定重写书稿，用于这次出版。

写作中我邀请了我的第一个博士生刘智英共同撰写，他的勤奋和努力也保证了写作质量。而且他也将我对吉祥文化的课堂教授及思考融进了文字写作中，使得这样的一本书有了更多的原创性。

该书经过了多次的论证和反复修改，这也看出责任编辑的认真负责的态度。

希望这本通俗易懂的专业书，能够让更多喜欢民俗的读者有所收获。

现在已经是天津的夏天，酷夏的天津让写作更多地体现出艰苦劳动的色彩。希望这套带着吉祥如意和美好祝福的书会有自己美好的前景。

马知遥于天津大学听雨斋

2019 年 5 月 26 日